本书编委会

顾　问：张　彦　张　荣

主　编：万惠霖

编　委：（按姓氏笔画排序）

王　野　　方维平　　朱水涌　　刘俊杰　　江云宝

宋文艳　　张鸿斌　　林　辉　　林东伟　　林永生

林国栋　　周朝晖　　袁友珠　　徐进功　　高世杰

黄如彬　　黄桂玉　　蔡俊修　　廖代伟

一代鸿儒

——记化学家蔡启瑞

万惠霖　主编

厦门大学出版社　国家一级出版社
XIAMEN UNIVERSITY PRESS　全国百佳图书出版单位

图书在版编目(CIP)数据

一代鸿儒:记化学家蔡启瑞/万惠霖主编. —厦门:厦门大学出版社,2018.1

ISBN 978-7-5615-6675-6

Ⅰ.①一··· Ⅱ.①万··· Ⅲ.①蔡启瑞-生平事迹 Ⅳ.①K826.13

中国版本图书馆 CIP 数据核字(2017)第 233929 号

出 版 人	郑文礼
责任编辑	眭 蔚
美术编辑	蒋卓群
技术编辑	许克华

出版发行 厦门大学出版社

社　　址	厦门市软件园二期望海路 39 号
邮政编码	361008
总 编 办	0592-2182177　0592-2181406(传真)
营销中心	0592-2184458　0592-2181365
网　　址	http://www.xmupress.com
邮　　箱	xmup@xmupress.com
印　　刷	厦门集大印刷厂

开本	787mm×1092mm　1/16
印张	21
插页	2
字数	300 千字
版次	2018 年 1 月第 1 版
印次	2018 年 1 月第 1 次印刷
定价	89.00 元

厦门大学出版社
微信二维码

厦门大学出版社
微博二维码

探賾索隱老而彌篤
立志創新志且益堅

衷心祝賀蔡老啟瑞教授八十華誕

盧嘉錫 一九九四年元月

卢嘉锡贺八十岁生日

學如流水行雲
德比松勁柏青
攀登跨越高嶺
育才燦爛群星

慶祝蔡啟瑞教授八十壽辰

唐敖慶 一九九三年十一月

唐敖庆贺八十岁生日

恩师蔡启瑞期颐华诞

科苑宗师　道德楷模

学生　田昭武　敬贺

田昭武贺百岁生日

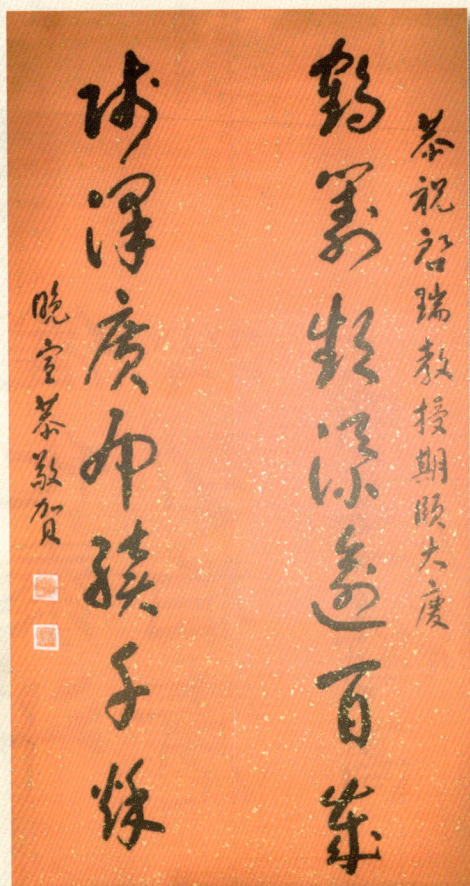

恭祝启瑞教授期颐大庆

鹤寿松深邃百龄

波泽广邛孩子姝

晚宣荟敬贺

吴宣恭贺百岁生日

蔡启瑞老师百秩华诞

德高望重仁者寿

科教育人誉神州

林祖庚

林祖庚贺百岁生日

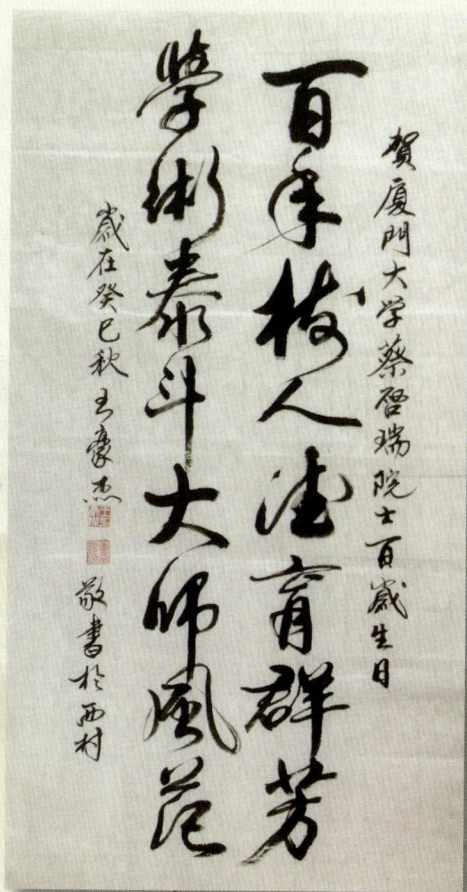

贺厦门大学蔡启瑞院士百岁生日

百年桃李满育群芳
学术泰斗大师风范

岁在癸巳秋王豪杰
敬书于西村

王豪杰贺百岁生日

廈門大学
XIAMEN UNIVERSITY

朱崇实 校长·教授
Dr.Zhu Chong-Shi
Professor & President

热烈祝贺蔡启瑞院士百岁生日暨厦大催化学科创建五十周年!

蔡启瑞院士以科学为生命、以国家为生命、以人才培养为生命的高尚精神，值得我们永远学习！

朱崇实

2013年11月15日

中国 厦门 Xiamen, P.R.China 361005
Tel: +86-592-2182231 Fax: +86-592-2086526 http://www.xmu.edu.cn Email: cszhu@xmu.edu.cn

朱崇实贺百岁生日

賀蔡启瑞先生百岁高寿

學為人師
行為世範

癸巳年十月　朱之文

朱之文贺百岁生日

听说蔡启瑞先生百寿旦

为人师催化宗师
行为世范至善典范

杨振斌
2013年11月9日

杨振斌贺百岁生日

高中时期　　　　本科毕业　　　　留美归国　　　　耄耋之年

全神贯注查阅文献

于厦大芙蓉湖畔留影

蔡启瑞、陈金鸾伉俪

家人合影

1965年，教育部委托厦门大学举办全国催化讨论班。此照片为蔡启瑞（前排左四）与讨论班成员的合影；卢嘉锡（前排左五）是该讨论班的嘉宾，讲授"群论及其在量子化学中的应用"

1973年固氮全国年会上，蔡启瑞（第二排左五）、中科院福建物质结构研究所卢嘉锡（第二排左三）、吉林大学唐敖庆（第二排左四）相聚于厦门

1993年，蔡启瑞与吉林大学唐敖庆（中）、北京大学徐光宪（右）于鼓浪屿游轮上合影

1984年，蔡启瑞（右一）与应邀来厦门大学讲学的美国斯坦福大学化学系 E.I.Solomon 教授（左三）合影。前来进行学术交流的还有北京石油科学研究院闵恩泽（左一）和中科院大连化学物理研究所郭燮贤（左二）等

1981年，访问美国麻省理工学院并作学术报告后，蔡启瑞（前排左一）与该院 W.H.Orme-Johnson 教授（前排右二）讨论固氮研究

1981年，蔡启瑞（左三）一行参观美国南加州大学，受到主人的接待

2001年，在厦门表面科学系列会议上，蔡启瑞（前排左四）与美国加州大学伯克利分校化学系 G.A.Somorjai 教授（前排左五）、日本东京大学化学系 Y.Iwasawa 教授（前排左六）等专家学者合影

1988年，在卡尔加里（Calgary）第9届国际催化大会上，蔡启瑞（右）与第8届国际催化大会主席、日本东京大学 M.Tamaru 教授在一起

20世纪90年代，香港中文大学麦松威院士（右三）访问厦门大学，黄本立（右一）、蔡启瑞（右二）、田昭武（右四）、张乾二（右五）、胡盛志（右六）参加会见

1982年，联合国援款项目顾问、美国加州大学伯克利分校化学系 E.L.Muetterties 院士（前排左八）访问厦大，蔡启瑞（前排左七）等参加会见

20世纪80年代末，蔡启瑞（前排左一）和彭少逸（前排左二）、林励吾（后排左四）等"碳一化学基础研究"项目组部分成员合影

1992年，国家自然科学基金重大项目"碳一化学基础研究"两位主持人之一的蔡启瑞在项目验收会上作总结汇报

1989年，固体表面物理化学国家重点实验室第一届学术委员会委员及实验室成员合影。前排左三是蔡启瑞

2007年，在醇醚酯化工清洁生产国家工程实验室（厦门大学）申报立项咨询评估会上，蔡启瑞（左三）与国家发改委委托来校参会的专家杨上明（左四）、方德巍（左五）、冯孝庭（左六）等合影

1981年，蔡启瑞和助手们讨论固氮问题。左起林国栋、张藩贤、陈祖炳、张鸿斌、蔡启瑞、万惠霖

1983年，蔡启瑞和第一届博士研究生廖代伟（中）、陈鸿博（右）讨论论文

1994年，蔡启瑞（第二排左四）和助手、研究生在鼓浪屿

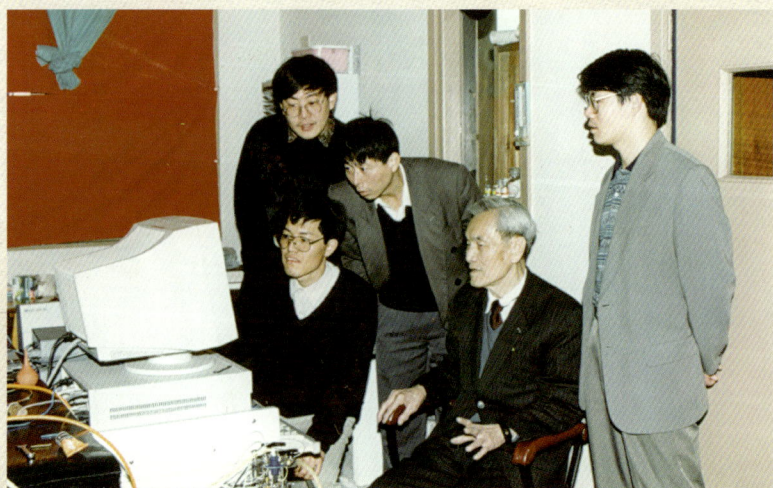

20世纪90年代初，蔡启瑞和他的博士研究生陈明树（前排左）、汪海有（前排右）、翁维正（后排左）、黄静伟（后排右）在实验室

序 言

  抗战爆发后，厦门大学搬至闽西山城长汀办学。在这段艰苦岁月中，厦大在萨本栋校长的带领下，仍有虎虎生气，学术气氛浓厚，名师汇聚，校舍整齐，设备良好，被誉为"加尔各答以东最出色的高等学府"。萨校长十分注重基础课程教学，并亲授"初等微积分"，"普通物理""普通化学"则由谢玉铭、傅鹰等知名教授担纲，这样强大的基础课讲授阵容，即使在半个多世纪后的今天也依然罕见。

  20世纪30年代末，我姑父傅鹰教授、姑妈张锦教授接受厦门大学萨本栋校长的邀请，从重庆辗转到福建长汀厦门大学任教。我从抗战开始就跟随姑父母一起生活，因此也在长汀厦门大学校园里度过了难忘的四年时光，先就读于长汀中学，后于1943年考入厦大化学系。

  蔡启瑞先生1937年毕业于厦门大学化学系，旋即留校任教，在我们到达后不久晋升为讲师，他曾担任过傅鹰教授的助手。年轻的蔡老师是出类拔萃的后起之秀，学术水平高且勤奋自信，深得傅先生赏识。早在20世纪40年代初，傅先生和蔡老师就共同开展我国液相色谱研究，比诺贝尔化学奖得主 A.J.P. Martin 和 R.L.M. Synge1941年所开展的色谱研究工作还要早，相关结果发表在国外学术期刊上。他们当年的色谱研究如不受抗战这样极度困难的环境限制，我坚信他们在色谱研究领域中一定能取得辉煌成就。1944年初，英国剑桥大学著名的生物化学教授李约瑟到长汀厦门大学交流访问，初出茅庐的蔡老师在大会上应对自如，和嘉宾侃侃而谈，让我辈青年学子深受鼓舞。这也恰恰说明了厦门大学秉承"自强不息 止于至善"的办学理念，即使在饱受战火之苦的艰难时期和地处交通闭塞、物质匮乏的闽西山城长汀也未能阻挡与国际一流大学开展高水平的学术交流。

1994年院士大会期间，张存浩（左四）与就读过厦门大学或在该校任教的院士黄本立（左一）、田昭武（左二）、蔡启瑞（左三）、张乾二（左五）、梁敬魁（左六）合影

后来，蔡先生和我都先后赴美国留学，再次聚首已经是新中国成立后的事了。蔡先生回国后的第一次北上学术活动就造访了我所工作的中科院大连化物所，并结识了著名物理化学家、我国催化科学奠基人之一的张大煜所长。此后，他们的合作和友情与日俱增，并因此促

在厦门大学80周年校庆庆祝会上，著名校友张存浩（左二）、邵建寅（左一）和蔡启瑞（左四）、田昭武（左五）等合影

进了大连化物所和厦门大学两大催化团队超过半个世纪的亲密交往和广泛合作。1982年，他们还和我国催化界的其他元老共同撰写了《我国催化研究五十年》。

蔡启瑞老师是我国政府于20世纪50年代中期用美军战俘换回来的科学家之一。蔡老师归国后就回到母校厦门大学继续执教直至辞世。他于1958年组建了我国高校系统第一个催化教学和研究机构。此后，更是捷报频传，他的研究团队承担了以乙炔为基础的有机合成发展战略中的第29号国家重点研究任务。他主持教育部委办的催化讨论班，总结提出了络合催化理论及其四种效应。"文化大革命"中，响应国家需求，成立了由唐敖庆、卢嘉锡、蔡启瑞三位大师领衔的化学模拟生物固氮研究团队，蔡启瑞老师提出了固氮酶活性中心厦门模型。改革开放后，他联合中科院山西煤化所彭少逸先生等共同承担了"碳一化学催化研究"国家自然科学基金重大项目，其中合成气制乙醇催化机理研究被《国际应用催化》期刊评为中国碳一化学五年来最重要的进展之一。20世纪90年代，他结合我国化石能源储量存在"多煤少油缺气"的特点，向国家建议实施"煤油气并举，燃化塑结合"优化利用化石能源资源的战略，旨在充分发挥煤炭储量丰富的优势，减少对石油资源的过分依赖。蔡启瑞老师还联合厦门大学物理化学中各专业共同组建了固体表面物理化学国家重点实验室、醇醚酯化工清洁生产国家工程实验室。蔡启瑞老师是当之无愧的催化泰斗、南强旗帜。

蔡先生一生执着追求事业，淡泊名利，为我辈学习之楷模；他几次病情危殆，仍坚持以复兴华夏科技为己任的初心不改。他在面对个人利益时选择了谦让，曾多次主动向组织提出降职、退休、降薪等请求。

在我们"仰之弥高，钻之弥坚"的蔡启瑞老师辞世一周年之际，厦门大学花大力气精心编写《一代鸿儒——记化学家蔡启瑞》一书。这既是深切缅怀化学大师蔡启瑞先生一生"科研兴国、执教强民"的崇高理想，更是把蔡先生"探赜索隐，立志创新""流水行云，松劲柏青"的严谨学风和高尚品格传递给晚生后辈，以此激励他们以蔡先生一生的光辉事迹和崇高风范为典范，在求学和工作中奋勇前行。

张存浩

2017年7月

目 录

第一部分

鸿儒足迹

　　从进入厦门大学求学，到毕业留校任教，蔡启瑞均表现出了青年才俊特质，被同窗称为"不世之士"，受到有世界性影响的化学前辈的赏识。在长汀期间就能够与到访的国际名家用英语侃侃对谈；在海外攻读学位和任职期间再获好评，是俄亥俄州立大学化学系少有的最高奖学金获得者。

　　回国后组建高校首个催化教育科研机构，承担乙炔化学国家重点研究任务，主持教育部委办的"催化讨论班"，总结出络合催化理论。他和卢嘉锡院士加入唐敖庆院士牵头的"化学模拟生物固氮"研究团队，提出固氮酶活性中心结构的"厦门模型"。蔡启瑞团队承担了"碳一化学催化研究"国家基金重大项目，其中对合成气制乙醇机理的研究获评中国碳一化学课题最重要的进展之一。他是我国分子水平催化研究的先驱，相关成果三获国家自然科学奖。他多次提议实施优化利用化石能源资源战略，申请组建了醇醚酯化工清洁生产国家工程实验室。

　　蔡启瑞用他的科研和教学实践成就了一位化学大家。

八十载师友情

陈碧玉

1937年我毕业于泉州培英女子中学，考上了南京金陵女子大学，那是一所讲究的贵族式学校。当时抗日战争爆发，父亲为所创办的学校募集资金去了菲律宾，音信断绝，哥哥刚从厦大毕业，收入无多，使我丧失了进入金陵女大的机会。我还参加了福建省的会考，被福建医学院录取。这是一所新办的学校，校舍、师资都不够齐整，我动摇了进入该校学习的决心，为此我在母校附属的泉州培英幼师教了一年书。

我哥哥陈泗传和蔡启瑞先生是大学同窗，同住一室，意气相投。哥哥对蔡先生的赞誉时有耳闻，认为那是才智过人、品行端正的优秀青年。对此，我深感诧异，心想哥哥在泉州市教会办培元中学就读时，高才生名声已经交口相传，中学阶段就能够很好充当外国人的翻译。他阅读了很多英语原版小说，还大多于末页用英语写下读后感。他的中文和数理化成绩也相当优秀，考取燕京大学而未成行。所以，他对蔡启瑞先生的评价如此之高引起了我很大的兴趣。

1937年他们同时从厦门大学毕业，蔡先生先得到母校的聘约留校任教，并随同学校前往山城长汀。次年，他回故里马巷镇完婚，然后带上母亲和新娘返校，途中在我家停留了一星期，使我结识了蔡启瑞先生。这时哥哥帮助我做出了一个重要的决策：让我随同蔡先生一家前往长汀参加全国性的统考。我们一行人先北上福州，接着转船西向南平，再往南经永安，又一次朝西过连城，最后抵达目的地。看得出，当时前去长汀的路径弯弯曲曲、兜兜转转，与今日费时不足3小时的径达，形成鲜明对比。

当时长汀的厦门大学正在校长萨本栋先生的带领下，努力完成搬迁后的就绪和整顿，校长及教授们先在旅馆借住，蔡启瑞等一般教师则以民房为家。考生们参加完长汀考点的笔试后，不少人返家等候发榜，我因路途较远，又囊中羞涩，颇感进退两难。好在蔡启瑞先生帮助打听，并告知我的成绩甚好，可在学校静候新学期的到来。

1939年哥哥也受聘于厦门大学，任科研助理，负责土法制"三酸"，供实验课使用。隔年春天，哥哥一家四口连同两个弟弟，都来到了长汀。哥哥家还与蔡家比邻而居，昔日的同窗挚友，演化成了两家人的友情。我主攻数理，辅修化学，"微积分"和"普通物理"的老师是萨本栋校长和谢玉铭教授（谢的女儿谢希德是日后复旦大学校长）；萨校长还兼授英语课，我被分配在水准较高的英语班，由名教授李庆云任教；"普通化学"课系傅鹰教授主讲，"定性、定量分析"课的老师是蔡启瑞先生。当时蔡先生还不是教授，但颇得校领导的器重。这样的授课教师阵容，以及他们的讲课技巧，让人经久不忘。

意外的是哥哥在实验工作中受到 SO_2 气体的伤害，于1942年初离开他所钟爱的厦门大学回到老家泉州市。我1942年毕业后也回母校泉州培英女中任物理教师，临别前，蔡先生鼓励道，今后如遇到困难，都会给予力所能及的帮助。次年我被召回成为萨校长"微积分"课的助教。

1945年我结婚了，又因为夫君也在厦大任教，按照学校当时定下的章程避免夫妇同校，所以我就转到长汀中学。抗战胜利后，我离开了长汀，

21世纪初，作者陈碧玉（前排左）和蔡启瑞（前排右）合影。后排左起李立（陈碧玉长子）、蔡维理（蔡启瑞次子）、蔡维真（蔡启瑞长女）、陈笃慧（蔡启瑞长媳）

蔡启瑞先生也回到厦门，不久他去了美国，我们中断了彼此的联系。

新中国成立后，我一直担任着由鼓浪屿女中和男中合并而成的厦门二中的校长。"文化大革命"中靠边站，还下放到永定。这时蔡启瑞先生已回国多时，我们的交往又得到恢复。"文化大革命"中我常把受到的冲击向他倾诉，他的开导也相当到位，意思是要相信正道沧桑的必然规律。所以，在相互鼓励下，终于等来了"四人帮"的垮台。

改革开放后，我已从市教育局领导岗位退了下来，但看到国门打开后与外界的频繁交流，急需熟练的英语人才，因而萌生了创办外语学校的念头。我的想法得到蔡启瑞先生的热情支持，他既题词，又办讲座，鼓励大家努力办好外语学校这样的新生事物。现在厦门外国语学校已经走过了30年的历程，并且跻身厦门名校之列，她的成长同样浸透着蔡启瑞先生的一份殷切心意。

蔡先生年逾九旬还在为他的科研实践和社会活动不间断地打拼着，如为了厦门市和厦大物理学院的发展，他竭尽所能引进萨本栋校长的长子、美国工程院院士、台湾"中研院"院士萨支唐先生。他告诉我，萨院士是半导体器件和微电子学的专家，对晶体管、集成电路及其可靠性的发展做出了里程碑性质的贡献。萨教授在伊利诺大学从教26年，培养了40名博士；1988年起转赴佛罗里达大学执教，其弟子不乏来自海峡彼岸；萨教授也多次访问大陆，做过数十场系列讲座，指导过若干名研究生。在蔡先生的不懈争取下，2000年厦门大学89周年校庆时，萨院士正式受聘为该校物理与机电学院客座教授。我们祝愿蔡启瑞先生真诚努力结出丰盛的果实。

作者简介：

陈碧玉，女，离休干部，原厦门市教育局副局长、厦门外国语学校名誉校长，厦门十大杰出时代女性。蔡启瑞先生的学生及好友。

汀江岁月忆吾师

周绍民

　　抗战时期厦门大学迁往长汀，我于1941年进入该校化学系。那时蔡启瑞先生是化学系的讲师，教过我"定量分析化学"和"物理化学"。他在教学上的严谨和博学给我留下了深刻印象。

　　1943年春，大二下学期我开始接触到蔡先生的"定量分析化学"课程，要求实验结果误差小于2‰，如果超标，必须重做。有一次让我们分析铬铁矿样品，按规定应该用镍坩埚做这个实验，但当时供应室只有两只镍坩埚，每名同学必须同时做两份样品，也就是说每次只能由一名同学进行这样的分析。为了让更多的学生能够尽快完成相关实验，蔡先生建议改用铁坩埚试试；还说，铁坩埚便宜，数量较多，然而，铁锈必须去除干净，可以先高温加热，然后放入水中急冷。几个同学都按照蔡先生的办法尝试着，实验报告交上去后，使用镍坩埚者达标得以通过；反之，凡用铁坩埚分析的，都没有满足误差的要求，还得重来。第二轮依然是使用镍坩埚的成功了，其他人照样通不过，因而纠结之处似乎已经真相大白，心想大约这个实验可以告一段落矣。对此，蔡老师说，既然问题出在铁坩埚上，那么请你们用镍坩埚再做一遍。就这样，不少同学接连三次，每次费时一整天才告成功。这件70多年前的逸事我一直无法忘怀。

　　1943年秋季，我大三上学期的"物理化学"课由傅鹰教授主讲，当时傅先生是教务长、知名教授，除了"物理化学"之外，在低年级阶段还给我们上过"普通化学"。傅教授的"物理化学"只上完上半部分，1944年初他离开

1989年，蔡启瑞（前排左二）和厦门大学校友会成员陪同海外校友沈祖馨夫妇（前排右三、四），向故校长萨本栋纪念碑敬献花篮。前排右一为作者周绍民

了厦大，下半部分由蔡启瑞先生接手。大家知道，"物理化学"是化学系的主课、重课，能够让那时还只是讲师的蔡先生来救场，反映了校系领导对他的信任和器重。

当时系主任、教授上完课后，都各自忙于他们分管的工作，不会经常待在实验室，其他老师课后一般待在验室，与学生接触比较多。那时蔡启瑞、陈国珍是讲师，与学生打照面的机会比教授多得多，不管是实验中的异常现象还是难以解决的问题，都可以向两位请教；学习上的疑惑，无论是定量分析、物理化学，还是无机化学、有机化学，照样可以得到他们的帮忙，都会受到认真对待，尽量设法解决。所以，我们和蔡先生的接触主要是在课外，最后一年做毕业论文时，大多待在实验室，遇到问题时最方便的办法是就近求助蔡先生。不止我这样，几乎所有同学均如此，而且都能得到满意的答复，获得有益的启发。所有这些都来自蔡老师对化学各个分支——有机、无机、分析、物化等的精深造诣和良好素养，这时我们突然明白了萨校长对他格外欣赏的理由。

我毕业后留校任教，厦门大学也于抗战后搬回厦门。不久，蔡启瑞先生负笈越洋深造，再次返回母校时，他的结构化学、有机化学的功力又大大增强了，为厦门大学物理化学整体实力进入我国一流行列添加了力量。

蔡启瑞先生是1956年由美国回到厦大的，此后在他的不懈努力下，我校的研究队伍不断壮大，研究水平也得到了显著的提高。当时我校和福建省科委合建了不少研究所，包括化学一所、化学二所等，后来调整为科学院华东分院催化电化研究室，蔡先生兼任该研究室主任。这些为后来高校既是教学中心，又是研究中心创造了条件。20世纪七八十年代，蔡先生任我校副校长期间，我在他的领导下兼任科研处处长，经积极申请，教育部批准我校组建物理化学研究所，给了若干专职研究名额。在这样的基础上，化学化工学院的发展壮大有目共睹，对此，我们不会忘记"蔡启瑞"这个光辉的名字。

作者简介：

周绍民，男，厦门大学化学化工学院教授，博士生导师，物理化学家。曾任厦门大学化学系主任、校科研处处长、厦门大学校友总会理事长、福建省化学会理事长、中国化学会理事。1941—1945年就读于厦门大学，系蔡启瑞先生的学生。

恩师蔡启瑞先生
十年留美深造岁月之忆思①

廖代伟　黄桂玉等

1947年3月，34岁的蔡启瑞搭乘"戈登将军"号轮船，从广州出发，穿过太平洋，辗转抵达美国俄亥俄州首府哥伦布市（Columbus）北部，作为俄亥俄州立大学（The Ohio State University，OSU）化学系的一名博士研究生，开启了他近十年的留美深造岁月。

在1947年美国国务院留美奖学金的资助项目中，厦门大学可选派一名青年教师赴美留学深造。在时任厦门大学理学院院长兼化学系系主任卢嘉锡先生的竭力推荐下，已任厦门大学化学系讲师近七年的蔡启瑞成为当时中国政府选派赴美留学的20名优秀人才之一。

1947年2月，蔡启瑞到上海办完出国手续后，即到南京看望时任中央研究院总干事的萨本栋先生，希望在出国前再次聆听老校长萨本栋先生的谆谆教诲。萨本栋先生曾任厦门大学校长8年（1937—1945年），特别是在抗战时、厦大迁往长汀期间，为厦门大学的蓬勃发展以及成为"国内最完备大学之一""加尔各答以东最出色的学府"沥尽了心血。今天，老校长萨本栋精神和校主陈嘉庚精神一样是厦门大学代代相传的宝贵精神财富。这八年也正是蔡启瑞毕业后留校任教的最初8年，萨本栋先生的品行身教深深影响了蔡启瑞这

---

① 此文乃应厦门大学化学化工学院党委林辉书记和蔡启瑞先生长子蔡俊修教授嘱托所撰写，主要取材自《探赜索隐 止于至善——蔡启瑞传》（廖代伟、郭启宗、蔡俊修、黄桂玉著，中国科学技术出版社、上海交通大学出版社，2015）以及《20世纪中国知名科学家学术成就概览：化学卷》第一分册的"蔡启瑞"篇（廖代伟撰稿，科学出版社，2011）。

1947年，厦门大学化学系师生欢送蔡启瑞（第二排左七）公费赴美留学于鼓浪屿合影

位青年教师，成为他毕生遵循的楷模。40多年后，蔡启瑞曾在《萨本栋与厦门大学》一文（1984年5月）中回忆道："有些人你和他接触的机会不一定很多，可是他的言行和品格却使你终生难忘。萨本栋先生就是这样的人。""像萨先生那样为教育和科学献身的精神，对于老、中、青成千上万的人都是一笔精神财富。"

萨本栋先生1945年5月应邀赴美讲学，曾任俄亥俄州立大学的客座教授，在电机工程系授课。得知蔡启瑞也被派到俄亥俄州立大学，萨本栋先生很高兴；虽然身体已相当虚弱，但仍坚持给蔡启瑞详细介绍了俄亥俄州立大学，并给了蔡启瑞许多勉励。

俄亥俄州立大学创建于1870年，是一所著名的公立研究型大学，是国际研究型大学联盟Universitas 21成员之一、北美学术联盟美国大学协会（Association of American Universities, AAU）最早（1916年）的成员之一、北美五大湖地区最著名的公立大学之一，被誉为"公立常春藤"（Public Ivy）。该大学校友中曾涌现出4位诺贝尔奖获得者和多位对人类文明及科技进步做出重大贡献的人物，其中包括2位中国的杰出科学家蔡启瑞和闵恩泽。那时，闵恩泽先生随后也到俄亥俄州立大学，是化学工程系的博士研究生；回国后，蔡、闵两人分别在厦门大学、北京石油科学研究院领军催化基础和催化应用研究，共同谱写了引领中国催化学科发展壮大的"南蔡北闵"佳话。

蔡启瑞在OSU学习和生活的最初一两年的情况，可从他给母校厦门大学的两封汇报信中洞悉大观：

弟自出行到现在并非事事顺利，只是硬干到底，生活起初如同穿一双新鞋子，未免有些紧张，现在早已步履安闲，只怕鞋子穿破而走不到目的地，故弟自始即决计，先赶完应修学分（至少45），然后专心致志于论文，俾克早获学位。本季过后学分已足，德文亦已考过，结果后日可揭晓，如下季法文再投机成功，即可申请参与Candidate（博士候选人，本文作者注，下同）初试，此关一过，以后可随意旁听或参与讨论会。论文方面初导师提议研究某种利用磁场促进之叠合反应，弟觉其无甚前途，又拟利用电场使胺酸偶极排成有向阵线以促进Polypeptide Condensation（多肽缩合），估计结果因胺酸dipole ions（偶极离子）电距仍小，欲得平均45度之Orientation（定向），理论上所需电场强度极高，故亦作罢。现已决定纯从化学方面着手另一种Polycondensation（缩聚），试料合成工作已将完竣，倘叠合一步如所预期，则以后关于反应动力、叠合体结构及性质诸方面之探讨形成routine（惯例）。总之，此尚是一种新尝试，大成小就或终归泡影，多少须看造化。

本季修多相反应及触媒、量子化学（第二季）、X光线及晶体结构等。量子化学现讲Electron spins（电子自旋），倘觉清爽有趣。"X光线"讲授不甚精彩，惟教授极和气，不拘小节，每星期一晚实验必亲来督察，可与肆间肆谈，彼详细讲解，毫无倦容，常至十一二点始归去，以此学生在实验室中所得远较课堂上为多。实验方面除做了两种关于X光性质（吸收光谱及偏极）之实验外，尚只作了丙酸钡二钙（立方晶系）之三种照片，惟未开始计算。至高等有机及热力学弟仅与（于）考试时略与应卯而已。

此间在功课方面之传统精神极似母系，可谓良好之训练学校。有机方面颇强，设备亦佳（据伊利诺大学来此工作之同学之观察），可惜理论方面除Johnston等一套年来略有工作表现外，其他方面似在静止状态，有良好之教员而无非常inspiring（激励、启发式）之导师，此乃令人感觉苦闷之处。然弟数理基础太差，以往亦未下过苦工，多少已成落伍，故十月来在此理化系课堂上坐板凳，亦不能谓无所得，此点甚堪告慰。

当然，若以同样工夫读CIT（加州理工学院）或CU（加州大学），或较能有所遭遇不致隐没，然此乃命运安排，能留此已属万幸，弟自信若无意外波折，仍可自行开路，且本系相待极好，师友之间相处极为融洽，十月来之耕耘，至少在人情上略有收获，以此亦舍不得离开。

本系为OSU最大一系，undergraduates（大学生）之素质及程度大抵较母系为逊，此盖因吾国大学学生事实上于入学时已经过一度精选，而美国大学教育则注重较广泛之训练，有利于普通程度之学生，而不利于优秀学生。至研究院作风乃略有不同，入研究院读高等学位者多少为有心人，百人之中至少亦有半打好角色。本系必修课程仅高等有机及热力学各九学分。热力学第一、二季大半取材于L&R，加些低温热力学，第三季才是统计及光谱，有机第一、二季为物理有机及些复习，第三季是杂圈化合物，此二科系补充大学基本训练之性质，国内同学必可应付，若对此二科生疏者亦可略为预备。至其他学程全是点菜性质，幸菜单尚不太少，有极易消化者，亦有须用心细嚼而后始可下咽者，凭各人胃口慎于选择，总不致弄坏肚子。惟本系不准用英文代替一种第二外语，凡有心来此者应预为准备，始不致耽误时间。

此间国防研究院虽为本系附属机关，惟有半独立性质，在此工作之员生约百人，低温实验室设备仅次于CU，另有高温高压等实验室，大抵做了不少关于"喷气催进"方面之工作，吾人当然未便过问。此机关有的是钱，学生研侣每周工作二十四小时月薪百二十五元，Post doctorate（博士后）三百元，此机关从前颇为开放，现因国际形势及吾国时局皆有变化，吾人已较不易进去工作。

希望母系再有人出来，若欲来此理论则不如在CU，因在此重要工作不易得到，学到古典热力学则又无多大趣味，若欲攻"叠合"则至伊利诺较好，读有机则可来此或伊利诺。本系过去数年对中国学生极采保守态度，去年忽大开放，现在始又稍保守，然母系同学欲得本系入学许可证，弟可担保无问题。美国学校极其分数主义，大概母校分数较严紧，寄成绩单出来多少会较诸教会大学学生吃亏一点。弟当年因不缴习题，高等微积被弄成六十九分（还是最高分数），故弟在此第一季选些硬课时，系主任颇见迟疑，此点后来者不可不注意。因标准不同（此点系中已了解），最好请母校注明八十分以上则是A，七十至八十是B，六十至七十是C（但不可全用A、B、C以免矛盾），将来欲弟代请什么"船"时较易为力。

国内来美同学常怀奢望，来美后见必修课程较浅，常致失望。譬如初涉海滩，即谓大洋不足渡，迨乎举足向前，始觉"浮"之不易。其实功课仅能当作一种基本训练，吾人主要目标却在研究，故导师与设备第一，导师最初重要在指示一条路径，以后则是精神上与人事上之一种助力，一切路程均自行走去，故亦不能全为导师之傀儡也。

此地生活程度较弟初来时又高了百分之十至十五，我们日常消费惟"吃"一项最可惊人，像弟胃口大的每日将近二元，小吃亦在一元半左右。"住"的一项弟幸混进此间小规模国际公寓（二十二人代表十二个国家），每月仅十九元左右，若在外面租屋则需要二十五元左右。一般言之，学费除每月八九十元已够（衣服在外），惟出国时翻印书计算尺和皮箱不可不带齐，若等到美国来买便是大傻瓜，如弟衣服可制可不制，到此后仅购一套西服卅三元，质料虽非上等，惟颇大方耐穿。

要读书固然不一定须出来，但是有些自费考出来的，在美悄悄找到工作，反而可发些洋财，我们一向都躲在鼓里，岂不冤哉！总之以后如有公费或自费考试切不可再错过，只要能过得来，要找个事情混混生活，尚不是顶困难。

弟在此间化学系虽略有基础，惟实际工作尚未能有所表现，且本校以生数（25500）过多，出了化学系谁也不认得谁，所以现在能予诸校友之帮忙恐仍极有限，惟弟对于此行之另一使命未尝忘怀，但稍假我以时日，决当尽力接应。

（1948年1月30日来信，蔡启瑞来美近一年）

弟功课已于上学季结束，语文及统考幸皆顺利通过，现正赶做实验，大概再三学季可结束。倘实验能提前告一段落，很想找个机会到西部去一二季，换换口味，据一般观察，美国学生的成就多是在毕业后几年中浸出来的，我等到美后第一年读些洋八股，掇拾些治学工具已够忙了，第二年才谈得上实验的工作，所以要想在两年内发现新大陆，除非有天大的本领才行，可见"三年计划"实比较合理。最理想办法为于学位结束后再在此或其他学术机关浸下一年半载，惟弟有两不稳因素，家庭问题为其一，恐未能如愿，最迟明夏即须返国，届时视母校需要情形再定行止。

此间夏天闷热，不便工作，效率极低，每天只能于早晚进实验室，午后在宿舍里开电扇乘凉，另于星期一、三、五早课去聆听Gamow大吹其原子及宇宙之牛而已。此间生活程度又涨百分之十至十五，惟国务院奖学金自本年四月起每月亦增十元，若无意外风波，经济不成问题。

法西兄此行不带太太似乎失策，因（一）两人自炊伙食费和一人吃饭馆差不多；（二）人到了国外工读机会较容易找；（三）若是为了孩子的缘故，更应该带出来吃吃洋牛奶。我们或许觉得在求学的时代携眷出洋有点那个，可是洋人正觉得我们单身出来未免有点不近人情。

林慰桢兄与钱人元先生如能一并罗致，可为母系两支生力军，现母系基础已臻稳定而流年又利于东南，若能乘机集中人才，则将来发展成为中国之加工与加大，非无可能，惟在兄等努力扶助为之也。

（1948年夏来信，蔡启瑞来美近两年）

留美期间，蔡启瑞还是下象棋（在国内时，他就能下盲棋，一对三还能赢）、打桥牌的高手，常破解俄亥俄州首府报纸专栏上桥牌有奖征解的难题。

在修完课程学分、取得博士候选人资格后，蔡启瑞即投入紧张的博士学位论文的科研工作。蔡启瑞的本科毕业论文是在时任厦大化学系系主任的张怀朴教授指导下完成的，涉足电分析方向。1937年，蔡启瑞毕业（厦门大学

20世纪40年代末，蔡启瑞留美期间于俄亥俄州立大学实验室

第12届毕业生），留校任"物理化学"和"有机化学"的助教，一年后有幸当了傅鹰先生的助教。在傅鹰先生的指导下，进行有机酸混合物萃取分析的研究，涉足刚萌芽的液相色谱法领域。1940年蔡启瑞晋升讲师后，还教过"普通化学（无机化学）"，他所指导的本科生毕业论文主要涉及天然或合成有机物的制备、提取、分析、测定、作用及应用。蔡启瑞所熟悉掌握的化学各分支学科的理论基础和实验技能，再加上在OSU学习的研究生课程，使得他在进行论文科研工作时能驾轻就熟，而且连玻璃实验器具系统也是他自己动手吹制的。

蔡启瑞的博士学位论文是在时任OSU化学系系主任的马克和哈里斯以及纽曼教授的指导下完成的。马克教授（Edward Mack, Jr.）毕业于普林斯顿大学（Princeton University，学士、硕士和博士），曾任北卡罗来纳大学（North Carolina University）化学系主任，二战期间，参与"曼哈顿计划"（Manhattan Project），曾任《美国化学会志》（*Journal of the American Chemical Society*）和《物理化学杂志》（*Journal of Physical Chemistry*）的副主编。哈里斯教授（Preston M. Harris）毕业于威滕伯格学院（Wittenberg College，学士）和OSU（硕士、博士），芝加哥大学博士后，二战期间，曾参与加州大学（University of California）的"曼哈顿计划"。纽曼教授（Melvin S. Newman）毕业于耶鲁大学（Yale University，学士、博士），耶鲁大学、哥伦比亚大学（Columbia University）和哈佛大学（Harvard University）博士后，他提出的分子结构端点（end-on）表示法被称为纽曼投影图分子式（Newman Projection

Formulas）。蔡启瑞留美期间所师承的三位教授都是化学领域的杰出教授，他们活跃的思维方式和严谨的研究态度，启迪、激发学生创造力的指导方式，对蔡启瑞今后的学术生涯产生了深刻的影响，并且蔡启瑞跟三位老师结下了深厚的友谊。纽曼教授虽然没有在蔡启瑞的博士学位论文导师一栏署名，但那时的指导和合作，令蔡启瑞思念不已。1979年，蔡启瑞深情邀请纽曼教授来访厦门大学，时隔20多年，两位70岁上下的老朋友促膝长谈，相谈甚欢。回到美国后，纽曼教授特地将蔡启瑞和他当时合作完成，但因当时蔡启瑞返回中国而未能及时正式发表的研究成果撰写成论文，在美国《有机化学杂志》（*Journal of Organic Chemistry*）上正式发表（Tsai K R, Newman M S. A novel synthesis of 1, 21-heneicosanedioic acid. *J. Org. Chem.*, 1980, 45: 4785-4786. 1, 21-二十一烷二酸的新颖合成）。这一研究成果完成后近三十年仍能被接受发表，足以体现其相当高的研究水平和时效价值。

蔡启瑞博士学位论文的研究方向是物理有机化学，研究内容是多亚甲基长链二醇及二羧酸的L-B膜的研究。1950年4月，蔡启瑞顺利通过博士学位论文答辩，只用三年就获得了俄亥俄州立大学化学领域的哲学博士（Ph. D.）学位。博士学位论文题目是"A Study of Macro-Ring Closure in Heterogeneous Reactions: Surface Films of High Polymethylene Dicarboxylic Acids and Glycols"（多相反应中大环闭合的研究：高聚亚甲基二羧酸和二元醇的

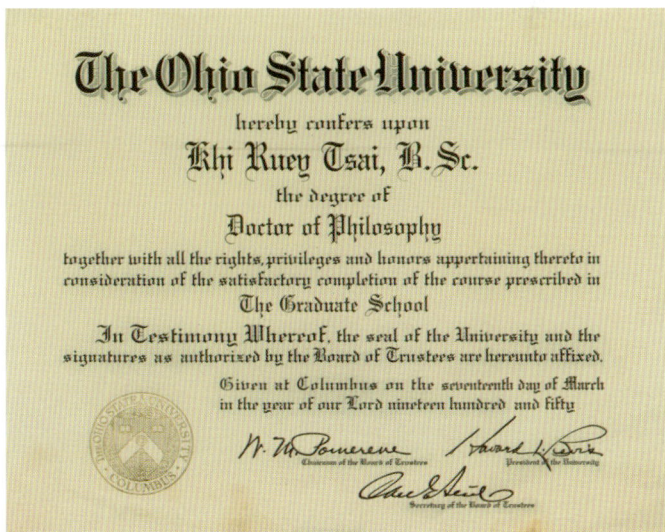

蔡启瑞的博士学位证书

表面膜），署名导师是Harris和Mack。那时名字是采用闽南话音译，所以，论文封面上蔡启瑞的英文名字是Khi-Ruey Tsai；后来，蔡启瑞发表国际英文论文时采用的英文名字是Khi-Rui Tsai（K. R. Tsai）。

学位论文附有简介、致谢和简短自传，正文章节目录如下：

Ⅰ. Introduction（引言）

Ⅱ. Kinetics of Hydrion-Catalysed Esterification of Polycarboxylic Acids in Methanol: Preferential Esterification of Primary Carboxyl Groups in Polycarboxylic Acids（甲醇中质子催化多羧酸酯化作用的动力学：多羧酸中主羧基基团的优先酯化作用）

Ⅲ. Partial Esterification of Dicarboxylic Acids By Simultaneous Extraction of Half Esters: A New Method for Preparing Half-Esters（通过半酯同步提取的多羧酸的部分酯化作用：一种制备半酯的新方法）

Ⅳ. Synthesis of High Polymethylene Dicarboxylic Acids and Glycols. A new and General Method for the Lengthening of Hydrocarbon Chain in the Synthesis of Aliphatic Acids and Hydrocarbons（高聚亚甲基二羧酸和二元醇的合成。在脂肪酸和脂肪烃合成中烃链伸长的一种新的一般方法）

Ⅴ. Surface Films of High Polymethylene Dicarboxylic Acids and Glycols（高聚亚甲基二羧酸和二元醇的表面膜）

学位论文的简介如下：

The purpose of the present work is (1) to devise a method for the synthesis of high polymethylene dicarboxylic acids and glycols, and (2) to study the surface films of such compounds on water. The theoretical aspects and experimental part of (1) are presented in Chapters Ⅱ, Ⅲ and Ⅳ. The object of the surface film measurement (Chapter Ⅴ) is to ascertain the proximity of the two end-groups when such compounds are spread on water; this will be of important bearing to macro-ring closure by heterogeneous reactions, a theoretical analysis of which forms the introduction for this dissertation. ［本工作的目的是：（1）设计高聚亚甲基二羧

酸和二元醇的合成方法；（2）研究这些化合物在水上的表面膜。论文的第二、第三和第四章介绍（1）的理论方面和实验部分。表面膜测量（第五章）的目的在于弄清这些化合物在水上展开时两个端基基团附近的情况。这对于阐明通过多相反应的大环闭合具有重要的意义，其理论分析构成了本论文的引言部分。〕

在获得学位前，蔡启瑞在傅鹰教授指导下完成的论文也在《美国工程化学》（分析版）刊物上正式发表〔Tsai K R, Fu Y. Analysis of mixtures of aliphatic acids by extraction. *Ind. Eng. Chem.* (Anal Ed), 1949, 21：818. 脂肪酸混合物的萃取分析〕。

蔡启瑞博士毕业后，在哈里斯的挽留下，留在俄亥俄州立大学从事铯氧化物晶体结构测定这一极具挑战性的结构化学方向的博士后研究，1952年被聘为副研究员（Research Associate），在美国《物理化学杂志》（*Journal of Physical Chemistry*）上发表了关于Cs_2O和Cs_3O晶体结构的两篇论文（Tsai K R, Harris P M, Lassettre E N. Crystal structure of Cs_2O. *J. Phys. Chem.*, 1956,

1978年，蔡启瑞（左六）留学美国期间的导师 M.S.Newman 教授（左五）访问厦门大学，受到主人的热情接待

60:338-344；Tsai K R，Harris P M，Lassettre E N. Crystal structure of Cs₃O. *J. Phys. Chem.*，1956，60:345-347）。这系列研究使蔡启瑞深感极化率很高的阳离子化合物结构化学的丰富多彩，尤其是曾用作夜明镜主要材料的夹心面包型的 Cs_2O（反 $CdCl_2$ 型晶体结构），表现出特殊的光学性能，但他更感兴趣的是该晶体有相当大的极化能。这些研究工作进一步提高了蔡启瑞在结构化学等领域的精深素养，也为他后来从事分子水平上的催化科学研究奠定了扎实的基础。

如蔡启瑞给母校厦大的来信中所述，他原定的"三年计划"完成博士学位以及"在此或其他学术机关浸下一年半载"之计划已如期实现，而因思母心切和顾念家庭原拟"最迟明夏即须返国"的计划却因1950年6月25日朝鲜战争的爆发而受阻。美国政府规定在美留学的理工科中国学生一律不准返回中华人民共和国，他不得不滞留在美国，在OSU担任无机化学和酶反应动力学方面的副研究员。1950年4月，母校厦门大学29周年校庆之际，蔡启瑞从大洋彼岸发回了"祖国大地皆春，我怀念你啊，祖国！"的电报，表达了他对祖国和母校的深深思念。

蔡启瑞盼望着早日归来，母校厦大也为他的回校工作做了安排。1950年5月30日，卢嘉锡先生向学校提出拟聘蔡启瑞为专任化学教授兼任化学研究所指导教授，评价为"极优"。

蔡启瑞坚持年年递交离境申请，他曾给棋友洪天定写信说"谅此巨鲸，亦鼓不起洪浪！"，坚信一定能早日回国。经中美两国政府谈判，1956年3月中旬，美国政府允许中国留学生回国，蔡启瑞的回国申请终于获得了批准。他欣喜若狂，立即夜以继日地整理资料，将这几年的实验数据全部拍成照片以便携带；放弃了汽车等家里的所有物品；等下一班船就可以多领到的工资、奖金、退保金等，都不要了；如果继续留在美国，他的研究成果可以申请专利并有可能成为百万富翁，也根本不在乎了。这一切都是为了赶上最近的船班回国。

1956年3月下旬，"戈登将军"号轮船上的蔡启瑞，遥望着茫然不见边际的太平洋，思绪万千，归心似箭。他回想起9年前与挚友顾瑞岩先生（厦门大学生物系教授）相伴乘同一条船沿同一航线赴美的情景；他又想起，家里亲人生活条件很差，这九年是如何熬过来的？他恨不得早一点回到他们的身边！而平静的海洋航行令他思考最多的，还是"我现在已进入中年，今后如何报答祖国"，"我一定要根据国情和自己的能力，主动了解哪些紧要任务是我最有可能效力承担的，以便事先做充分准备"。"戈登将军"号轮船到达广州时，蔡启瑞身上已经没有钱了，还找广州的朋友借了200元钱，原计划绕道新加坡探望一位堂叔的想法也只好放弃了。为了祖国的召唤，留美近10年的蔡启瑞终于如愿回到祖国来了。几十年后，蔡启瑞曾述及："还有一个重要的原因，是为了我的母亲，我还在襁褓中，我父亲就去世了，我的母亲非常的坚强、勤劳，把我养大很不容易，对我可以说是恩深似海，我在国外，无时无刻不在挂念着国内的母亲……"

从广州先回厦门大学，蔡启瑞向王亚南校长报到及与师友会面后，即回到老家马巷与母亲和家人亲友团聚，后经福州、上海到北京的留学生招待所报到，等候安排工作。为了进一步了解国情，他特地赶赴长春，向吉林大学唐敖庆先生请教，参观了吉林大学和中国科学院长春应用化学研究所，后再回到北京。当时，中国科学院大连化学物理研究所、化工部的一个石油研究部和南京大学等科研单位和高校都希望他前去工作，但他都婉言谢绝而要求回到母校厦门大学工作。此后，直到2016年10月3日7时26分仙逝，蔡启瑞先生以校主陈嘉庚和校长萨本栋为楷模，为他所热爱的厦门大学和祖国的科学与教育事业贡献了毕生的心血！

谨以此文追思恩师蔡启瑞先生。

作者简介：

廖代伟，男，厦门大学化学系教授。是蔡启瑞先生指导的第一个博士研究生。

乙炔水合二三事
——师从蔡先生投身科学研究 [①]

林国栋

我是非常幸运的。1961年大学毕业时，我被留下，师从蔡先生继续研究生阶段的学习，毕业后又在蔡先生的组织指导下从事催化学科方面的科学研究至今。蔡先生是一位学识和师德都达到很高境界的老科学家，有幸作为他的学生，是我一生最大的荣幸。适逢先生百岁生日，谨以个人参加乙炔水合项目研究的经历，感念先生谆谆教诲之恩、关怀备至之情。祝愿先生健康长寿、生活愉快！

一、建设以乙炔为基础的基本有机合成，解决合成橡胶单体生产的关键技术

还在大学学习期间，我们就听说蔡先生回国后，依据国家经济建设的需要，选择催化学科作为自己的研究方向，组建了我国高等学校中第一个催化教研室。在大学四年级学生分配专门化的时候，我选择了"催化专门化"，从而有机会较早地接触到蔡先生组织指导的催化学科的研究工作。当时就听说根据"二当"的原则（即当地，福建省，具有丰富的水电和煤炭资源；当时，国家亟须解决橡胶的来源问题），蔡先生的科研团队主攻以乙炔为基础的基本有机合成，解决合成橡胶单体生产的关键技术问题。还在大学期间，我们催

---

① 此文写于 2013 年 11 月 10 日。

化专门化的学生就参与其中的实验工作。

记得是1960年秋冬，国家经济困难时期，学校组织高年级学生到海沧帮助农民秋收（当时叫"五秋"），我们催化专门化的学生则被留下参加乙炔水合非汞催化剂、乙炔二聚制乙烯基

1983年，作者林国栋（左）随蔡启瑞赴美参加美国化学会186次年会

乙炔，然后选择加氢制丁二烯等课题的实验工作。我被分配在乙炔水合非汞催化剂小组。当时的实验环境非常艰苦，条件很差，控制反应温度的仪器非常简陋，连调压变压器都用不起。这一小组的组长是陈祖炳老师，他在一个盐水缸中放四根石墨棒，两根市电输入，另两根输出向反应炉供电，调节石墨棒的相对位置，控制反应炉的温度。当时一个目标就是尽快地把装置建立起来。这一小组还有一位我们年级被提前抽调出来工作的翁玉攀老师。我们学生的任务是做具体的操作。催化剂制备是另外一组，对外是保密的，所以乙炔水合的工作鲜有对外报道。

合成橡胶单体的另一组实验是乙炔二聚成乙烯基乙炔，然后选择性地加氢，即烯键不动，炔键加氢至烯键，即为丁二烯。由丁二烯聚合可制成顺丁橡胶，或与苯乙烯共聚成一种通用型的合成橡胶——丁苯橡胶。

再有一组是多功能催化剂——醇醛缩合催化剂的研究。作为解决合成橡胶生产的一种应急办法，即仿效二战时期德国采用的以乙醛或乙醇为原料制取丁二烯。这一部分工作可以在20世纪60年代初期《厦门大学学报（自然科学版）》中部分地体现出来。

经过一段时间的探索、研究，以乙炔为基础的基本有机合成集中到"乙炔水合制乙醛磷酸镉钙催化剂的研究"上。1962—1963年间，蔡先生的研究

领域扩展到石油化工方面，如丙烯聚合、乙烯氧化等。记得我开始进行研究生毕业论文的实验工作时，是与刘金波、张鸿图、郑荣辉等老师进行的丙烯定向聚合组共用一个实验室（科学楼的106室），而乙烯氧化则是陈德安、严兴国老师组建的实验装置，进行催化剂的评价测试。

二、乙炔水合制乙醛磷酸镉钙催化剂的研究

乙炔液相水合制乙醛是成熟的生产工艺，可惜其催化剂是硫酸汞-硫酸溶液，汞盐有毒，对人体有严重的伤害。因此，乙炔气相水合非汞催化剂成为一个研究课题。大约到1963年，以"乙炔为基础的基本有机合成"课题慢慢集中到乙炔水合非汞催化剂的研究上。通过前面的研究探索，蔡先生多次在催化研究团队内的书报讨论会上，总结归纳乙炔水合催化剂的一些基本规律，指出具有乙炔水合制乙醛催化活性的金属离子都是具有d^{10}满壳层电子构型的ⅠB或ⅡB族，比如Hg^{2+}、Cd^{2+}、Zn^{2+}和Cu^+，并总结出它们活性大小的规律。其中以Hg^{2+}的活性最高，它在液相、100多摄氏度就可让乙炔高活性、高选择性地转化为乙醛。而其他的金属离子则需采用气相的方式，在约300 ℃下才具有活性，其中以Cd^{2+}最佳，活性适中，水气比不高，选择性尚好，被认为是最有工业化前景的催化剂。

当时有一个隶属于中国科学院的催化电化研究室，其办公、实验也是在厦门大学的科学楼内，催化方面的研究工作也是在蔡先生的组织指导下进行的。其中一个研究组专攻磷酸镉钙催化剂的应用研究，人员和设备条件相对较好。催化剂评价装置长期连续运作，对催化剂组成、制备条件、反应条件和长期运行的稳定性进行考察。到20世纪60年代中期已具备扩大实验条件。1967年，蔡先生亲赴浙江衢州化工厂与生产厂家、设计单位探讨磷酸镉钙催化剂放大实验的关键技术问题，后因"文化大革命"而中断。

在这期间，乙炔水合非汞催化剂应用基础部分的研究安排在化学系催化教研室内进行。蔡先生提出两个课题，由两位研究生作为毕业论文进行研究。其中第一个课题是"离子交换法制备磷酸镉钙催化剂的研究"，由陈守正（来

自福建师范学院的研究生）进行研究。蔡先生的主意是：磷酸镉钙催化剂中活性组分是二价镉离子，磷酸钙起载体作用，起着分散镉组分的作用；采取共沉淀的方法所制备的催化剂中，包裹于催化剂体相的镉组分并不发挥催化作用，而镉的价格远高于钙，由于磷酸镉的浓度积远小于磷酸钙的浓度积，先制备纯的磷酸钙，然后浸渍于一定浓度的镉盐水溶液中，则可在磷酸钙表面上交换上一定数量的磷酸镉，减少了镉的用量，又提高了催化剂的活性。实验进展顺利，实验结果如原先所预料。而后又采用量热法测量表面的镉组分。

　　蔡先生提出的第二个课题由我来进行研究，题目是"表面碱性对磷酸镉钙催化剂选择性的影响"。已知采用气相非汞的固体催化剂进行乙炔水合制乙醛的选择性，远不如液相汞催化剂进行的乙炔水合制乙醛的选择性好。究其原因之一是磷酸盐具有一定的碱性，很容易促使乙炔水合的产物二聚为丁烯醛，四碳的醛又进一步醇醛缩合为含有更多碳的油状物。乙醛的选择性只有七八成。蔡先生设想通过优化催化剂制备条件和表面处理降低催化剂表面碱性，从而提高乙醛的选择性，并指出氟试剂（如HF、NH_4HF_2、HN_4F等）中氟离子有望取代催化剂表面部分羟基，从而降低催化剂表面的碱性，以期达到提高乙醛选择性的目的。实验结果表明，在催化剂制备中，尽可能控制沉淀pH接近中性，其乙醛选择性确实优于偏碱性条件下制备的催化剂。但用含氟试剂进一步处理催化剂，未能进一步提高乙醛的选择性。经反复核实后，我的研究生毕业论文只好改题，研究乙炔三聚成苯过程的结焦动力学。

1983年，林国栋（左）和蔡启瑞先生（中）赴英国进行催化与固氮学术考察，于伦敦与林祖赓合影

在这期间，化学系的催化教研室在乙炔水合制乙醛方面还有黄开辉先生和翁玉攀等进行液相汞催化剂方面的研究，他们试图从基础性方面提供更多信息。这从《厦门大学学报》1963年发表的论文可见，其题目为"乙炔水合制乙醛汞系催化剂的研究（Ⅰ）：不同阴离子存在下汞系催化剂的反应动力学"。

随着1966年6月"文化大革命"爆发，乙炔水合的研究和所有其他业务工作一起停下来。

三、乙炔水合负载型氧化锌催化剂的研究

1970年初，学校部分恢复教学科研工作。蔡先生先前组织指导的合成橡胶的项目又重新被提出来。组织部分先前从事这一研究的教师成为小分队，先在实验室进行研究。内容有三：乙炔水合磷酸镉钙催化剂评价、醇醛缩合反应制丁二烯和丁二烯提纯及聚合为聚丁二烯。我参加了前面两段的实验工作。经过一段时间的实验累积，制备了数百克丁二烯聚合物，而后由厦门橡胶厂制作成两条自行车外胎。学校派陈祖炳老师携这一试制产品上福州省军事管制委员会的生产指挥部，申请立项获批20万元经费。经厦门市安排在厦门橡胶厂建试验装置，厦门大学派科研小分队进厂进行现场设计、设备制造、安装并对乙炔水合工段进行投料试车。小分队的首批成员是陈祖炳、王仲权、傅金印和翁玉攀。后因工作需要调整为傅金印、王仲权、曾金龙和我，也是四人。

首次投料试验表明，磷酸镉钙催化剂的颗粒形状和机械强度不适合于流化床反应器，其破碎粉化程度很高。此时又获悉，先前被认为非汞的镉组分被证实是有毒的组分，其毒性比汞更甚。根据先前乙炔气相水合非汞催化剂的研究结果，只能选择锌作为活性组分，并模仿当时我们熟知的丙烯氨氧化催化剂，将氧化锌负载于微球形硅胶上，制成乙炔水合负载型氧化锌催化剂。在厦门橡胶厂的催化剂评价装置上进行的试验进展顺利！有一次我回校领实验用品，同时向蔡先生汇报工厂的实验情况。他告诉我：我们当然希望催化

剂的活性越高越好，但是有时会遇到活性不高但选择性还好，特别是反应尾气分离后气相杂质组分浓度低，可以通过原料气循环的方式形成可行的工艺。他举合成氨和合成甲醇的例子，它们的单程转化率都是个位数，仍可成为一种成熟的生产工艺。同时还提醒我："你们在部分尾气放空的操作上，要注意放空量与浓度的关系。例如，放空尾气乙炔的浓度是66%，意味着要放掉一份杂质气体组分，就得有两份纯乙炔陪着放空掉。这是涉及技术经济指标的问题。"蔡先生的这番话大大增强了我们将氧化锌催化剂推向工业化的信心。随后我们就在橡胶厂建立催化剂批量生产的装置。但过后不久，由于经费和厦门橡胶厂的发展方向的原因，合成橡胶项目被搁置下来。

在这期间，国内醋酸紧缺，酒精路线存在与粮食争原料的问题，乙炔水合汞催化剂不能采用。因此各地建了一些以磷酸镉钙为催化剂的乙炔水合制乙醛，然后乙醛氧化制醋酸的项目，其中就有厦门冰醋酸厂。他们当然很乐意将我们在橡胶厂研究开发的氧化锌催化剂移植到冰醋酸厂的乙炔水合装置上。

为了适应即将到来的乙炔水合催化剂的市场需求，我被派到校办化工厂与厂方合作建立起氧化锌催化剂的批量生产装置，供应厦门冰醋酸厂、沈阳有机化工厂、延吉市电石厂和新乡电石厂等。在此期间，傅金印、周明玉和我还被派往厦门冰醋酸厂协助厂方用好氧化锌催化剂，对产物、原料气、反应后尾气等进行分析，在设备比较简陋、水电供应时断时续的条件下进行乙炔水合生产过程的物料衡算。其间，我们还到沈阳有机化工厂、延吉电石厂等采用氧化锌催化剂的工厂进行生产过程的分析和物料衡算。

氧化锌催化剂在生产装置上运行比较顺利，取得了较好的结果。大约在1974年间，当时学校内还是以政治运动为主，留校的教职工上班时间集中学习。有一次我回校，就在芙蓉一宿舍走廊向蔡先生汇报工厂实验情况。当他得知实验进展顺利的情况后很高兴，要求我们好好总结，撰写论文公开发表。随后蔡先生亲自向我们提供了乙炔在氧化锌催化剂上反应生成乙醛、丁烯醛、丙酮等主副产物的反应机理图，让我们和催化剂研制实验部分结合在一起，以"络合活化催化作用Ⅱ：乙炔气相水合制乙醛锌系催化剂的研究"为题撰写论文，该文发表于《化学学报》[1975，33（2）：113-124]上。

就在这一次走廊谈话中，当谈到乙炔水合反应生成乙醛的机理时，蔡先生对我说："看来，当乙炔络合活化后，加上一个羟基生成乙烯醇基或异构化为乙醛基后，下一步就是一个水分子进攻，氢加到配位基上生成乙醛脱离活性中心，水分子的另一部分羟基就留在活性中心上，所以催化剂上总会维持一定数量羟基，现在看来当时你的实验结果是可以理解的。"这时，我真的受到了巨大的震动！我自己的论文课题没有得到预期结果，这件事我早已忘光了，从来就没有再想起过它，特别是在那样动乱的年代。可蔡先生却一直孜孜不倦地思索着、探索着。这种坚韧不拔的科学精神是我们常人所不能及的。在此，我回想起1982年或1983年，蔡先生经历第二次大手术，我在第一医院病房陪护时所看到的情景。那是刚刚手术后几天，蔡先生身体还很虚弱，他就在病床上随手抓来的报纸边缘绘画底物分子在固氮酶活性中心上配位的结构草图。

1973年，领导派我带着氧化锌催化剂研究和工厂应用的初步结果，参加在开封市举行的"全国石油化工科学报告会"。蔡先生担心我一人初次参加这种大型会议没有经验，让我带着他的便函，需要时可以请教他的学友闵恩泽先生。可惜闵先生未到会。我在会上报告后，乙炔水合负载型氧化锌催化剂的项目引起会议的关注。有如下三件事为证：

（1）我作完报告之后，大会的通讯组派人来了解氧化锌项目进展的具体情况，随后在"会议通讯"中作了报道。

1983年，林国栋（右）和蔡启瑞参访德国慕尼黑大学、汉堡大学、Fritz-Haber研究所等，于波恩留影

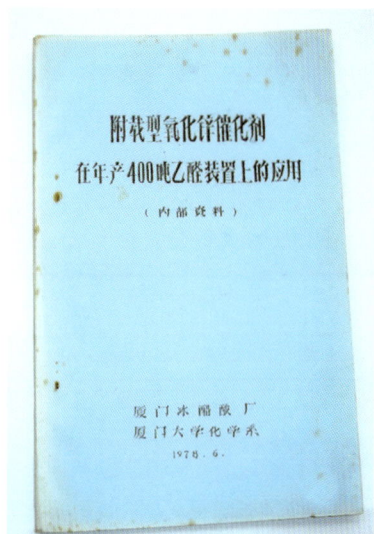

氧化锌催化剂工业应用的总结报告

（2）会议指派我作为参加大会高校的代表在闭幕式上致辞。

（3）回校后不久，系领导通知我，会同厦门冰醋酸厂的两位技术员赴京向燃料化学工业部有机组汇报厦门冰醋酸厂氧化锌催化剂使用和冰醋酸生产情况。随后，燃料化学工业部有机组要求厦门冰醋酸厂继续做好新催化剂的工业实验，对现有500吨生产装置所需设备给予支持，调拨了蒸汽锅炉、汽车等给厦门冰醋酸厂。另要求将生产装置扩大到2 000吨，主要的设备如流化床反应器、再生器等由燃料化学工业部提供。

1978年6月，厦门冰醋酸厂和厦门大学化学系共同完成了"负载型氧化锌催化剂在年产400吨乙醛装置上的应用"的内部报告，蔡先生所组织指导的，经历了10多年研究、开发的氧化锌催化剂终于被用于工业生产装置。20世纪70年代中后期，厦门冰醋酸厂采用氧化锌催化剂由乙炔水合制乙醛，再由乙醛氧化生产的冰醋酸源源不断地供应轻化工市场。但是由于电石乙炔生产化工产品在经济上受制于生产电石的高能耗，该工艺随着我国石油化工的发展而慢慢退出市场。

作者简介：

　　林国栋，男，厦门大学化学化工学院教授，1998年退休。从事催化化学和化学工艺学的科学研究与教学工作。曾任厦门大学化工系主任。1961年大学毕业后，师从蔡先生进行化学系物理化学（催化理论）研究生阶段学习，毕业后在蔡先生组织指导下，参加乙炔化学、化学模拟生物固氮和碳一化学等项目的研究。

蔡启瑞先生是化学家，也是能源化工发展战略家

张鸿斌

　　我是蔡老先生"文化大革命"前最后毕业的研究生，"文化大革命"中后期到合成氨厂从事"粉煤成型造气制合成氨"的工作，1977年回厦大，重新加入蔡先生的研究团队。

　　1972年起，蔡先生主要的研究方向集中在生物固氮及其化学模拟上。我在氨厂工作数年，对蔡老师的研究倍感亲切。铁催化剂上N_2催化加氢成氨是催化科学史上最具代表性的经典课题，至今已100多年。德国两位合成氨先驱科学家F. Haber 和C. Bosch先后都获得诺贝尔奖。早期合成氨用的催化剂是不含离子型促进剂的铁、钌、钴系金属催化剂，依靠高温高压的反应条件使分子氮加氢成氨。经典的合成氨理论认为反应机理是：分子氮在铁（或钴、钌）金属催化剂上先解离为原子氮，然后加氢成氨，即所谓"解离式反应机理"。后来发现添加离子型助剂（诸如K_2O、Al_2O_3、BaO、MgO等）的双促进或多促进铁、钌、钴系金属催化剂，其催化氨合成的效率明显提高。由此要问：在这样的催化剂上，N_2加氢成氨反应究竟是按解离式机理还是按缔合式机理进行的？即吸附N_2分子反应的第一步是先解离为原子态吸附氮呢？还是先部分加氢而后解离？

　　蔡先生从生物固氮酶在温和条件下就能够对氮分子实施活化并加氢成氨得到启发，认为氮分子第一步加氢至关重要，依靠其在金属催化剂台阶活性位上的多核配位活化及相应部分加氢过渡态中间物种的生成，能降低反应中

1988年，蔡启瑞（右四）和他的助手们在福建东山海滩。右一是作者张鸿斌

间物的能垒，使氮分子加氢成氨的反应可以走一条相对省力的以"氢助解离的缔合式机理"为主导机制的反应途径，即分子态吸附氮$\underline{N_2}$部分加氢生成$[\underline{N=N}]^{\delta-}-\underline{H}^{\delta+}$可能是速率决定步骤，接着双键快速断裂生成$\mu_3$-$\underline{N}$和$\mu_2$-$\underline{NH}$，随后分步加氢经2NH（a）或$\underline{NH_2}$（a）等，进一步迅速加氢成2$NH_3$（g）。这也是改进工业合成氨催化剂的合理而有效的途径。

　　为了证实蔡先生的这个推断，必须设法检测到原位反应条件下催化剂表面的含氮物种。1982年，我作为公派访问学者去美国进修，顺带着检测在原位氨合成反应条件下双促进铁催化剂表面含氮物种的任务。我做出的原位拉曼光谱观测结果显示，工作态双促进工业铁催化剂表面主要的含氮化学吸附物种很可能是两种未解离的分子态化学吸附氮$\underline{N_2}$（a），而非已解离的原子态化学吸附氮$\underline{N}$（a）或$\underline{NH}$（a）；在723 K暴露于$\underline{N_2}$/3$\underline{H_2}$气氛下观测到的催化剂表面含氮吸附物种N（a）和$\underline{NH}$（a）的浓度低到可以忽略，这个实验事实与Ertl在583 K、α-Fe（111）面上观察到N（a）的浓度很低的结果相一致。上述结果支持了蔡启瑞研究团队所提出的"主要反应途径很可能是包括分子态化学吸附氮N_2（a）的加氢为速率决定步骤的缔合式反应途径"的推断。相关结果发表在*Journal of Catalysis*［1986（99）：461-471］、*Scientia Sinica*（Series B）

[1987（30）：246-255]，以及*Catalysis Letters*［1989（3）：129-142］上。

近二十年来，新的实验事实不断出现。2004年，诺贝尔奖获得者Ertl的实验室同行 Schlögl发表了《氨的催化合成 —— 一个没有完了的故事》的论文 [*Angew. Chem. Int. Ed.*，2003（42）：2004-2008]，其中陈述道：原先不含离子型助剂的铁催化剂，其催化氮分子加氢成氨的反应途径遵循解离式机理；添加离子型助剂后的催化剂，其机理有所变化。由此可见，支持我们所提"缔合式机理"的实验事实和观点多了。上述这段经历给我的启示就是：搞科学研究、做学问，要像蔡先生那样，不是人云亦云，随大流，而是要有主见，将自己掌握的多方面知识加以融会贯通，判别真伪，做出合理的假设，而后设计实验予以求证。

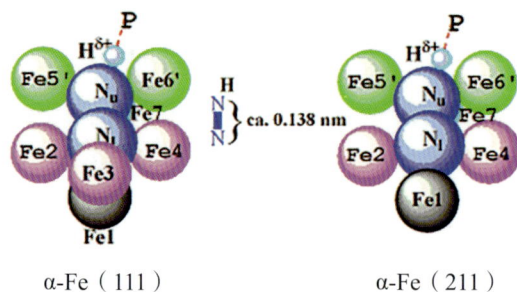

离子型双促进铁催化剂 α-Fe（111）或（211）面台阶活性位上 N_2 的多核配位活化及相应部分加氢过渡态中间物种 μ_7-NNH（ω_{3+1}，ω'_2）或 μ_6-NNH（ω_3，ω'_2）的生成

20世纪70年代末世界经受二次石油危机冲击之后，世界能源化工原料路线和产业结构进行了调整，宝贵的石油资源作为燃料工业原料受到了一定限制，炼化工业正在向深加工、高选择性和低污染的产业发展，同时也向高附加价值的专用及精细石油化工发展，以煤炭为基础的碳一化学化工重新受到重视。蔡先生认为，我国是发展中国家，其化石燃料资源是"富煤、少油（石油）、贫气（天然气）"，完全可绕过工业化国家已走过的老路，及时径走煤、油、气并举，燃、化、塑结合，优化和洁净利用化石燃料资源的道路；既要发展石油深加工，多产石油化工大吨位产品和专用及精细化工产品，又要及时发展煤基的汽、柴油代用燃料，并配套发展煤化工。蔡先生一再呼吁国家要重视煤炭作为基础燃料和化工原料；与此同时，他联合彭少逸院士，组织带领有6个高校院所参加的研发团队，承担国家基金重大项目"碳一化学基础

研究"，向煤炭资源优化利用的核心课题"碳一化学"发起攻坚。碳一化学基础研究的重要而实用的意义在于它具有广阔的应用背景。在我国，由煤炭制合成气，并由碳一化学路线合成代用燃料（燃料甲醇/二甲醚、混合醇、合成汽柴油等）、重有机化学品、精细化工产品和高分子材料单体，可分担石油基燃料化工的一部分重负，对我国能源安全供应及经济保持竞争力与可持续发展，具有重要战略意义。

在"碳一化学基础研究"项目实施过程中，厦大承担的"合成气制乙醇催化作用机理的研究"在蔡先生的直接指导下取得如下重要成果：（1）用化学捕获法、同位素法和红外光谱法确定反应过程 C_1 物种 $\underline{HCO}$ 和 $\underline{CH_2}$，C_2 物种 $\underline{H_2C=C=O}$ 和 $\underline{CH_3CO}$，首次发现后者为前者的加氢产物，反应经历甲酰基—卡宾—乙烯酮机理（而非如 Ichikawa 和 Sachtler 提出的 $\underline{C=O}$ 先直接解离为 $\underline{C}$ 和 $\underline{O}$ 而后加氢的机理）。为进一步加以证实，遂设计了以不转化 CO 为 C_1 物种的模型簇合物 $Fe_2(\mu\text{-}CH_2)(CO)_8/SiO_2$ 代替催化剂进行相同的反应和捕获，得到相同的结果，确证上述结论，是首次用模型反应证实催化作用机理的例子。（2）在研究方法上，改进原位化学捕获法为竞争性原位化学捕获法，用负载型原子簇化合物中的 CH_2 基团模拟反应中间物。这些都有突出创新性。

该项研究阐明了国际上长期争论的 CO 转化为乙醇的催化反应机理，具有丰富催化理论的科学意义，也为研制优良催化剂提供了科学依据，具有应用前景。国际催化杂志评述该项研究的现场中间物 HCO、CH_2、$H_2C=C=O$ 和 CH_3CO 的检测以及 Rh 基催化剂上合成气制乙醇机理为我国碳一化学五年来最重要的进展之一［见：*Appl. Catal. A: Gen.*，1993（94）：N2 - N3］。"合成气制乙醇催化作用机理的研究"获教育部科技进步一等奖（1994）、国家自然科学奖三等奖（1995）。

通过"碳一化学基础研究"项目的实施，蔡先生更强烈地感受到调整我国能源化工原料路线和产业结构的重要性、迫切性和可行性。1997年以来，他通过多种渠道，包括作为"1997.3全国政协提案"，1998年作为中科院化学学部"绿色化学与技术"咨询组的6名成员之一，参与中科院向国务院提交该咨询报告的工作，以及在"21世纪新一代煤化工技术发展研讨会"（2000年10月，北京，国家科委主办）和"2002年中国国际煤化工及煤转化高新技术研讨会"（2002年11月，北京，中国石油和化学工业协会、中国煤炭工业协会联合主办）上的报告［见：Tsai K. R.（蔡启瑞），Zhang H. B.（张鸿斌），Yuan Y. Z.（袁友珠）. Energy policy restructuring and a scheme of clean coal technologies. *Coal Chem. Ind.* (Supp), Proc. 2002 CCCF, 2002:177-179；又：中国化工报，2002（12）：5］，就"优化利用化石燃料资源，创建能源化工先进体系"积极向有关主管部门提建议。其要点包括：从我国煤炭资源丰富而石油和天然气资源相对较少的国情出发，我国应尽可能绕过工业化国家燃化工业数十年来过分依靠石油为原料的老路，及时径走"煤、油、气并举，燃、化、塑结合"，优化和洁净利用我国化石燃料资源的途径；为综合清洁利用我国最大的矿物资源——煤，建议发展煤集成气化联合循环（coal integrated gasifier combined cycle，CIGCC）发电，高效联产甲醇/二甲醚等燃料化工产品，其发电能效高（可从老式煤电厂的约35%提高到约45%），环保效益好（煤炭气化时，硫杂质绝大部分转化为硫化氢而不是硫氧化物，容易回收为硫黄，可补偿相当一部分脱硫运行费用，又不致造成污染）；发展适合国情的甲醇汽车和甲醇燃料电池，分两步实现绿色能源和绿色汽车政策；发展甲醇/二甲醚制乙烯、乙二醇新技术等；采用CIGCC多联产工艺，有利于解决发电调峰问题和醇醚车间的尾气循环及放空问题，醇醚车间尾气（主要为未转化的合成气）可并入燃气炉燃烧，参与循环发电，在用电高峰期可以多发电，少生产醇醚燃料，在用电低谷期则可多生产甲醇、低碳醇、二甲醚等燃料化工产品，因而可充分利用造气炉的造气生产能力，降低发电成本和醇醚燃料生产成本。这些充分显示出他作为一个能源化工发展战略家的特质，闪烁着先生过人的科学才思的光辉。

"十一五"期间，国家确定了"节约优先、立足国内、煤为基础、多元发展"，构筑稳定、经济、清洁、安全的能源供应体系的能源发展战略方针。其中以优势资源替代稀缺资源，通过煤制醇醚、烯烃和煤基多联产的开发应用，发展替代燃料和化工原料，是落实我国能源发展战略方针的重要组成部分。

醇醚酯不仅是重要的基础有机化工原料，而且已被证实也是燃油的清洁替代品或添加剂。发展煤基醇醚酯，是实现能源资源与化工原料多元化的重要措施之一。

在国家行政机构精简改革中，石油部、化工部相继取消了，直属于相关部委的石油、化工研究院所改制了，代之优化组建了一批行业化的"国家工程研究中心"或"国家工程实验室"。在能源化工领域，拟建5个与煤化工相关的国家工程实验室。始建于20个世纪50年代末的厦门大学催化化学团队，在创建人蔡启瑞教授的带领下，从我国国情的特点及需求出发，长期来一直从事能源化工及环保方面的催化科技研究，有相当厚实的基础和工作积累，我校遂向国家发改委申报建设"醇醚酯化工清洁生产国家工程研究中心或国家工程实验室"。

在学校向国家发改委申报建设国家工程研究中心或实验室的关键时刻，年过91高龄的蔡老先生亲自向温家宝总理写信，告诉温总理他"欣喜和激动地获知，国家正在不断加强能源工作力度，并准备组建若干相关的国家工程研究中心，进行工程技术的联合攻关，以加快实验室的创新成果在大型生产上的应用……厦门大学已向国家发改委申报组建醇醚酯化工清洁生产国家工程研究中心或国家工程实验室，申请的初步答辩得到了高技术司的关心，这是可喜的消息……"他借写信机会，再次建议"研制高效新型催化剂，用于煤集成气化联合循环发电联产醇、醚燃料，可以解决发电调峰问题，脱硫可回收硫黄，这也属于循环经济……"，并表示："启瑞虽年过91，但仍乐于用我的有限余热，为中、青年同事们加油、鼓劲。我国矿物能源资源虽不丰富，但可开发的智力资源堪称巨大；人才辈出，成果频传，必定能实现。相信同事们一定能组成跨学科、跨单位的团结战斗队伍，发扬勇于创新的精神，根据国情走我国科技发展的自己的道路，在这项能源科技工作中，取得具有国际性意义的创新成果，为国家经济的快速发展、缓解能源瓶颈提供技术支持。"

蔡先生亲自给温总理写信是对我校申报建设"醇醚酯化工清洁生产国家工程实验室"的极大支持，也是对我们在第一线工作的后来人的极大鼓舞和

2007年，蔡启瑞（前排左三）等与醇醚酯化工清洁生产国家工程实验室立项建设论证会的专家冯孝庭（前排左二）、方德巍（前排左四）合影。前排右一是张鸿斌

信任。该国家工程实验室已于2008年6月获国家发改委正式批准建设。这是我校领导大力支持的结果，也是蔡启瑞及其团队多年努力的结果。该实验室依托厦门大学，是我校首个也是福建省首个国家工程实验室。批建4年多来，在国家发改委、厦门市发改委的大力支持和厦门大学的直接领导下，边建设边运行，建成了5个专业实验室和1个公共测试平台，并与3个相关企业合作建立

蔡启瑞先生的助手和学生们到他家恭贺他（前右二）90岁生日。前右一是张鸿斌

了3个中试基地或联合实验室，在醇醚酯能源化工新一代重要催化剂及先进绿色催化工艺领域取得了一批具有产业化应用前景的创新型研发成果，较好地完成了承诺的各项建设任务，已于2012年12月通过主管部门组织的验收，并建议向有关部门申报"优秀"。

依托厦门大学建设"醇醚酯化工清洁生产国家工程实验室"是国家对蔡启瑞先生50年来带领、培育的我校催化化学化工研发团队的信任，为我们提供了更大、更高的研发平台，这将大大促进我校在能源化学化工催化领域的应用研究和工业开发工作的发展。

我跟随蔡老先生学习工作40多年，在学业、做人方方面面受益良多。值得回忆的经历、事迹，单靠几页纸实难写完。在蔡老先生百年华诞到来之际，我只写下自己感受较深的这一侧面，但也足以显示：蔡启瑞先生是化学家，也是能源化工发展战略家。

谨祝蔡启瑞先生百岁生日快乐！

作者简介：

张鸿斌，男，厦门大学催化理论研究生，美国爱荷华州立大学（Iowa State University）访问学者。厦门大学教授，博士生导师，曾任醇醚酯化工清洁生产国家工程实验室主任、《厦门大学学报（自然科学版）》主编、厦门大学科研处处长，中国化学会催化专业委员会委员，中国化工学会煤化工专业委员会委员和化肥专业委员会副主任，福建省化学会理事长。学科方向：化学催化；能源化工中重要催化过程的理论研究和高效新型催化剂的研发。

从蔡先生的生物固氮研究起步

陈洪斌

我是2002年入学的博士研究生，蔡先生的关门弟子。那时候蔡先生虽已90岁高龄，但是精力还相当充沛，思维非常敏捷。和老先生相比，我们这些年轻后生，仍自叹不如。蔡先生2011年春节摔了一跤，导致身体快速衰退，这是未曾料到的。

蔡先生的化学模拟生物固氮项目始于1972年，前期的参加者有万惠霖老师、周朝晖老师、黄静伟博士等诸多老师和研究生，他们相继独立（毕业）后，老先生又招了我。对于固氮，我主要做质子传递机理的研究。蔡先生之前提出了质子传递的双通道模型，希望我把两条传递的途径弄清楚。为此我们设计了一些分子探针（高柠檬酸及其同系物），希望在酶催化反应条件也就是在生化条件下来验证我们的机理。因此这个课题涉及有机合成和生物化学，这些都离我原来的知识范畴较远。为此，蔡先生请了相关专业的老师来帮忙，探针分子的合成请了黄培强老师指导；酶催化机理研究则主要在中国农业大学的李季伦院士的实验室进行，李先生是微生物行家，也进行固氮酶的机理研究。

固氮酶的研究已经历经近百年历史，机理研究也涉及方方面面。虽然固氮酶的精细三维空间结构业于20世纪90年代确定，但是有关氮分子如何在常温常压下被固氮酶络合活化及还原仍然没有定论，目前所谓的单核、双核或者多核络合活化大多是基于静态下进行理论计算的结果。究其原因，这是因为固氮酶的结构非常复杂（包含4Fe-4S簇、P-簇以及活性中心FeMo-co三个金属簇合物），而且对氧气非常敏感。在固氮酶络合、活化氮分子方面，蔡先生在20世纪70年代就提出多金属原子簇活性中心的观点，并不断修正为七核活性中心模型（*J. Cluster Sci.*，1995：485-501）。

　　我的博士论文的主要研究内容是"质子传递的双通道模型"。质子是氮气还原为氨的必不可少的组分，但是有关于质子的来源以及质子传递途径的研究目前还非常有限。实际上，质子传递不光存在于固氮酶里面，在所有的生物体系里面都存在。我们对质子传递机理进行研究，除了固氮酶之外，还希望能扩展到其他的生物体系。蔡先生认为，固氮酶三维空间结构虽然给出了精确的图像，但它只是静态的结构，而酶促反应的过程是一个动态的过程，蛋白质的构象不断变化着，因此原位反应条件下的实验证据对于机理阐释特别重要。为此我们合成了探针分子，并将探针分子与Kp *nif* V-固氮酶作用，希望通过配体取代的办法把探针分子装进FeMo-co，并通过氘代乙炔的顺/反式选择性加氢，得到配体取代的固氮酶的活性。实验结果表明，还原活性增加了一倍。按照我们的估计，其生物活性仍然具有较大的提升空间。我和蔡先生讨论过以上实验现象，认为这可能是因为固氮酶本身很大，而活性中心则离蛋白的表面很远，如果没有一个合适的口进去，就没办法发生配体取代，也就是说当通道很小时，只有很少一部分进去，导致活性上不去。后来，我们想采用体外重组法，但限于条件，这方面的研究仍无法进行。

　　除了固氮酶之外，蔡先生也经常给我灌输一些其他方面的内容，比如工业催化氨合成方面。蔡先生认为，合成氨铁催化剂是结构敏感的，需要多个原子簇来

蔡启瑞先生和他的固氮模型

2006年，"973"生物固氮年会代表合影。前排右六是蔡启瑞，后排右三为作者陈洪斌

络合，双促进合成氨工业催化剂和生物固氮遵循的应该都是同样的模式。因此研究固氮酶对分子氮的络合和活化，对非酶氨合成肯定有启示，搞清楚了定能令非酶氨合成取得重大突破。

在学生培养方面，先生总是让学生充分提出各种可能性。现在很多研究生都叫老师为老板，许多人硕士（博士）毕业后，对化学研究的兴趣也差不多没有了。而蔡先生对我们则是给一个题目，告诉我们所要做的课题的目标，让我们充分发挥自己的能动性，在碰到困难时和我们仔细探讨各种可能性，给出非常宝贵的建议。比如合成探针分子，刚开始的路线一直没做成，后来我自己设计了另一条路线，老先生一看就非常支持。老先生很谦逊，从不以权威自居，在讨论问题的时候经常跟我说，"我讲的也不一定对哦"。例如在质子传递的途径上我们也有争论，他认为是这样，有时候我并不同意。对于氨基酸的壁"抓"质子的争论，到底是不是这边抓一个摆到那边。后来觉得彼此都有一些道理，原因在于固氮酶很复杂，没办法马上断定对与错。

另外由于课题的关系，我们和其他课题组的老师有合作，蔡先生就特别强调团队的作用，对待成果要实事求是，互为主次。在我跟随蔡先生的近十年时间里，蔡先生一再强调从事科学研究一定要踏实严谨，经常说："我们的工作成绩只能讲八分的话，不能把话说满，不能拔高。"他一再要求我们对待自己的工作和成果，要客观、中肯。因此，在我自己独立工作后，我都要求自己的学生做的结果都要重复几遍，因此我的实验室出文章的速度很慢。

蔡先生常说，学生培养只要（学术）训练过关，以后做什么都不必担心。我觉得这个理念很对，不可能说老师培养学生，以后所有的学生都做同样的课题，所以我也结合自己的兴趣，不断开拓新的课题。我至今仍清楚地记得蔡先生讲过"在失败的过程中总能找到方向"，我们实验室经常有些课题做得"灰头土脸"，但是有时也发现一些有趣的方向。

蔡先生对科学、对事业的热情终身不减。先生80岁才学电脑，到后来用很多化学专业软件，比如Chemdraw和Hyperchem，比我们这些年轻人都在行。在先生住院的日子里，有次我去看他，陪他聊天，他还拉着我的手说："等我好了，我们再把这个课题好好探讨探讨。"这个情景，我至今历历在目，如同昨天发生的一样。

在读书的时候，老先生一个星期会来实验室三到四次，主要跟我谈课题；我也经常到先生家去，有时一天去几趟，早上去，下午再去，或许晚上还去。也经常在先生家里吃饭。别看老先生学问做得好，生活也料理得不错。有一次把我留下吃饭，而阿姨不在家，他说没关系我们自己做汤吧，拿些要煮的东西放在碗里面，放在微波炉里面煮一煮，五分钟一碗汤就出来啦。因为我经常在他家吃饭，看他吃的东西很随便，所以我也感觉很放松。

虽然我跟随蔡先生将近十年的时间，但是我很难用感性的语言来描述蔡先生。恩师虽已仙逝，但是音容笑貌仍清晰地印在我的脑海里，恩师的教诲，学生铭记于心。

作者简介：

陈洪斌，男，博士，厦门大学化学化工学院助理教授。蔡启瑞先生最后一位博士研究生。

我的恩师蔡启瑞教授 ①

周泰锦

　　农历癸巳年是中科院资深院士、著名物理化学家、厦门大学一级教授蔡启瑞先生的百岁华诞年。

　　蔡先生是我的恩师，也是无数景仰、追随他的弟子心中的一座丰碑。

　　记得那是1962年，当时我是厦门大学本科四年级的学生。一天，经同学万惠霖（蔡先生的研究生）的介绍，有幸认识了蔡先生。初次见面，蔡先生就给予了我许多鼓励。他说，一个大四学生，能通过自学解出一道量子化学教科书中难度较大的习题，很有潜力嘛。他表示赏识我的数理思考能力，决定指导我这位本科生做毕业论文。这让我兴奋了好些天。要知道，当时蔡先生已是知名教授、催化学科的带头人，一般情况下只指导研究生。而我，就此成为蔡先生的嫡传弟子。

　　我的本科毕业论文题目是"有关α-TiCl₃晶体的晶格能极化能与晶体场分裂的理论计算"。在做毕业设计的那段日子里，我根据蔡先生的思想，查阅了大量文献，在不断参考、甄别国内外有关专著与论文的基础上，在原始的手摇计算机上开始了冗长的计算工作，经过艰辛的努力，终于取得成功。采用点电荷加点偶极模型，对α-TiCl₃片状型晶体和β-TiCl₃晶体的极化电场强度、极化能和晶格能加以计算。计算出的U值与由玻恩（Born）循环估计的实验值相当接近。由此证实了蔡先生关于丙烯在α-TiCl₃催化剂上定向聚合与

----

① 此文写于2013年11月。

α-TiCl$_3$的空间结构及在氯离子点格上沿三次轴方向上强极化作用的关联。这些成果后来整理成两篇论文在厦大学报上发表［厦大学报1964（1）；厦大学报1964（2/3）］。这些成果也证实了蔡先生的一个重要的学术思想，即通过计算与计算机模拟，可以推断与预测反应机理。这是科学研究的重要手段，与实验科学相辅相成。在与蔡先生短短的一年（1962—1963年）接触中，我强烈地感受到蔡先生不但有丰富的化学知识，而且有很强的空间想象能力，善于把实验与计算结果有机地联系在一起，去推测和提出化学反应机理。

1963年是农历癸卯年（兔年）。这年6月，我作为厦大首届催化五年制本科生，恋恋不舍地告别了厦大，告别了蔡先生。当时我虽然满心希望能在理论化学领域继续深造，蔡先生也极力推荐我报考吉林大学唐敖庆教授的研究生，但由于种种原因，我的考研希望未能如愿，而被分配到广西化工研究所。在那里，是没有条件进行理论化学的研究工作的。

光阴似箭，十多年过去了，1976年10月，"四人帮"倒台；1978年，党的十一届三中全会召开，邓小平同志提出了"改革开放""向科学进军"的响亮口号，基础科学的研究得到了应有的重视。这时，蔡先生并没有忘记我这个十多年没有联系的学生，他通过他的儿媳妇陈笃慧老师（我的同学）写信给我，先是建议我去吉林大学参加唐敖庆教授的量子化学学习班，后又说要调我回厦门大学。由于当时我在广西工作很忙，在新技术开发方面也有了一些成就，广西化工研究所领导不肯放行，蔡先生就亲自写信给当时的广西化工研究所吴品清所长。经多方努力，我终于在1983年底从广西南宁调回了厦大，那时我已经快45岁了。

见到久违了的蔡先生，我心中充满感激，但又忐忑不安，毕竟我不年轻了，量化也丢光了，搞基础理论可能不行了。但在蔡先生眼里，我还是当年那个在他亲自指导下肯钻研的大四学生。听完了我的简短汇报，蔡先生就要我尽快去拜会张先生（我国著名的量子化学家张乾二教授，我大学时"物质结构"授课老师）。这是我重返厦大后蔡先生与我讲的第一件事，也是第一个任务，我当即不折不扣地执行，即在重返厦大的第三天，就到当时住在鼓浪屿的张先生家中看望并求教。自此开始，直到20世纪90年代初很长一段时期内，我一直和张先生几个20来岁的博士生、硕士生一起听张先生讲课，获益良多。博采众长，触类旁通，这种治学方式，是蔡先生教授我的。

让我记忆尤深特别感动的是，蔡先生在20世纪80年代初多次到美国考察，他没有为自己或家人买任何一件东西，却用在国外省吃俭用所余下的7000多美元，委托当时在美国进修的张鸿斌老师（我的同学）买了一台PC-XT的微机（当时是最先进的微机），于1984年从美国带回来给我作为计算工具。虽说计算机发展得很快，几年后这台微机就淘汰了，但在我刚到厦大的一两年中，这台微机对我的科研工作发挥的不可替代的重要作用是难以言喻的！在当时，这台微机至少比60年代的手摇计算机强100倍！

回想我重返厦大以来，特别是1983—2003年这20年的时间里，主要从事催化量化计算与量子化学理论的研究。其间，我提出了群表示约化的方法并编写了相应的程序；先后与万惠霖、张鸿斌、刘爱民、莫亦荣、周朝晖等老师合作，用自己编写的程序对固氮酶活性中心、氨合成铁催化剂等表面体系进行量子化学理论研究，还用高斯程序研究计算了铁氢酶反应机理及Mo或W催化剂表面上甲烷脱氢的密度泛函，在国内外核心期刊上发表论文数十篇，获得包括1994年国家教委科技进步二等奖在内的多项奖励。如果不是蔡先生将我从广西调回厦大，我是不可能取得这些成果的。

在长达半个世纪与蔡先生的接触交往中，我深深地感受到蔡先生的博大胸怀和高尚情操，感受到他对学术的钻研和对后学的关爱。他是一位博学睿智、热爱祖国、为催化科学贡献出毕生精力的科学家，也是一位平易近人、淡泊名利、生活简朴的良师益友。他热爱厦大，一生致力于催化科学的研究，取得多项在国内外产生重大影响的成果；他累计发表论文190多篇，获国家自然科学奖三等奖3项及部委级奖多项，联合申请获得催化剂发明专利7项。即使在他年过九旬以后，他仍旧耕耘在教学科研一线，经常工作到深夜。他创立了厦门大学催化学科团队，培养了包括黄开辉、万惠霖、张鸿斌、廖代伟等一批又一批优秀人才。

作者周泰锦（右）与蔡启瑞先生合影

蔡先生对人才倍加关爱。凡是他所熟悉的出国留学深造的厦大学子，他总是力劝他们学成后回来为发展我国的科学事业献力。有件事让我印象深刻。那是20世纪90年代后期，厦大有位博士出国逾期未归，学校行政部门将其住房收回，并将房内一些残存的物品，包括其保留下来的少年时代最心爱的科技书籍都搬到垃圾堆附近，后被外人捡走。这位博士得知后十分气愤。当我把这件事告知蔡先生时，他立即发电子邮件给这位博士（刘爱民），表示歉意。

蔡先生常对我说，厦大出国深造的刘爱民、莫亦荣等都是人才，以后一定多有建树，他希望他们回来报效祖国。我深深地感到，他就像我们敬爱的周总理在20世纪50年代争取钱学森等老一辈科学家（包括蔡先生本人）回国参加新中国建设一样，为了争取在海外的厦大学子回"娘家"，尽了他最大的努力。

蔡先生治学有道，高屋建瓴，眼界开阔，对我国的高新技术开发也十分关心。当得知我儿子大学毕业自办了高新企业厦门宇电科技公司并在全国有一定影响后，不顾体弱多病，2010年97岁高龄的蔡先生亲临公司参观，对我儿子和他的团队多有褒奖。他深情地对我说，我们国家不但要有优秀的科学家，而且要有各行各业的创新型高科技人才，只有这样，我们国家才能赶超美国这样的强国。

蔡先生已经走过了整个一个世纪的漫长的人生道路。经历了从旧中国的贫困落后，受列强欺辱，到新中国诞生，再到中国的改革开放和走向初步繁荣昌盛的全过程。可以欣慰的是：他所创立的厦大催化学科的团队已更兴旺发达，后继有人。他的中国梦也在华夏大地上逐步变成现实。

"云山苍苍，江水泱泱，先生之风，山高水长。"恩师蔡启瑞先生风范长存！

作者简介：

周泰锦，1963年毕业于厦门大学化学系，后在南宁广西化工研究所工作，1983年调回厦门大学化学系，1994年晋升为教授。长期从事计算机的化学应用、理论化学等多方面的教学与科研工作。科研成果曾获国家教委科技进步二等奖等多项奖励，在国内外重要期刊上发表论文60多篇。

烯烃聚合负载型高效催化剂的研制

傅锦坤　曾金龙　张藩贤　陈德安

20世纪六七十年代，国家对石油烯烃化学产品，尤其是聚乙烯、聚丙烯等产量巨大的重有机产品的需求量剧增。为适应国家需要，在60年代研究的基础上，蔡先生指导烯烃聚合研究团队历时二十多年（1972—1992年），以络合催化理论为指导，对Ziegler-Natta型烯烃定向聚合催化剂进行了深入、系统的改进和升级研究，先后发明了多种乙烯、丙烯定向聚合负载型高效催化剂，并在基础理论研究方面丰富和发展了蔡先生早在1960年创新性提出的络合催化理论。

络合催化理论中，络合活化机理的核心是催化剂的活性中心与化学反应基团直接构成配键而使其活化。络合催化作用中可能有"四种效应"，即络合活化作用、对反应方向和产物结构的选择作用、通过价态可变的活性中心和其他配位体促进电子传递作用，以及实现电子和能量的偶联及传递作用。在烯烃聚合中可能只有前三种作用。

络合催化理论概念很好地指导了高效烯烃聚合催化剂研发的全过程。烯烃定向聚合的催化过程中，催化剂大多数是过渡金属化合物，或以过渡金属化合物为主要组分的双金属化合物。为此，蔡先生从该催化剂结构入手进行分析和解剖。通过离子晶体模型对α-TiCl$_3$晶体氯离子格点上的极化电场强度进行计算，指出α-烯烃定向吸附活化聚合的可能性，并对晶体的极化能和晶格能做估计，判断其离子性程度。这一研究结果，进一步明确了络合催化作用的"四种效应"。

对比于Cossee理论只考虑空间位阻因素的不足，定向聚合Ti系催化剂中的Ti活性中心，由于同时考虑了氯离子格点上极化电场和空间位阻因素，能合理地解释α-烯烃分子由于定向吸附而得到活化的聚合反应机理。以上结论对于研制乙烯聚合和丙烯定向聚合高效催化剂及选择优化聚合条件具有实践指导意义。

以络合活化催化作用的理论为指导，聚烯烃科研团队对Ziegler-Natta型烯烃聚合催化剂进行了重大的改进和系统研究，在实践和理论方面均获得了丰硕的成果：

1.申请并获批三项烯烃（乙烯、丙烯定向）高效聚合催化剂的发明专利，并发表多篇论文。以乙烯聚合催化剂发明专利为例，首先制取氯化镁-正丁醇溶剂化物，再用$SiCl_4$解醇，得到$MgCl_2$和C_4H_9—O—$SiCl_3$的载体混合物。然

$$\underset{MgCl_2}{\underset{\downarrow}{}}$$

后用$TiCl_4$和所制得的混合物作用，使Ti化学结合到载体混合物上。其中含钛量9%~10%（质量分数），乙烯聚合活性中心数目显著增加，构成了含镁和钛的固体催化剂组分，配合烷基铝组分，组成乙烯聚合的催化剂体系。

以上催化剂在通常的聚合条件下显示了很高的聚合活性。举一实例为证：在Ti（0.084 mol）、Al（C_2H_5）$_3$（2 mL，质量分数20%），乙烯分压9 kg/cm^2，氢气分压1 kg/cm^{2}的聚合条件下，催化剂活性为2 100 kg PE/g Ti，堆密度为0.33 g/cm^3。

该催化剂在北京石化三厂、上海高桥化工厂、辽宁石化二厂等相关化工企业进行扩大试验，获得了很好的丙烯定向聚合催化效果，已达到当时国内先进水平，并可供工业生产应用。相比于同时代的技术，其特点在于聚乙烯聚合物中金属离子和卤素的残留量低，灰分少，产品质量高，单釜聚合的生产能力高等。

2.自主研发出改进型的$MgCl_2$-nBuOH-$SiCl_4$-$TiCl_4$/AlEt$_3$负载型催化剂，用于丙烯定向聚合也具有良好的催化性能。该催化剂的改性主要包括：

（1）$MgCl_2$的重结晶温度选择在87~90℃之间，有利于$MgCl_2$规整性排列。

（2）用氯化氢处理该催化剂，使氯配位基取代C_4H_9O基，提高了载体晶

体结构的规整性，有利于丙烯的定向聚合。

（3）添加卤素，以提高催化剂的立体定向能力。

（4）添加

20世纪80年代末，厦门大学化学系科研工作会后合影，其中聚烯烃科研组主要成员是蔡启瑞（前排左四）、张潘贤（前排左三）、陈德安（前排右一）

胺等电子给予体以提高聚丙烯的规整度。改性后的催化剂作为丙烯定向聚合的高效催化剂，产品聚丙烯的规整度可达94%以上。

3.改性烯烃聚合高效催化剂的基础理论研究

（1）选择有效的电子给予体苯甲酸乙酯（ethyl benzoate，EB）作为调变剂，在$MgCl_2$重结晶阶段作为"内酯"，聚合反应时作为"外酯"。通过二者的协同作用，前者减少$MgCl_2$无规活性点的形成，后者减少已形成的无规活性点。另外通过其作为中心原子的配位体起空间位阻作用，其改变催化剂表面Ti^{3+}离子配位环境，二者综合协同作用使得聚丙烯规整度提高到工业生产所要求的水平，达到93%以上。

（2）反应制备的丙烯聚合催化剂上残留的烷氧基不利于丙烯的定向聚合，烷氧基不仅损害载体及催化剂的规整性，也妨碍电子给予体对某些无规活性位的堵塞作用。有鉴于此，选用2-乙基己醇并在解醇及聚合体系中同时添加适量的酯（对甲氧基苯乙酸乙酯），显著地减少了催化剂中烷氧基的残留量。衍射及电子自旋共振（ESR）实验证实了上述理论预期和实验结果，并对催化剂上活性中心中烷氧基对Mg、Ti微环境的影响做深入探讨，从分子作用的本质揭示了其影响机制，这对改进催化剂性能很有裨益。

（3）研究聚合温度（T）对乙烯在负载型$TiCl_4/MgCl_2$-Al（i-Bu）$_3$体系催化剂上聚合动力学的影响。其结果为：聚合温度（R）、活性中心浓度（c^*）

和链增长速度常数（K_p）随温度升高而增大，而聚乙烯分子量（M_w）则随温度升高而降低，体系的表观活化能（E_a）为29 kJ/mol。

（4）提高聚合催化剂中Ti（有效Ti）负载量，在控制产品低灰分的情况下，以增加催化剂生产能力。详见前述乙烯聚合催化剂发明专利内容。

以上乙烯聚合、丙烯定向聚合负载型高效催化剂的科研成果可付诸工业化生产，但由于历史和体制原因无法得以实现，这是历史的遗憾。

这一重要科研项目是在蔡先生络合催化理论全程指导下，经过科研团队长期不懈的努力而取得的。这是该理论成功指导催化剂研制的一个范例，所获得的科研成果也充实和发展了络合催化理论的内涵。"高密度聚乙烯"研究项目获1978年全国科学大会奖；"络合催化理论"（聚乙烯高效催化剂的研究作为重要成果之一）获1979年福建省科学大会奖；"络合催化理论的研究"获得1982年国家自然科学奖三等奖。以上各获奖项目中，蔡先生均为项目领衔人或总指导人。

蔡先生综合分析了近现代化学热力学、结构化学、量子化学、催化等学科发展理论，汲取现代实验方法研究催化所获得的大量有关研究结果；立足于几十年他指导下的催化团队所获得的卓有成效的研究成果，提出了"络合活化催化"概念，从分子水平上对化学反应动力学中的过渡态理论进行了全面的诠释，并发展了该理论。这一新概念对研究催化反应历程具有很好的指导性价值。可以说，络合催化理论的指导可拓展到过渡金属化合物催化剂乃至其他领域催化剂的研究中，并能取得事半功倍的效果。这些都是从事催化研究的工作者应重视和学习的。

作者简介：

傅锦坤，男，厦门大学化学系研究员，曾任催化教研室党支部书记、教研室副主任，现任化学系催化退休教工党支部书记。是蔡启瑞先生的学生，在他指导下从事催化科学研究和教学工作三四十年。

第二部分

百年师表

　　蔡启瑞先生的精神世界，如怎么做学问，如何处理与本专业同行及外专业专家的关系，怎样对待青年学子，对于学术诚信的不懈追求和维护，面对成绩与荣誉的取舍，在重大疾病面前的镇定自若，等等，也为同事们所津津乐道。

　　他以其远见卓识及丰富的学识，促成了以厦门大学物理化学的整体力量组建固体表面物理化学国家重点实验室，还秉承团队精神与国内同行主持或协力完成国家重大科研项目。他认为理科院校只有达到数、理、化、生等的均衡发展，才称得上优秀学府，并为此尽其所能；他还积极助推某些工科院系的孵育。同行评价道："启瑞先生宁静淡泊，心无旁鹜，默默以复兴中华科技为己任。"

　　在历届基层领导心目中，他积极靠拢党组织，要求进步，成为模范共产党员。他主动要求降职降薪，带头退休；他心胸宽阔，讲团结，像明澈的清泉。改革开放初期，面对科技人员断层的窘境，他内派外引忙追赶；几次带队访问考察欧美日名校和研究机构，提高了南强学府的知名度，加强了话语权。他学风严谨缜密，简洁流畅；他奖掖后学，甘当人梯；他鼓励学生加强基础训练，从挫折中奋起。他说，"我们的八分成绩讲六分就好，不要夸大，更不要把他人的成绩加在我头上"。

　　他是堪为表率的老师、可敬的南强赤子。

在蔡启瑞教授追思会上的讲话①

韩家淮

尊敬的蔡启瑞先生家属代表们，老师们，同学们：

刚才，几位同志作为蔡启瑞先生的生前好友、学生、同事以及家属代表，分别从不同角度深情回顾了蔡先生追求真理、勇攀高峰、爱国重教、无私奉献的伟大一生，展现了一位科学大家的崇高形象和精神风范。

蔡启瑞先生是以国家为生命、充满赤子情怀的爱国楷模；是以科研为生命、勇于创新的科学家，是享誉中外的催化科学泰斗；是以人才培养为生命、德学双馨的教育家，堪称学为人师、行为世范。蔡启瑞先生的辞世，是厦门大学的巨大损失，也是中国教育界、科学界以及国际催化科学界的巨大损失。

蔡启瑞先生离世的消息发布以后，社会各界纷纷通过各种方式向先生的辞世表示哀悼，向先生的家属表示慰问。告别仪式现场摆满了花圈、花篮，寄托着人们深切的哀思。《光明日报》刊文追记蔡启瑞先生，深入报道了蔡启瑞为人为学的可贵精神和品质。文章说："这位生前说话声音低柔的厦门人有着瘦削坚毅的脸庞和一颗炽热的赤子之心，他将一生精力毫无保留地献给了中国的催化化学事业，被誉为中国催化化学界的'一代宗师'。生活中的他，为人平和谦逊、淡泊名利，像一股清泉般透彻，润泽着人们的心田。"《厦门日报》《海峡导报》《海西晨报》等媒体先后刊登了相关消息或长篇通讯，缅怀先生的科学人生。人民网、新华网、网易、腾讯、凤凰网等100多家网站转

---

① 2016 年 10 月 20 日。

载相关报道。蔡先生虽然已经离开我们，但他的音容笑貌仍然留在我们心间，他精深的学术修养和崇高的人格魅力仍不断为世人所传颂。

蔡启瑞先生的一生完美诠释了"自强不息，止于至善"的厦门大学校训精神。他的科学精神和道德风范是厦门大学的一面旗帜，也是一笔宝贵的精神财富，为我们树立了光辉的典范，永远值得我们学习。

今天我们举行蔡启瑞先生追思会，既是深切缅怀蔡启瑞先生，更是要继承和弘扬蔡先生留下的精神财富，学习他爱国重教的赤子情怀，学习他追求真理的科学精神，学习他淡泊名利的道德风范，将这些宝贵品格一代代传承下去，成为砥砺厦大师生开拓进取的强大精神力量。

让我们将失去蔡启瑞先生的悲痛，转化成新的强大动力，进一步激发全校师生立足本职、干事创业的激情，脚踏实地，努力学习工作，为早日把厦门大学建成世界一流大学而努力奋斗！

作者简介：

韩家淮，男，中国科学院院士，厦门大学生命科学学院教授，博士生导师。1982年和1985年分别获北京大学生物学系学士和硕士学位，1990年获布鲁塞尔大学分子生物学博士学位。研究方向为细胞生物学、免疫学。现任厦门大学副校长，国家"千人计划"特聘专家，教育部"长江学者奖励计划"特聘教授。

人生的楷模 [1]

田昭武

今天举行这个追思会，我认为意义非常重大，因为蔡先生在我们厦门大学的时间非常长，在座的有很多是他的学生、学生的学生。关于蔡先生，我们都知道他很多令人感动的事迹，但也可能有一些事情不一定每个人都知道，因为大家的经历都不一样。我觉得在这个追思会上我们应该把这些很感动人的、亲身经历过的情况让更多的人知道。

我和蔡老师的接触时间应该算很早了。我们现在在厦大的都是蔡先生的学生，我想周绍民先生比我更早，他在长汀时期就是蔡先生的学生。我在抗日战争胜利后，1945年冬天到达厦门，当时厦大还在长汀办学。厦门成立了一个新生院，我是一年级的新生，所以我到厦门来上学。当时有少量教师从长汀先下新生院来了，其中化学的老师就是蔡先生。蔡先生一开始上我们最重要的一门课 —— "普通化学"。我们在高中所学的化学到了大学就完全不一样了，蔡先生给我们讲完之后，我们头脑中对化学前景的了解清楚了很多，因为蔡先生自己的学问非常丰满，所以他讲课的内容非常丰富。第一次的接触使我们听课的学生都有这种感觉，原来化学这个学科是这么重要、这么奥妙，里面有很多深奥的原理。"普通化学"这门课给我们奠定了很好的基础。后来卢嘉锡先生回来当系主任，全国总共有20个奖学金名额，厦大只有1个，因为熟知蔡先生的学问，所以1947年，他抓住机会利用国家奖学金，推荐蔡

---

[1] 此文为作者在蔡先生追思会上的发言。

先生出去留学。后面几年我就没有机会再听他的课了。1956年，蔡先生回国来了，他的学科知识非常广泛。他本来专攻结构化学，结构化学基础当然非常好，他的有机基础也非常好，我听说，在厦大，无机、有机、分析、物化他都教过。大家知道，1957年、1958年当时我们国家的形势正处于"大跃进"，我们需要很快地发展工业，可是石油的加工牵扯到许许多多化学催化问题。蔡先生在这个时候毅然决定改个方向，从比较熟悉的结构化学改为国家工业迫切需要的石油化工。正好他和老朋友闵恩泽院士一起搞石化工业，配合得非常好，所以这样一来，我们中国的催化就奠定了一个很好的基础，特别是催化理论方面。这些问题我想很多蔡先生催化专业的学生会讲得更细，我就只说他对我人生的影响。

我1949年毕业，到了1953年我就开始讲"物理化学"课。这时候我对电化学很感兴趣。大家都知道，如果跟着卢先生搞结构化学，可能工作会更顺利。但是，我觉得电化学对国家非常有用，而且这个时候从全世界电化学发展形势来看，正处在一个突破时期，所以我在犹豫：我可不可以改变方向去搞电化学？我看到蔡先生毅然地转到催化来，这是给我的一个启示，也是一个榜样，所以我觉得我应该转到电化学来。卢先生也支持我，所以我就转过来了，蔡先生是我的一个很好的楷模。后来电化学也就慢慢地搞起来了，当然催化一直是我们厦门大学最强、最重要的一门学科。到了"文化大革命"后期，有工农兵进来，就办催化、电化学这些专业。我记得当时蔡先生还经常下到工厂去，这是1956年以后几年的事情。

我和蔡先生接触最多的是1980年以后。1980年"文化大革命"刚刚结束几年，这时候全国开始增

1982年，蔡启瑞（右）与田昭武泛舟杭州西湖

补中科院的院士，那时候叫学部委员。中国1955年、1956年两次增补院士之后就停下来了，这跟全国的形势有关：政治运动，后面又是"文化大革命"，所以一直拖，从1956年一直到1980年，过了24年，一直没有举办院士的补选。多少非常优秀的人才，像蔡先生，当时都没有机会进入院士行列，他们早就应该在20世纪六七十年代进入院士行列的，但是都一样拖到了1980年。1980年那一批补选比较多，有几十个，其中大部分都是蔡先生的同辈专家。那个时候我相对年轻，也被老一辈院士（后来听说是黄子卿老先生）推荐选上去了。当时和蔡先生相比我还算是一个"小毛毛"，我们去开院士会的时候都在一起，因为物理化学在厦门大学就我们两个人。当时国家的经济情况还比较差，所以院士开会也是两个人一间房，因为我们都来自厦门大学，我和蔡先生经常被分配在一起，所以从这以后我又有很多机会向蔡先生学习，而且他也给我很多的帮助。第一次帮助就是当时进入院士群体是一个很好的学习机会，但是很多人我都不认识，因为我还是一个"小毛毛"，人家根本都不知道我。但是那些人几乎都和蔡先生很熟悉，而且都非常尊敬蔡先生，蔡先生知道我不熟悉，所以利用吃饭、散步的机会把这些院士的情况告诉我，同时也把我介绍给这些院士，他们才知道厦门大学还有这样一个年轻人，这样我就多了和他们接触的渠道。这对我是一个很好的机会，因为他们都是国内学术上的精英，我能有机会向他们学习。还有一些小事情，比如说我和他住在一起，有一天晚上，吃过晚饭之后，就没有见到蔡先生，一直到八九点钟，有人来找蔡先生，我说不知道他在哪里。我们就出去问会务组，觉得会务组应该知道，但是会务组也说没有见过。这怎么会呢？因为开会地点是很安全的，所以绝对不会出什么事故，但他为什么会不见呢？正在我们疑惑的时候，蔡先生回来了，一问他怎么了，他说他出去了，我说出去怎么不跟会务组说，因为蔡先生当时已经快70岁了，这样的老人家出去，会务组一定会派车送，也会派车接。可是蔡先生没有通过会务组，他自己到了科学院，因为那时候他女儿在科学院工作，他从厦门到北京也就正好趁这个机会，利用晚上时间去科学院。我们也可以想象到，那时候交通情况是很不方便的，我现在不记得当时

2006年，宴请访问厦门大学的诺贝尔化学奖获得者李远哲及其夫人时合影。前排左起田昭武、李远哲、蔡启瑞、李远哲夫人、张乾二

北京有没有的士，究竟蔡先生怎么去的，是坐公交车还是走路，我们到现在都不知道，反正他回来了。回来之后我们问他，他说这个事情尽量自己解决，不用会务组给他派车。他尽量克服自己的困难，利用晚上的时间自己跑到中关村然后再回来，不愿意用公家车。这件事情给我很深刻的教育。

蔡先生非常关照年轻人。晚上我和蔡先生在同一个房间，有两个床铺，我晚上醒来，发现蔡先生的床铺空着，我想他大概是去洗手间了，我也睡不着，我就躺着等。等了很久，蔡先生也没出来，我就感觉很奇怪，后来我只好起来，一看洗手间的门关着，我就敲门，蔡先生在里面开门出来。原来，他搬了个凳子在洗脸台拿着书看。为什么呢？他是躺在床上的时候想起一个学术问题，觉得需要看看书，可是他又怕影响我的睡眠。其实他坐在书桌边，开个台灯，那是完全合理的。我只不过是他的一个学生，我的年龄和他差14岁，他这样照顾我，我非常忐忑不安，简直不忍心想这个事情！我每次想这个事情，像这样的一个人，对待一个学生，居然是这样的关心和关爱！怕影响我睡觉，自己宁可坐在洗手间看书，我觉得这种行为实在是非常克己、非常关心人。1956年蔡先生回来的时候，本来学校给他定为二级教授，他自己提出来说不要当二级教授，因为还有些老教授现在才三级，他不能当二级，就一定要求把二级降回三级，后来学校出公告把他定为三级，并加以说明，全校师生看了都非常感动，觉得这种行为非常难得，很多人都想把自己的职称评高一点，有时候为了争地位还和学校争吵，但是蔡先生恰恰相反。这些事情对我都是很大的教育。有一段时期我和蔡先生住在同一栋楼，所以我了解蔡先生家里的一些情况。他的夫人是一位小学老师，蔡先生出国这段时间，她要照看孩子。当时的经济非常困难，她身体不好，又是小学老师，批改作业工作任务很重，所以颈椎受累。退休在家之后，生活有他的照顾就比较好。我们看了以后觉得他不管在教学上还是在生活中，这些事情都处理得非常好。

到了1986年，国家开始搞国家重点实验室，当时大连化物所专搞催化，人才很多，所以他们就捷足先登，先报了催化国家重点实验室。我们厦大本来也应该有催化国家重点实验室，但是两个重复不合适。所以我们想，我们物理化学很强，能不能把物理化学这几个方向联合起来，催化带头来搞。经过讨论和审核，成立了固体表面物理化学国家重点实验室。后来检查组来了以后给我们评语，组长唐敖庆说：“我们来之前想，你们这个物理化学底下三个三级学科，究竟能不能合作得好？”后来他一看我们协作非常好，结构和催化、催化和电化、结构和电化，都合作得非常好。评语中间他就用了一句：“你们是团结协作的楷模。”我们当时看了这个很吃惊，我们能受得起“楷模”吗？他说我们当之无愧。那么这里头最主要的当然是蔡先生，他是领头羊，我们都是他的学生。唐敖庆先生说这个团结协作很难的，很多地方高级的人才之间往往互相不服气，互相争利益，你们没有，而且协作得很好，所以把“楷模”写在评语里。我们觉得这些都是在蔡先生带领下完成的，我觉得蔡老师对我们的贡献、对国家的贡献、对教育的贡献都很大。另外在催化方面他还开过培训班、研究班，把整个催化带起来。

关于蔡先生还有一段军民佳话：解放军士兵给蔡先生输血。这件事发生在1982年7月左右，因为蔡先生原先动过一个腹部手术，手术过了几年之后，突然有一天觉得胃里不舒服，所以到医院去看。那时候已经是晚上，开始先观察，医院的院长黄锡隆和蔡先生本来就是很好的朋友，对蔡先生非常关心，就留在那边一直没有下班。当时我也去了，去了以后蔡先生一直叫我们回去，说他没事，但是我们都觉得不放心。后来他的病情越来越严重，血红蛋白含量一直在下降，特别是进入深夜，情况突然急转直下，肚子里面已经有水分，而且在胀。最后和家属商量赶快动手术，果然，腹腔里面已经充满了血，当时医院通知赶快组织输血，可是血库里面血不够了，因为他需要大量的血。怎么办呢？已经深夜，也没地方再叫人，只好让解放军来。但是医院和解放军不熟悉，我们厦大和他们也不熟悉，我当时已经是学校的行政负责人，所以在行政工作上经常和市委、市政府联系。我就想起来一条路，挂电话给市委书记，是他秘书接的电话，我告诉他我们学校一位老教授的情况。他非常重视，马上把书记叫醒了，挂电话给部队。大概只有20分钟部队的人就来了。所以这是人民子弟兵对老教授的关爱和贡献，体现了蔡先生与人民之间的关系非常融洽。

在我遇见的这么多人当中，蔡先生在学术上是非常好的，而且精益求精。他开会，如果要作报告，前一天晚上或当天早上，他都在不断地修改，精益求精。他在做人方面，不管是对家庭，还是对自己的学生，都做得非常非常好。所以我觉得他是人生楷模，是我非常崇拜的一位老师。

作者简介：

　　田昭武，1927年6月出生于福州，物理化学家，厦门大学化学系教授。1980年当选为中国科学院学部委员（院士），1984年获英国威尔士大学名誉理学博士学位，1996年当选第三世界科学院院士（现更名为发展中国家科学院院士），历任国际电化学会副主席、中国化学会理事长、厦门大学校长、国家教委化学教学指导委员会首届主任委员、福建省科协主席、固体表面物理化学国家重点实验室首届主任、*Electrochimica Acta* 副主编、《中国科学》编委，第六届全国政协委员，第七、八、九届全国政协常委，"国家'十二五'战略性新兴产业发展重点咨询研究——新能源汽车产业发展战略研究"项目领导小组成员。

学习蔡先生大公无私的博大胸怀①

张乾二

　　蔡启瑞先生有许多优秀品质值得大家学习。我先谈一点，蔡先生做一切事都出自公心。20世纪80年代末，国家计委规划要在全国建设一批国家重点实验室，科技部提出在一些著名学术带头人的单位，如唐敖庆先生所在的长春吉林大学筹建理论化学国家重点实验室，卢嘉锡先生所在的福州物质结构研究所筹建结构化学国家重点实验室。他们也提出，要在蔡启瑞先生所在的厦门大学筹建分子催化国家重点实验室。蔡先生得到这个消息后，就提出要建实验室不能仅仅是分子催化，应该是物理化学联合起来，就是把厦门大学物理化学的几个方面——催化、电化和量化的力量结合起来。经过上上下下几次酝酿，最后组建了"固体表面物理化学国家重点实验室"，带动了化学系物理化学整个学科的发展。国家重点实验室也连年获得优秀，还得了"金牛奖"。

　　之后国家教委核准一批国家重点学科，化学系物理化学是第一批核准的重点学科。在当时国家经济还不是很宽裕的时候，给物理化学重点学科拨了1 800万元经费。蔡先生就提出来说，钱不能全部给物理化学，其他的学科不发展，物理化学也发展不起来，要考虑整个化学系。由于蔡先生的威信，大家都很尊重他的意见。我记得当时分配给物理化学的是600万元，无机和高分子、有机合起来也是600万元。还有600万元，他建议用于分析化学和物理化学结合起来成立一个综合实验室。所以本来1 800万元是全部给物理化学这个

---

①　此文为作者在蔡先生追思会上的发言。

重点学科的经费，但是蔡先生不愿意这样做，他总是从整个化学系发展来考虑，而不是有钱就拿到自己身边来。这是第一点。

第二点我想说蔡先生的学术态度。他经常说，你如果在一篇文章里讲自己的成绩讲到百分之八十，结果实际只有百分之六十的话，以后你讲的话人家不会相信。我记得他经常这样讲，所以说他的学术道德非常好。他对自己非常严格，一直要把科学研究成果讲得低一点，他说宁可讲得低一点，不能讲得高一点。每次科研成果报奖，他的助手要报二等奖、三等奖，他都压到三等奖、四等奖。

记得我刚来化学系的时候，在结构化学教研组。那个时候我开始学习写论文，他跟我讲："文献一定要查得足够，文献如果不注明引用前人的成果，等于剽窃人家的成果。"从这一点来看，他对待学术非常严肃、严格。蔡先生一贯重视文献的查阅。他在八十几岁高龄，仍坚持学习电脑，学会以后用他熟练的英文每天查阅文献，关注世界科学的进展，并将结果告诉研究生，指导研究生论文。

第三点，我想讲蔡先生对自己的子女、手下的工作人员，他对他们要求

1998年，厦门大学物理化学专业四位院士于芙蓉湖畔合影。左起：张乾二、田昭武、蔡启瑞、万惠霖

1993年，蔡启瑞（前排右）与吉林大学唐敖庆（前排左）在厦门大学海滨合影。后排左是作者张乾二

都十分严格。无论是出国留学还是评定职称，他都从严要求自己，不为他们开后门。记得一次评职称，他是评委，我也是评委。由于涉及他的亲属，他对我说："我怎么好说'同意'啊！我只能打'弃权'。"我跟蔡先生讲，你投弃权票就等于反对，但跟他一直讲不通。他总是这样：对他身边的人，跟他比较密切的，不管升什么职称，或者升院士，他都一律尽量往低处压。这个我感到非常不容易。

蔡先生在学术上的献身精神，他高尚的学术道德，他的这种对一切出自公心的做事准则，都很值得我们学习，我们应该把它发扬光大。蔡先生确实是一位德高望重的人，今天开追思会，我们回忆他的做事做人，深受教育。只有很好地向他学习，才是对他最好的纪念。

作者简介：

张乾二，男，厦门大学化学化工学院教授，中科院院士，量子化学家。厦大化学系1947级本科生，留校工作后与蔡先生共事60年。

我最景仰钦崇的前辈典范 [①]

麦松威

蔡启瑞先生是我国著名化学家，早年国外学成后旋回厦门大学服务，60年来致力于拓展科研和教学工作，排解万难，创立催化学科，锐意培养青年接班人才。德高望重，桃李满门。

学术方面，蔡先生从事物理化学研究工作，精研生物固氮酶反应及煤炭工业催化作用机理，孜孜不倦，数十年未尝间断，大师风范早获国际学术界公认。

20世纪70年代末期，蔡启瑞与卢嘉锡两位先生联袂赴澳洲出席国际固氮学术会议，道经香港，应邀到香港中文大学（中大）理学院访问，我有幸和他们初次相会。蔡先生于80年代两度访港，先应厦大校友会邀请，后以"新亚书院明裕学人"身份访问中大。先生更推荐多位厦大毕业生及研究人员到中大化学系修读博士学位及交流经验，积极加深两校联系。自此以后，我每次访问厦大，均借良机拜会先生请益，承他不吝赐教，向我畅述最近科研进展，获益良多。先生温文儒雅，待人以诚，英华内敛，沛然彰其古朴雍容，我与他相处如沐春风。

老骥伏枥，志在千里。启瑞先生宁静淡泊，心无旁骛，默默以复兴中华科技为己任，是我最景仰钦崇的前辈典范。欣闻厦大庆祝先生百岁华诞，谨书挚语，敬表贺忱。

---

① 此文为庆祝蔡先生百岁生日贺信，写于2013年11月。

2006年11月，参加"物理化学发展的瓶颈与思路论坛"，蔡启瑞与麦松威（左）合影

作者简介：

　　麦松威（Thomas Chung Wai Mak），祖籍广东鹤山，1936年出生于香港。加拿大英属哥伦比亚大学（University of British Columbia）理学学士（物理及化学一级荣誉，1960年）、哲学博士（化学，1963年）。1963—1965年在美国匹兹堡大学（University of Pittsburgh）晶体学系任美国太空署副研究员，随后赴加拿大西安大略大学（University of Western Ontario）任化学系副教授。1969年加入香港中文大学，历任化学系讲座教授、系主任、理学院院长、理工研究所所长，现任伟伦研究讲座教授。2001年增选为中国科学院院士。研究领域包括晶体工程、超分子自组装及有机11族金属巨簇化合物的设计与合成。Institute for Scientific Information迄今收录发表的论文千余篇。

从生物固氮结缘说起 [①]

陆熙炎

尊敬的蔡启瑞前辈：

值此您百岁华诞之际，向您致以最诚挚的祝贺和最崇高的敬意！祝你生日快乐，身体健康，阖家幸福，万事如意！

在近40年前（1976年），我有幸参加了你和卢嘉锡、唐敖庆前辈主持的生物模拟固氮工作，从事过渡金属分子氮络合物的研究。在你们的指导下，我进入了有机化学和络合物化学交界学科——金属有机化学的大门，延续至今。在长期的交往中，您淡泊名利，潜心科研，一心为公，德高望重，是后辈学习的楷模。

我因行动不便，不能前来参加您生日的庆祝活动，我诚挚地以此短信祝贺您生日快乐，健康长寿！

作者简介：

陆熙炎，男，中国科学院院士，中国科学院上海有机化学研究所研究员，有机化学家。

---

① 此文为庆祝蔡先生百岁生日贺信，写于2013年10月24日。

祝贺蔡先生百岁生日 ①

吴厚沂

启瑞老师尊鉴：

　　　　回溯往情，
　　　　　弥深近想。
　　　厦大尚在鹭岛之时，已承面海，
　　　母校既迁长汀之后，更蒙身教。
　　　十年"文革"，怀念不已，
　　　　一见纽约，惊喜莫名！
　　　多次来校，均承垂顾馈赠，
　　　每趟返美，常悔亏欠回报。
　　　　欣逢期颐华诞，
　　　　喜见薄海欢腾！
　　　　谨献千整美元，
　　　　用申九如善颂。
　　　　尊体永健！
　　　　阖府安康！

作者简介：

　　吴厚沂，男，1946年厦门大学教育系毕业，曾任厦门大学美洲校友会第一届理事长。

高山景行

——忆催化泰斗蔡启瑞先生

包信和

催化界的老前辈、中国催化泰斗蔡启瑞先生离开我们已经一年了。作为催化界的后辈，我与蔡先生直接接触并不是很多，但仅有的几次直接和间接的交往，给我留下了非常深刻的印象，现在回想起来历历在目，感受很深。

我在大学和研究生阶段师从复旦大学邓景发院士，从事表面化学和催化研究工作。那时国内公认为催化界"精英"的专家并不是很多，但每每只要一提起催化研究，总能从导师和同事口中听到厦门大学蔡启瑞先生的名字。大家都很赞赏厦门大学和蔡先生在催化领域的贡献，固氮酶、C_1化学、络合配位等名词也慢慢在心中留下了很深的印象，网兜模型、插入理论、协同催化等成果使当时还年轻的我钦佩不已。第一次见到蔡启瑞先生是1984年在厦门召开第二届全国催化学术会议上，那时大家都非常珍惜会议交流的机会，会前做很充分的准备，每一个报告都争取听一听。我现在已经记不清蔡先生是否在大会上作过学术报告，但作为会议主席肯定是致辞了。厦门大学的学术报告照例是很多的，他们的研究工作给我留下了很深刻的印象。会场设在鼓浪屿，期间安排了乘船游览，包括金门岛远眺。几位先生多年不见，相谈甚欢，话题也是天南海北，但总是三句话不离本行，谈着谈着就又回到了催化。那时候邓景发老师参加学术活动总是带着我，因此，有幸与几位先生同行。在船上尽管我不能插话，但能参与游览也非常兴奋。游览船接近金门岛（实际上相距还很远）时，大家都忙着拍照，几位先生兴致也很高，呼唤着要拍合影。蔡启瑞先生、郭燮贤先生和邓景发先生在一起，也拉上了我，就拍下了以金门岛为背景的合影照片。前一段时间整理资料时又看到了这张照片，现在三位先生都已仙逝，看到那时他们精神焕发的神情，再回味起当时的情景，不禁感慨。

另一件事情尽管不是我亲历，但对我一直是一个莫大的鼓励和鞭策。从国家"六五"计划开始，厦门大学蔡启瑞先生和中科院大连化物所郭燮贤先生等牵头，在基金委立项设立了一系列涉及煤基合成气转化（俗称C_1化学）相关研究项目。尽管这些项目的经费不是很多，对这一学科的推动却是很大的。到"八五"计划期间，科技部开始重视这一领域，设立了一个有关"煤和天然气高效转化"的攀登计划项目，资助额度高达500多万元，在当时来说资助力度是非常大的，学术界都非常重视。1997年是"九五"计划的开始之年，国家开始准备对科学研究，特别是基础研究加大支持力度，考虑对"攀登"计划进行延续资助；同时，国家也放出风来要加大对基础研究的支持（就是后来的"973"计划）。为了很好应对这些变化，当时基金委物理化学处张慧心处长借召开全国催化大会之机，邀请一些专家讨论关于C_1化学项目的延续和新国家项目的申报问题，我当时在国外，未能参加讨论。讨论的一个关键问题就是由谁来牵头，按照当时论资排辈的环境和传统，加上几位老先生牵头的前期工作完成得很好，照例应该顺理成章地由老先生来牵头，但是，那时国家层面上的政策已慢慢有所变化，特别是"973"计划亦已明确提出牵头人（当时叫首席科学家）要年轻化。因此，这个问题的讨论就变得非常激烈，可以说是观点各异，各持己见。当时，蔡先生站了出来，竭力推荐由青年人来担纲，他从国内催化的现状、发展讲到未来的国际竞争，阐述了培养年轻人的重要性和迫切性，情深意切。由于蔡先生的德高望重和高风亮节，他的发言感染和影响了其他专家，最后大家一致同意推荐由林励吾先生、万惠霖先生和我三个"年轻人"代表催化界来担纲申报相关项目，这就有了后来的"天然气、煤层气优化利用的催化基础"等一系列"973"项目。当下，中国科学界由年轻人来主导似乎是理所当然、顺理成章的事，但在当时，做到这一点确实要有宽广的胸怀和高尚的情操。当时的这一决定为我们年轻学者，尤其是我本人的发展奠定了很重要的基础。二十年过去了，现在我自己也到了"资深"的年纪，如何能更好地推荐和提携年轻人，蔡先生是我的榜样和楷模，他的精神使我终身受益。

我和蔡先生交往最深的一次是2000年7月，在祖国的宝岛台湾。当时为了加深两岸交流，各个领域都会举办一些"两岸会

2010年，中国化学会第27届学术年会上，蔡启瑞（中）与日本Iwasawa教授（右二）等合影。右一是作者包信和

议"，催化领域自然也不例外。具体是从什么时候开始已经记不太清了，只记得一般是由资深的专家主持，双方邀请一些资深专家和青年人参加，隔年在台湾某个大学和大陆某地分别召开。这样的活动有点像老朋友互访、走亲戚，真正的学术交流大家似乎也不是非常在意。2000年轮到台湾方面举办，地点是台南的某所大学。举办方邀请了蔡先生，尽管蔡先生当时已快九十岁高龄，但他还是兴致勃勃。两岸会议前，蔡先生接受了时任台湾"中研院"院长李远哲先生的邀请，在台北作暂时的访问停留。前期一切都很顺利，不料一次在房间洗漱时蔡先生不幸摔倒，造成骨折，被送到台北的医院治疗。由于同行的代表按计划要赴台南参加会议并作报告，只好请台湾原子分子研究所派人在医院照料蔡先生。我和爱人因为临时事务耽搁，晚了一天到台北，没有赶上大部队。到台北后，听说蔡先生出了意外，赶忙赶到医院看望。蔡先生

看到我们就像看到亲人一样，非常兴奋。由于手术失血比较多，蔡先生看起来脸色有些苍白，但还是很健谈。他说自己有些经验，只要吃猪肝菠菜面，脸上马上就有血色，气色也会好转，但是这家医院的医生就是不听他的。我和爱人看到蔡先生如此执着，就主动提出帮他弄猪肝菠菜面，他听了很高兴。台湾跟大陆不一样，卖猪内脏的店铺不多，我们满大街转终于买到了猪肝，却没有店铺愿意加工，主要是担心猪肝有腥味，会影响生意。我们好不容易找到了一家小铺，老板愿意帮忙，当然照例要付一定额外的费用。猪肝、菠菜再加上手擀面，很快搞了一大碗，打车不停地送到医院。我们看着蔡先生一边吃一边唠叨，也非常开心。这一碗猪肝菠菜面到底有没有像蔡先生预料的效果就不得而知了，只知道蔡先生此行结束返回厦门后就没怎么出门了。

蔡先生那执着、自信和孩子般的表情感染了我们，现在回想起来还历历在目。祝愿蔡先生在天堂永远快乐！

作者简介：

包信和，理学博士，教授。中国科学院院士、发展中国家科学院院士、英国皇家化学会荣誉会士。任中国科学技术大学校长、中国科学院大连化学物理研究所研究员。长期从事新型催化材料的创制和能源清洁高效转化过程的研发，在催化基础理论的发展和新催化剂开发、应用等方面取得了重要研究成果。相关研究成果入选2014年和2016年"中国科学十大进展"。曾获国际天然气转化杰出成就奖（2016）、德国催化学会 Alwin Mittasch 奖（2017）等奖项。

纪念蔡启瑞先生

李　灿

　　我最早知道蔡启瑞先生是20世纪80年代读博士研究生的时候，我的导师郭燮贤先生与蔡先生交往较多，常与我们谈起蔡先生和他的研究工作。后来逐渐认识国内催化界多位有声望的先生：蔡启瑞（厦门）、彭少逸（山西）、闵恩泽（北京）、吴越（长春）、李赫晅（天津）、汪仁（上海）等，也有机会近距离聆听这些先生的教诲。这些老一辈催化科学家们对待学问的态度和为人之风范深深地影响了我。

　　关于蔡先生，第一件让我印象深刻的事是在1986年上海举行的全国催化大会上，蔡先生被推举做大会报告，当时全国性学术会议还很少，在全国催化大会上做大会报告是一个很高的学术荣誉。蔡先生却举荐其助手万惠霖教授代他做这个大会报告。为了做好这个报告，蔡先生坐在会场演讲台旁边亲自给万惠霖老师一张一张放报告的透明胶片，一直到讲完报告，并与万老师一起回答问题，老先生这种提携后学的精神引起与会代表的称道，我作为学生代表也备受感动和鼓舞。

　　第二件事是大约1996年，蔡先生、郭先生等牵头在催化界酝酿一个申报国家科技部的关于碳一化学的项目（后来演化为攀登计划项目）。有多个单位的人参加，我当时帮助郭先生做会务，也多次旁听了会议。大家讨论激烈，尤其是蔡先生发言最多，他深刻阐述碳一化学的科学内涵和对国民经济的重要性。至今我仍然清晰地记得，蔡先生就CO的配位活化、$CO+H_2$的反应中间物种以及生成各种产物的表面反应机理做了精辟的分析，我硕士、博士研

2004年，蔡启瑞先生访问中科院大连化学物理研究所，参观作者李灿（左）的实验室

生论文的课题涉及$CO+H_2$方面的内容，对于讨论的核心问题也十分关注。蔡先生的学术见解和对问题的分析，使我受益匪浅。记得蔡先生强调$CO+H_2$的研究不必动辄非用昂贵的仪器不可，用红外、色质谱和TPSR（temperature programmed surface reaction，程序升温表面反应）之类的技术（当时的实验室已具备）就可以搞清楚一些基本科学问题。后来在多个场合听到蔡先生倡导重视碳一化学的研究。在他的影响之下，厦门大学从1980年到现在在碳一化学的研究方面取得了许多成果，我国催化界在碳一化学的研究方面也一直很活跃，可见一个大科学家对于领域发展的影响和推动是多么重要。

第三件事情是在2000年，蔡先生不顾年高，出席在台北举行的"海峡两岸催化学术会议"，其间不幸摔伤。我访问厦大时前往其家中看望先生。蔡先生靠方形拐杖行走，极不方便，但精神很好，他亲自开门热情迎接我进去。我本打算探望后即离开，但蔡先生一见面就问起最近的催化研究进展，与我讨论了一个多小时。让我敬佩的是，当时蔡先生已近九十高龄，仍在追踪最前沿的文献，他与我讨论的几个问题都涉及当时国际上刚发表的文献。让我吃惊的是，他还十分关心我当时正在进行的紫外拉曼光谱原位表征催化剂的工作，他对我刚发表的几篇文章都有了解，给我提了几个问题和建议，特别建议我用紫外共振拉曼光谱技术研究固氮催化剂的结构，尤其是氮分子活化中间体的检测等。他对科学前沿问题的及时把握和深邃见解让我至今记忆犹新。遗憾的是，后来我也没有机会用紫外拉曼光谱研究固氮的问题。其实，今天回头看，这仍是一个很有意义的建议，因为氮物种的拉曼散射截面相对较大，用共振拉曼光谱研究这一类问题当非常有效。

后来多次到厦大，厦大老师告诉我，蔡先生身体不佳，外面活动减少，但仍常去实验室与研究生和年轻老师们讨论学术问题，年近百岁仍亲自过问和关心催化研究进展。蔡先生一辈子热爱科学，沉浸在科学研究中不知疲倦，是一位纯粹的科学家，这令我十分敬仰。百岁之后的蔡先生一直卧床不起，每去厦大访问，忘不了去医院看看他。2016年10月蔡先生安详辞世，消息传来，十分悲伤。伤感之余，慨然而悟：人的一生都要走到终点，金钱、权利、荣誉都如过眼烟云，像蔡先生这样一生虽坎坷不易，终其一生别无他求，唯矢志于科学、教育，平凡而伟大，其学问和精神对后世将产生久远的影响。从古至今，学界先贤大哲，境界莫过于此吧。

作者简介：

李灿，理学博士，研究员，中国科学院院士、发展中国家科学院院士、欧洲人文和自然科学院外籍院士。任中国科学院大连化学物理研究所洁净能源国家实验室（筹）主任、催化基础国家重点实验室学术委员会主任、中法催化联合实验室中方主任。曾担任国际催化理事会主席、亚太催化学会主席、第16届国际催化大会主席。长期从事催化材料、催化反应和催化光谱表征方面的研究，2001年来主要致力于太阳能科学转化的研究，包括光催化、光电催化分解水制氢、二氧化碳还原和新型太阳电池的基础研究。是蔡先生的后辈、同行。

蔡先生是厦大化学学科永远的精神旗帜 [1]

田中群

在厦门大学，我们都喜欢称呼蔡先生为"蔡先"，事实上在我心里，我认为他是"蔡仙"，他真是一个神仙和圣人。因为不仅在厦大而且在我较熟悉的全国化学界里，我很难找到谁在品德和为人方面能跟他相媲美的。我仅举几个例子。1987年我刚从国外留学回来，那时郑兰荪老师与孙世刚老师也先后回到厦大做博士后研究，虽然我们的博士后合作导师挂的是蔡先生、田先生和张先生，但他们都鼓励我们开拓新方向，而不是成为他们所从事方向上的科研助手。当时正值固体表面物理化学国家重点实验室的筹建阶段，国家为此拨款1 000万元，这在当时是很大一笔经费。在讨论如何使用此经费的会上，蔡先就提出，要把一部分经费安排给刚回国做博士后的兰荪、世刚和我，以便开拓实验室的新研究方向，每个方向约100万元，约为总经费的30%。这对我们年轻人的顺利成长是非常关键的，若是当下则是很难想象的。

蔡先对自己的学科，对自己周边的人，以更严格态度来要求，而对于他人和其他学科的人，则以更包容和支持的态度，总是以更大的格局考虑共同发展。我之后于1996年担任了国家重点实验室的常务副主任，在一些讨论实验室经费使用的会上，实验室学术委员会成员的蔡先常常说，我们催化方向不要这么多，还是多给其他学科，我和其他老师们听到都深为感动。我觉得蔡先的高风亮节与他出身非常贫苦，父亲很早去世，在中学和大学时期都由

---

[1]　此文为作者在蔡先生追思会上的发言。

2004年，蔡启瑞（左四）等与敦聘为厦门大学客座教授的日本东京大学化学系 Y.Iwasawa（左五）合影。右二是作者田中群

于学习成绩优异而获得陈嘉庚先生的奖学金有关。他一直对校主陈嘉庚先生怀抱崇敬和感恩，对新中国的壮大和科学事业发展有很强烈的使命感。我觉得厦门大学非常幸运有陈嘉庚先生和蔡先这两位在中国教育界和科技界都受到广泛尊重和学习的榜样。厦门大学化学学科能有今天，与蔡先生和卢嘉锡先生是密不可分的。特别是蔡先于1956年回来到2016年都在厦大，整整60年，他影响了一代又一代人，不仅厦大，在全中国化学界，大家受益非常多。

我多次在固体表面物理化学国家重点实验室的会上强调，我们若没有国家重点实验室这个大平台，包括我自己在内的实验室一代代年轻成员里，只有百分之三十的人有百分之三十的概率能够取得我们现在的成果。我们在国内外可感受到大家对厦大化学群体的尊重，在与国内不少老一辈化学家的接触过程中，我都深切感受到他们对蔡先的敬仰和爱戴。所以我们千万不要身在福中不知福，不能自我感觉良好，不要忘了这是因为有如此优秀的老一辈以及他们建立起的文化和平台的缘故，其中蔡先是最长者，更是旗帜，他潜移默化地影响了一代又一代人。

蔡先平易近人，对年轻人特别关心。看看这追思会上所放映的相片里，他与小平同志握手和他与获得蔡启瑞奖学金的年轻学生握手的姿势都是一样的。他处世为人非常低调，很怕麻烦他人。我可举个亲身经历的例子。记得20世纪90年代时，蔡先与我们在凌峰楼是上下邻居，蔡师母刚去世时的一段时间，家中只有他与保姆。我们看到他非常瘦弱，就炖了鸡汤端下去给他，他开始很客气不要，在我们一直坚持下才勉强收下。第二天他就将洗得很干净的大碗还回来，还附了一包礼物。这导致我们不敢再做了，生怕这样做反倒给他增添压力和麻烦。

蔡先在学术上的追求也是我们的楷模。只要与蔡先接触，他所谈的都是学术问题，而且感受到他对于科学的热情。这与当下很多人所热议和抱怨的话题很不一样。蔡先于1981年在厦大组织了首届全国光散射会议，到了2001年，我们又在厦大组织了第十届光散射会议，同时庆祝20周年，所以请蔡先在开幕式上讲话，他非常高兴。蔡先在1979年厦大获得世界银行贷款时，决定用有限的经费参与购置我国第一批进口的拉曼光谱仪器，所以他是我校拉曼光谱研究的奠基人，我也由此受益匪浅。蔡先不仅知识面很广，而且基础非常扎实，他不断想出各种方法试图解决挑战性很大的课题，并不耻下问，很愿意并很客气地与各个学科的年轻老师和研究生讨论问题。虽然我与蔡先不在同一专业，但仍记得他曾多次与我讨论，如何用共振拉曼光谱研究表征他很

蔡启瑞（左）和田中群在实验室

关心的固氮酶里的活性中心结构，有没有可能测出其振动光谱，能否用表面增强拉曼光谱来提高检测灵敏度。他的想法常常是很超前和具有挑战性的，我们为此设计了实验，但由于被测活性中心的量极少而没成功，迄今也没有人成功，而是他敢于探索的精神也一直激励着我们。

我觉得厦大化学学科在过去60年的顺利发展、壮大，得益于作为奠基人的卢先生和蔡先生，卢先生于20世纪50年代就离开厦大了，蔡先生则一直工作服务于厦大，因此他所做的贡献和影响都是最大的。我们要把蔡先的伟大品格和精神一代代地传下去，这应当是我们每一代化学人的责任。以此怀念我们深深爱戴的蔡先。谢谢大家！

作者简介：

田中群，男，厦门大学化学化工学院教授。主要从事表面增强拉曼光谱、谱学电化学、纳米化学和分子组装等方面的研究。2005年当选中国科学院院士，2014年当选为第三世界科学院院士，2016年当选为国际电化学会将任主席。现任教育部"2011计划"的能源材料化学协同创新中心主任，为中国科学院化学学部常委、英国皇家化学会会员和国际电化学会会员、《中国科学》和 *Chem. Soc. Rev.* 副主编及 *J. Am. Chem. Soc.* 等11个国际刊物顾问编委。为蔡先生的年轻同事。

贺启瑞伯父 100 岁生日

陈笃信

敬爱的蔡伯伯：

在庆祝您百岁生日之际，请您接受我衷心的祝贺，祝您健康长寿，愉快幸福！

蔡伯伯，您是我父亲在厦大学习时最佩服的同窗好友。父亲为了教育我们兄妹，常向我们讲述您超人的才能和高尚的品德，所以从小您就是我们敬佩的长辈和学习的榜样。

1956年，您由于强烈的爱国情怀和为新中国建设做出贡献的愿望，和一批留美学者克服阻力回到祖国。我当时正在南京工学院（后更名为东南大学）学习，您路过南京特地来见我，这是我懂事后第一次见到您，使我感受到您亲切的关怀，心情十分激动，至今难以忘怀。

在我留校任教以后，每次到厦门去拜访您，您总是十分关心了解南京工学院各学科的情况，认为厦大需要补充和加强工科的建设，以使理工能更好地配合。我知道厦大本来有很强的工科，在院系调整时，无线电、机械、动力等学科并到南京工学院，许多名教授都来自厦大。在您的启发下，并在时任厦大校长田昭武教授的支持下，终于落实了厦大支持南京工学院建设经贸系，南京工学院支持厦大建设建筑系的合作计划。

敬爱的蔡伯伯，在我的心中，您不仅是为国家做出巨大贡献的杰出学者，而且是一位充满爱心的长辈。您爱家庭、爱朋友、爱学生、爱母校、爱祖国，您总是用勤奋的努力来实现自己的爱心。

再一次祝贺您健康长寿，愉快幸福！

作者简介：

陈笃信，男，原东南大学校长，无线电工程专家、教授，教育部高等学校工科电工课程教学指导委员会主任委员，中国电子教育学会副理事长。

一位令人敬佩和怀念的厦大人 ①

吴伯僖

1948年我毕业于厦门大学数理系，蔡老1937年化学系毕业，是我的老学长。论年龄，他比我大14岁，两人不同辈分又不同科系，一般情况下，蔡老跟我应是接触很少甚至互不相识的；但由于种种机缘，我有幸与蔡老有不少接触，使我能从非化学学科人员的角度认识他崇高的为人。蔡老是一位令后辈由衷敬佩和怀念的厦大人。

1956年，蔡老经过十年在美国读博及后期受到的刁难，回到母校，学校给予二级教授的待遇，他坚决不接受，谦让给其他教授。当时物理系我的老师颜戊己教授（与蔡老、卢嘉锡教授三人是同窗好友）对此也非常赞赏，他告诉我，蔡老是他最佩服的同学，他不仅学问好，多才多艺，还是象棋及桥牌高手，为人谦和，在大学时就给他留下深刻的好印象。蔡老一回母校就让贤，一时在校内传为美谈，本来不认识他的人都想一睹其风采，当然，我也不例外。

1960—1965年间，我国半导体学界一度热衷于研究有机半导体，学校张玉麟副校长要求我校也试行此项研究。蔡老建议由化学系与物理系合作研究，经过选题，决定做聚丙烯腈半导体。物理系派黄美纯老师参加，化学系张乾二老师任研究组长，经过一段时间的奋战，终于得到良好的研究结果，显示该材料有整流效应，可放在那时候还少见的半导体收音机上代替锗、硅二极管收听广播。之后，学校又提出是否继续往下做，以代替锗、硅三极管。经

---

① 此文写于蔡启瑞百岁生日之际。

1965年，蔡启瑞（前排左四）特邀复旦大学谢希德（前排左五）来校为催化讨论班学员作半导体物理方面的专题讲座

过研究组讨论，又经黄美纯老师仔细计算，得出的结果是，该材料载流子的迁移率太小，要做成三极管可能性很小，因此黄老师撰稿投《厦门大学学报》阐明己见。那时蔡老任学报主编，他经过分析，认同黄老师的分析，并同意在学报上发表。蔡老这种尊重科学、实事求是的态度令人肃然起敬。这项研究就此停止（据后来得到的消息，国内外有关研究机构也停止了类似的研究）。

1964年，由蔡老主持教育部委托厦大举办的全国高校催化讨论班，他邀请卢嘉锡院士（时任福建物质结构研究所所长）讲"群论及其在量子化学中的应用"，又邀请复旦大学谢希德院士（1946年厦大数理系毕业，时任复旦大学校长）讲"群论及其在固体物理学中的应用"。蔡老为了减轻卢、谢二位负担，还点名物理系黄美纯老师担任辅导，并要求卢、谢二位布置的作业，由黄美纯老师先做一遍，并记下每道题所花时间，卢、谢二位再选比较适中的作业让学员做。讨论班取得了良好的效果，为国内高校培养了一批从事催化学科研究的年轻人才，为此蔡老十分满意。

1978—1982年间，蔡老担任我校副校长，那时我是物理系主任，多次在校务会议上聆听他对办好理科的高见。他曾说，化学学科发展，要设物理化学、量子化学、电化学等与物理学有关的研究，物理学科跟数学本来就是不能分开的，也要加强联系。他不仅关心化学系，还关心其他理科的成长。他建议理科各系选派一至两位教师，由学校组团访问英国。他留美十年，会说一口流利美语，又是院士，科研任务重，但他还亲自参加为访问团培训英语会话的课程（后来这个访问团没成行）。他在学校办公会议上以及个人交谈时，多次强调办好物理系、数学系与办好理科的重要关系。为此，他要物理系选派几位年轻教师出国留学，经过酝酿，物理系黄美纯、陈传鸿、郑健生、余扬政、王玉良、陈书潮等先后到美、意、日、德等国名校留学，同时他还支持一些学生到国外念研究生，并亲自为他们写推荐信。这些教师与学生后来都在学校和学科发展上发挥了良好的作用。

1980年，蔡启瑞（前排左七）等在厦门大学校友总会理事会上。后排左三是作者吴伯僖

蔡老求学时，因成绩优异，多次获得嘉庚奖，毕业后即留校当助教；1937年抗日战争爆发，萨本栋先生莅任国立厦门大学第一任校长。萨校长临危不惧，指挥若定，学校顺利内迁长汀，蔡老也随同前往。在长汀八年间，蔡老虽在化学系任教，但他耳濡目染萨校长克己奉公、坚韧不拔的办学精神，深

深为之感动，从此，他心中最崇敬的就是萨校长！1998年老校友邵建寅、葛文勳二人从美国俄亥俄州打电话给我，谈及为了纪念萨校长对厦大的贡献，拟由海内外校友捐资成立萨本栋教育科研基金会，邵建寅学长本人另捐400万元人民币建亦玄馆作为微机电研究中心场所。蔡先生听到此信息后立即捐款人民币10万元（20年前的10万元，约为当前币值几百万！）在中国银行为基金会设立账户。基金会成立后，他乐意地接受邀请参加董事会，并亲自多次向厦门市领导及校领导述说基金会的意义及建立微机电研究中心的重要性，厦门市领导也很重视与支持，拨巨款资助中心购买设备仪器。可惜的是，微机电中心后来由于人事安排欠妥未能做出显著成绩，蔡老十分着急，亲自写长信向校有关领导提出更换主要研究人员的建议，惜因未知缘故未被采纳。当时蔡老健康状况不允许他亲自到校陈述己见，他为此曾多次从家里打电话给我，长谈他对微机电中心状况的深深牵挂！

1996年，蔡老还为整个厦大的发展写信给大学的同学好友——美籍华人富商陈为敏老先生，请他捐资赞助母校的建设。此信交由我赴美时亲自送交陈老先生手中。陈老看完蔡老的长信后，当即首肯。经过多次蔡老参与的捐款方案商谈，陈老跟校方达成在校园内兴建四栋教学科研大楼的协议，后因我方缘故没有履行协议，对此，蔡老深表遗憾。此后蔡老和我就没参加后续的捐献事宜了。

2010年萨支唐院士（美、中双院士）来厦，蔡老虽当时健康已欠佳，但还在助手帮助下从敬贤七走到萨院士逸夫楼的住处，跟萨院士畅谈科学进展，并提请萨院士长期到厦大物理系带领一批人员进行他的新型晶体管理论研究。为此蔡老多次打电话与我长谈，他对萨院士研究的新理论寄予厚望，还为此写信给校领导推荐萨院士，朱崇实校长也亲自接见萨院士，物理学院吴晨旭院长也参加，商定来校的有关事宜。由此可见蔡老是如何关心物理系的成长！

今逢蔡老百岁诞辰佳期，谨回忆几件往事，权作对蔡老的祝贺，并衷心祈愿有更多如蔡老的厦大人出现！

又及

2016年10月3日，学校传来享年104岁的蔡老在医院安详去世的讣闻。闻此噩耗，我禁不住为失去这样一位为人谦和、关心科学、关怀后辈、无私无畏的前辈而吁嘘！在他生病住院期间，我和黄美纯老师都曾先后前往探望，起初在他清醒时，竟然还问起一些有关物理前沿学科的发展情况，在他闭目休息时，在他硕大渊博的脑海里，也许他还在思索一些科学问题及来不及完成的科学任务。我最后一次去看望他时，虽然他已不能睁开他那智慧、慈祥的双眼，但他的脸孔却令人感到他是在闭目静思往事，从心灵深处在祝愿他一生热爱的母校与祖国有更加美好的未来，他的脸上一点忧愁与痛苦的表情都没有。蔡老就这样安详地离我们而去，我们为失去这样一位闻其名令人肃然起敬、不能忘怀的厦大人而怅然不已！蔡老，您放心，后辈坚信，厦大还会有人步您的脚踪前进，做令人敬仰的厦大人！

作者简介：

吴伯僖，男，厦门大学物理系教授，博士生导师。厦门大学研究生院原第一任副院长，厦门大学物理系主任，中国发光学会副理事长、福建省物理学会理事长。蔡老的后辈、崇敬者。

我心目中的蔡启瑞

刘正坤

我跟蔡启瑞先生的接触从1956年他回国时就开始了。当时化学系有两个专业——分析化学和物理化学，前者的负责人是陈国珍，卢嘉锡领衔物理化学专业。蔡启瑞先生分配在物化组。当时卢先生招了5名研究生，有黄开辉、方一苇等，卢先生把黄、方拨到蔡先生名下，由蔡指导。后来方一苇去了北京，剩下黄开辉还留在厦大。

蔡先生的特点是指导能力很强，上课的表达技巧则不很突出。

蔡先生的父亲早亡，孤儿寡母的家庭供他念书不容易，能够顺利念到大学毕业，托的是陈嘉庚先生倾资办学的福，后来又有卢嘉锡先生为他争取到美国攻读学位的机会。

我于1946年来到厦大，那时候我们不认识。他从美国回来，对我们这个共产党国家有一种朴素的感情，就是"我一定要回来，回来报效国家"。有根据吗？有。比如刚开始给他定的是二级教授，他坚决不肯，说："我的老师方锡畴教授是三级，我怎么可以反而超过他？"也就是说他回国不是为了钱，是要为国家做贡献。

他觉得中华人民共和国成立后国家安定，共产党办了许多好事，对知识分子也很爱护。我当时是化学系总支书记，他有什么话都愿意跟我交流。他说在和大家接触中，发现老师不太敢讲心里话，他认为应该让人愿意把话讲出来。我的解释是，中华人民共和国成立初期，让中年知识分子写个自传，有的人在旧社会参加过国民党、三青团，做了一些不妥事情，难免有点紧张。

我还说："把这些事交代清楚，党一样信任你。"他认为在理，说："你说得对呀，把话都讲出来就好了嘛"。

不久"大鸣大放"开始了，他高兴地说："这下好了，大家能够把话都讲出来，帮助党整风。"这个人心直口快，遇到什么事就来找我。对这样的运动，我也缺乏经验。"大鸣大放"时贴了很多大字报，原来说好是提意见，有一些话却说偏了，说滑了。因而，"大鸣大放"过后，就转变为反右斗争。

蔡先生在反右斗争开始后一度想不通。他说，叫人家讲话，你现在一反右把人家说成"牛鬼蛇神"，人家怎么敢讲话？特别是把物理系主任黄席堂揪出来，他跟我说想不通。他说黄是上海交大调来的，很有才干，谁的课不能上，哪个老师请假，黄就顶上去，表现出知识面广、业务好的长处。以前黄的小学生儿子在上学路上遇到蔡先生都会"蔡叔叔，蔡叔叔"地打招呼，自从黄席堂沦为右派之后，每每遇到他昔日的蔡叔叔，就躲着走过去了。为此事，蔡对我说："老刘老刘，我想不通，右派是黄席堂，为什么他儿子会这样子？"我说："老蔡啊，我们针对的是黄席堂讲的那些右派言论，没有斗他的儿子。小孩子可能觉得父亲没有面子，所以不敢搭话。你看这样好不，下次看到小黄，他不叫你，你主动跟他打招呼，跟他讲讲话。"蔡觉得有道理，说："你是对的，下次我一定注意，主动跟他打招呼，小孩子嘛。"这件事我记得很牢。

那时候他天天都去看大字报，有什么想不通就来找我。

我们化学系把教晶体学的陈老先生定为"右派"。一次在无机教研组的会上，陈说："现在是改朝换代，像过去封建王朝一样。"这是错误的，但没有因为他说了错话就把他当成右派。倒是其他系贴出了大字报，说他醉心于制作计算尺赚钱。学校很重视这样的揭发，批评化学系右倾了。化学系还揪出了分析化学的万老师，揭发他参加了数学系的裴多菲俱乐部。另一个是派往东北某大学进修的余老师。对方不舍得对自己人下手，却让外来的进修教师遭殃。所以，蔡先生对本系的反右运动感触不深，而对他的邻居、物理系黄席堂的遭遇转不过弯。这是可以理解的，刚刚从国外回来，往往一时无法适应!

"反右"后期进行了党的整风,开展批评与自我批评。对此他很高兴地说:"老刘,这是英明的做法,如果党有什么缺点,通过整风和批评自我批评,大家气就顺了,党的威信也提高了。"我自己认为那时的化学系与兄弟单位相比,还是较稳地贯彻了党的政策。这些是1958年初的事情。

"大跃进"中,科学研究也要鼓足干劲,力争上游。那时他积极进行利用蓖麻籽油制尼龙的实验,向党的生日献礼。白天黑夜学生都在化学馆的3楼实验室里,我也经常去。那时他要跟学生一起开夜车,甚至睡在实验桌上。到了7月尼龙抽丝成功,大家都很高兴。后来他又搞了好几个项目。

1958年共产党的整风,开展了批评与自我批评,给他留下深刻印象,并且有了入党的要求。

1958年省委决定创办福州大学,任命卢嘉锡同志为副校长,既办工科,加快福建工业的发展,又办理科,所以,厦大将物理系、数学系、化学系一至三年级在校生的三分之一和部分教师调往福州大学支援新学校。卢先生对厦门大学、对化学系很熟悉,为了福州大学能够尽快走上轨道,他希望尽量多带走一些骨干。我们的意见是,卢先生的研究生都可以带走,也给几位得力的助手,但要保证厦门大学和化学系这个老基地能够继续良好发展。经过反复磋商,终于达成了双方都满意的方案。

催化教研室于1958年创建,黄开辉、肖漳龄、陈德安、陈祖炳,以及从山东大学分配来的张藩贤等是早期的基本成员。

1959年大台风,化学馆的屋顶被掀掉,把当时几乎都用玻璃管道搭建起来的催化实验室全摧毁了。在学校的大力支持下,经过一个月的顽强努力,催化实验室得到了重生。

1960年开始的3年困难时期,学校对老教师、教授给予照顾,可以凭票供应市面上的稀缺食品,如糕点、糖果等,但蔡先生不肯要,他把这些票证给了学生和青年教师,他说青年人粮食少,肚子饿,还要进行科学研究,他们要多吃点。蔡先生生活简朴,一次我到他家,看到他的早餐是两条小咸鱼干

1986年，祝贺卢嘉锡（前排左五）、蔡启瑞（前排左六）从事化学教学科研五十年留念。前排左七是作者刘正坤

就稀饭，没有其他菜，没有牛奶。

蔡先生的内外关系都处理得很好，主持催化研讨班时请了好几位外来的专家开讲座，和大连化物所所长张大煜等保持着密切往来；我们学校也成立了催化电化研究室，尝试着跨学科合作。我在化学系多年，对许多老师的脾气、个性、气量、办事准则还是心里有数的，我以为蔡先生宽宏大量，对人友善，很有气度，心胸宽广，包容许多事。他建议把老田、老张联合起来，突出物理化学的传统优势，甚至打算把物理系的刘士毅也要过来。

我上面说的都是"文化大革命"前的事，"文革"一来我就靠边站，后来的很多事就不够清楚了。1973年我当了系主任，有一次我带领分析专业的师生去长泰合成氨厂学工，蔡先生也去了。当时我们系毕业的研究生张鸿斌任该厂技术组长，张是蔡先生的学生，他给蔡先生安排了一间单人房，蔡不肯接受，而是跟大家挤着睡在统铺上，两三天后，经过大家的一再劝说，才睡到房间里去。

说到招收张鸿斌这批研究生，还有一段故事。

1962年国家决定恢复采用考试的办法招收研究生的制度。蔡先生对我说：

1981年，蔡启瑞（前排左五）等化学系领导及导师与厦门大学物理化学专业首届毕业硕士研究生合影。前排左三是刘正坤

"我有个想法，不知道你赞不赞同？"我鼓励他大胆说出来。他说："不要老看人家的阶级成分，应该挑选业务好、脑子灵活的，才能培养出需要的人才。"我问该怎么挑选？答复是："不要由学校统考，我们请张乾二出考题，出100道题，不要太难，但要灵活，要很快做出来，谁的速度快，就录取这样的学生。"还说："当然，也要像你所说的，思想要好、业务好，还要反应灵敏。考卷由我来批阅。"那次有五六位学生应试，考场设在化学馆，最后录取了万（惠霖）、张（鸿斌）二位。我向校长汇报了这次的研究生招考改革决定。

　　蔡先生是1958年就写入党申请的，直到1978年才获得批准，中间隔了"文化大革命"。"文化大革命"前有很多政治运动，每年都非常忙，所以他的入党问题到"文化大革命"结束后才得以解决。我和张玉麟是他的入党介绍人。他的特点是只要把党的政策讲清楚了，他就接受，他对没有共产党就没有现在的科研，没有现在的安定，就没有新中国，感触很深。他不贪图名利，希望大家都能发挥作用，希望化学能够做大做强，催化电化都能发挥作用；他的组织性积极性突出。

以上说的都是"文化大革命"以前的事，后来的就留下一段空白，直到1973年才又连接下去。20世纪70年代初期，催化组开展着乙苯脱氢制苯乙烯的研究。乙苯脱氢制苯乙烯是上海高桥石油化工厂的一条生产线，使用的是有毒性的含铬催化剂。催化组在下厂实习期间双方达成合作意向，回校后，肖漳龄、何淡云、祝以湘等就带领工农兵学员行动了起来，研发无铬的乙苯脱氢催化剂。后来到该厂中试，并且在我们学校开了鉴定会，我们系化工厂还生产了乙苯脱氢无铬催化剂，供应了不少石化系统的大厂，这在综合性高校还是少有的。

这些是我所知道的厦门大学化学系，以及蔡启瑞教授。

作者简介：

刘正坤，女，离休干部，在厦门大学化学系就读期间，于1948年6月参加闽西南地下党。新中国成立以后，一直在厦门大学工作直至离休。长期担任化学系党总支书记，并曾任校党委常委、化学系系主任、校教务处处长等职。

忆蔡启瑞教授赴榕治病

王　火

1979年12月蔡启瑞教授赴榕治病的事，给我的印象非常深刻。尽管已经过去快四十年了，但记忆仍然十分清晰，许多细节还能一一道来。

事情开始是厦门第一医院给蔡先生体检，发现他的胃出了问题，肯定地说是胃癌，必须尽早切除。学校和系里对此非常重视，决定立刻转院到福州第一医院复查治疗，并由学校党委办公室曾德聪主任和我负责陪护，相机处理有关问题。福州第一医院李温仁院长是蔡先生的老朋友，十分热情亲切，亲自给蔡先生做胃镜检查，并组织专家会诊，结果和厦门第一医院的检查相同。随后给蔡先生安排手术，李温仁院长又一次亲自出马，由他亲自主持手术。手术过程非常顺利，切片化验也很及时，很快就传来特大好消息，说是幽门转弯处的良性肿块，切除得很彻底。医院和我们大家都为这一意外非常高兴，立即挂电话给校、系领导报喜。

开刀化验结果出来之前，因为福州、厦门两地的检查结果吻合，尤其是福州的检查是老朋友李温仁院长亲自主持做的，所以蔡先生深信不疑，自觉凶多吉少，思想有点紧张，问题想得很多，想到要把事情想得坏一点，做好不测的种种准备，把生命最后一息都献出来，为教学科研事业做出最后贡献。尤其是对催化教学科研和化学系的建设发展，一定要抢时间把自己的种种想法交代清楚，具体表现在两件事情上面：一是蔡先生要催化教研室主任陈祖炳老师和骨干教师来福州开个会，把他对催化化学的教学科研工作意见交代清楚。开始曾德聪同志有点犹豫，怕对蔡先生的健康有影响，不利于他安心

1991年，厦门大学化学化工学院1988级硕士研究生毕业合影。前排右四是蔡启瑞，前排右三是作者王火

治病，但后来还是给学校挂了电话，第二天学校就派了一辆大客车把陈祖炳等十多位老师载到福州来了。二是手术前天晚上，蔡先生没有睡好觉，半夜起来给系党总支书记刘正坤同志写了一封长信，对化学系的发展建设提了许多宝贵意见，第二天进手术室前托付我转交，然后脸带笑容，强装轻松地进入手术室。附带说说"文化大革命"期间，我和蔡先生一起在厦门电化厂和侨星化工厂劳动过一段时间，相处比较融洽，可以随便说话，所以那几天和他闲聊较多，不过一旦谈到家里和子女的事情，他都笑着说没有什么，或者把话岔开，"王顾左右而言他"。蔡先生就是这样只有工作、事业，很少考虑个人私事的公而忘私、大公无私的大好人。

如今蔡启瑞教授已经驾鹤远去，每每读到几十年来大小报刊对他方方面面的先进事迹的报道，尤其是中国科学院院士传记丛书《探赜索隐，止于至善：蔡启瑞传》和《催化泰斗，松劲柏青——蔡启瑞先生百岁华诞》祝贺文集，觉得蔡先生这位顶天立地又平易近人的好老师，对子女慈爱有节的好父亲，忠于祖国教育事业、勇于攀登科学高峰的大院士、名教授，仍然和我们在一起。鲁迅说过，"埋在活人心里的人永远活着"。蔡先生没有离开我们，他那多面晶体面面发光的高大形象还在我们心中，他的身影还天天在卢嘉锡楼、化学楼走动，鼓励鞭策着年轻后辈努力向前攀登，超越教学科研高峰！

作者简介：

王火，厦门大学中文系毕业，1964年10月调任厦门大学化学系系办主任、党总支书记，厦门大学党委委员。

高山仰止的情怀 ①

黄如彬

看到悬挂在主席台上的蔡先生的照片，我就联想到10月11日上午的悼念告别仪式，当主持人校党委张彦书记宣布向先生告别开始时，按照常规，这个时候应该播放哀乐，但传来的却是"我和我的祖国，一刻也不能分割……""我思念故乡的明月，噢，妈妈，如果你听到远方飘来的山歌，那就是我，那就是我……"，这是《我和我的祖国》和思乡曲《那就是我》两首歌。这两首歌好像是为老先生量身定做的，现在由老先生在深情吟唱，情切切、语铮铮，让多少了解蔡先生的人闻歌感伤流泪，不能自已。这歌在这个时候为什么有这么强的感染力呢？有人说是策划者的美妙创意，选歌的精准切题，有的说是播放时点安排得恰是时候。他们说的都没错，可最为重要的，是蔡先生几十年所表现出来的强烈的、深沉的家国情怀，让人们深深感动的心情在此刻集中迸发。

1950年4月，是中华人民共和国成立之后蔡先生的母校厦门大学的第一个校庆月，这个时候厦大29岁。他从美国发回电报，电文说"祖国大地皆春，我怀念你啊，祖国"！大概是在30年前，我见过写蔡先生的一篇文章，也有这个电报的内容。当时我想，一般是急事、要事才用电报，表达感情也要用电报吗？以为是写文章的人对先生爱国情感描述的一种文学笔法，后来经过很多年、很多事，我才懂得蔡先生来自美国的电报是真真切切的，体现了蔡

先生渴求回国的强烈意识和情感。从发电报的那一年起，他年年申请回国，但由于美国不准而年年走不成。直到1955年，中美政府谈判，我国以11名美国飞行员战俘，交换钱学森、蔡启瑞等11名留美学生回国。他终于于1956年回到了祖国。回国了，上哪呢？当时北京这个单位那个单位争相邀请蔡先生到北京工作。他感恩厦门大学的培养，感恩上大学时校主陈嘉庚先生和校长萨本栋教授对他成长的关怀，他选择了厦门大学。人们说他是拳拳中国心、殷殷厦大情，确实如此。

回国的第二年，蔡先生44岁，为了国家需要，他又从已显现学术成果的离子晶体极化等系统理论研究毅然转向催化研究，从头起步。在不惑之年调整研究方向，改变研究领域，一般人是难以做到的，以国家需要为重，蔡先生做到了。

我要告诉大家一件事，这件事知道的人不多。在我们所处的厦门湾北岸就可以看到南岸三根又高又大的烟囱，烟囱在台湾同胞王永庆先生创办的后石电厂里面，所在地是漳州龙海市港尾镇辖区。别看它们好像就在眼前，可是从我们这里坐车换快艇再坐车到那里要近两个小时。2004年，时年92岁的蔡先生邀上他的学生万惠霖院士，要到后石电厂，途经我们学校的漳州校区。那时我在校区服务，他们二位先到校区关心我，让我有机会跟着他们一起去后石电厂。在电厂，我们都带上安全头盔，由电厂总工程师引导，在布满纵横交错的各种管道的厂区穿行参观。在参观过程中，老先生几次主动询问有没有什么问题需要帮忙解决。在回来的路上，我问："蔡先生，你为什么要专程跨海到后石电厂来参观呢？"他回答我说："我们的同胞到我们家门口来办工厂，我们过来看看有什么问题需要我们帮忙的。"老先生回答的话语很平和，我们从他平和的话语中领悟到先生的博大胸怀。92岁高龄的老先生，舟车劳顿近两小时，专程关心台胞企业，想帮助他们解决困难。由此我联想到先生平时对祖国统一大业的牵挂，真切地感受到先生的家国情怀确实非同一般。比起他的家国情怀，如果说他是大海，我连一滴水都不够。

爱因斯坦说过，伟大科学家的人格魅力对世界的贡献往往比他的科学成

2004年，蔡启瑞（左三）、万惠霖（左四）一行参观漳州市后石电厂时与该厂总工程师等合影。左二是作者黄如彬

就更大。记得在先生百岁生日的庆贺大会上，有几位兄弟高校和研究机构的领导和专家在大会上发言，庆贺百岁，赞颂老先生的科学成就、培养英才的成绩，特别是老先生的人品风范。其中一位说，与老先生合作科研，分配科研经费，他首先考虑别人；成果报奖，他还是首先考虑别人。老先生常说，"十分成绩写六七分就好"，"不要把集体成绩归到个人"。他关心他人、化私为公的事迹不胜枚举，每逢赈灾捐款，总是慷慨解囊。1997年将不买新房省下的10万元捐给学校萨本栋

微机电教育科研基金；在住院期间的2013年还为化学化工学院捐款21.6万元；

2004年，蔡启瑞（中）、万惠霖（左）访问漳州市后石电厂，途经厦门大学漳州校区时与作者黄如彬合影

他多次谦让教授级别待遇；把补发的工资作为党费一次性交给党组织；他对年轻教师关怀备至……化学系一位叫吴明光的老师，身体瘦弱，腿脚有些不方便，工作投入，与世无争。10月11日那天他也到集美为老先生送行，拄着一把当拐杖的雨伞，一步一拐地慢慢走动。后来我问他："吴老师，你了解蔡先吗？"他说，了解啊。我说你对他印象最深的是什么，他脱口而出轻轻地说："淡泊名利，对业务很熟，很敬业，对我们很好。"蔡老先生确实就是这样一位有口皆碑的科学家。在2013年的厦大92周年校庆大会上，学校将刚刚设立首次颁奖的厦门大学最高奖"南强杰出贡献奖"颁予蔡先生，以表彰他为国家和人民以及学校所做出的卓越贡献，那个颁奖词写得很简明、很到位、很地道。其中写道："他为人平和，谦逊礼让，如清泉般透彻。他以身作则，提携后辈，像泰山般厚道。"每次读到这两句，我都感动不已。蔡先生生平介绍里说"他是'有理想信念，有道德情操，有扎实学识，有仁爱之心'四有好教师的光辉典范"，名副其实。

在蔡老先生血液里，一直流淌着不尽的家国情怀，他给我们留下了许多无比宝贵的精神财富，是值得我们永远学习的榜样。虽然有些我们难以做到，也应该是"虽不能至，心向往之"，特别是年轻的朋友们，让我们一起来学习践行，继往开来，发扬光大。

作者简介：

黄如彬，男，毕业于厦门大学化学系分析化学专业，毕业后留校工作。曾任厦门大学化学系党总支书记、校党委委员、校长助理，厦门大学漳州校区管委会主任、党工委书记，仰恩大学党委书记。现任厦门大学关心下一代工作委员会常务副主任。

忆蔡启瑞先生的几件往事

林永生

我毕业于厦门大学化学系催化专业，留校任教。1999年5月，我开始担任化学化工学院的党总支书记，后改任学院党委书记，直到2007年离开学院到学校工会工作。在厦大化学学科学习和工作是我的幸运，因为这是一个了不起的群体，特别是有被同行誉为"学如行云流水，德比松劲柏青"的学界泰斗蔡启瑞先生。在学习与工作期间，我与蔡启瑞先生有较多的交往，他的一件件往事，他的学识和人品，深深地镌刻在我的记忆中。

重视人才培养，扶持青年成长

在我的记忆里，我刚入学的时候，对化学不是很感兴趣。但听人家说，厦大化学系有一个很著名的科学家叫蔡启瑞，当即给我留下深刻的印象。后来我了解到，我所学的催化化学专业，就是蔡先生创立的学科。我第一次见到蔡先生，是在催化专业一次学术报告会上聆听他做报告，主题是"化学模拟生物固氮"。这是我当学生时听到的第一个学术报告。蔡先生有深厚的学术功底，其报告展现的化学科研前沿的精彩深深地感染了我，对我培养专业的兴趣有很大的影响。

1999年，学院为了让本科一年级新生了解学科前沿，激励学生热爱化学学科专业，专门给本科生开设了一门由老科学家、老教授讲授的反映当今化学前沿的课"今日化学"。第一堂课就是蔡先生上的。蔡先生以86岁高龄，带头给一年级本科生做学术报告，思维清晰，循循善诱，给学生们留下了深刻的印象，受到了学生们的好评。

蔡先生关心教学工作，经常为基础课教师解难释疑。毕业留校后，我到无机化学教研组从事基础课教学。记得有一次集体备课时，教学组老师讨论到活化能的概念时，对活化能的理解产生了歧义。教学组一位青年教师带着这个问题去请教蔡先生。当时蔡先生很忙，我们都觉得他不一定有时间给我们答疑，但是蔡先生认真地对活化能的概念进行了解释，深化了教学组对活化能概念的认识。

蔡启瑞先生不仅重视对本科生专业兴趣和素质的培养，重视本科生的基础课教学，而且关心帮助年轻教师的学术成长。

工作后我的出国推荐信是蔡先生为我写的。1985年底，我受国家教委公派准备到法国留学，需要请三位教授写推荐信。当时想请蔡先生帮我写，但又担心蔡先生工作忙，自己只是普通的年轻教师，又与蔡先生不同教研室，平时接触不多，心里很忐忑。没想到，蔡先生很爽快地答应了。为此，我多次在他休息的时间到国光楼他家里打扰他。蔡先生非常热情地为我写了推荐信。当时推荐信是用英文打字机打的，修改一次都得重新打，再修改再打。蔡先生不厌其烦，认真推敲，反复修改，最后在定稿上签了名字。记得在给我写推荐信的过程中，蔡先生还勉励我，出去后要好好学习，学成后要回系里来工作。

后来我了解到，蔡先生还给很多准备出国留学的学生和教师写了推荐信，尽管这占用了他许多宝贵的时间，但他始终热情对待请他写推荐信的师生，尽力给予帮助，充分体现了蔡先生对人才培养的重视和对青年教师的爱护与期待。

把握发展机遇，关心队伍建设

1999年9月，蔡先生写了一封关于重视做好煤气化进一步化工和能源综合利用的建议信，亲自拿到我的办公室，让我转交给有关部门。这是蔡先生基于我国能源现状，从学科发展和科学研究的角度，提出的煤、油、气并举，

2004年，蔡启瑞（左）与前来慰问的化学化工学院党委书记林永生合影

促进我国的清洁能源生产及综合利用建议的一个组成部分。

与此相关的学科建设具体工作之一，是蔡先生积极推动在我校化学化工学院建立醇醚酯化工清洁生产国家工程实验室。

我印象很深的是，2005年，90多岁的蔡先生亲自给温家宝总理写信，强调煤油气并举的重要性，阐明国家的燃料化工的路应该怎样走。为了推动这个国家工程实验室的设立，蔡先生又跟科技部领导打了一个非常重要的电话。这个电话打的时间很长，充分陈述了建立这个实验室的必要性和有利条件。他还参与学院接受国家考察专家组到化学化工学院进行实地考察的汇报工作。2008年国家发改委正式批准在我校设立醇醚酯化工清洁生产国家工程实验室。这个实验室的设立凝聚着蔡先生的智慧和心血。

从提出建议到国家实验室建立的整个过程来看，蔡先生是根据科学研究发展需要，把学科建设增长点放在国家长期建设和发展的大局上来考虑的。几十年来，他在学科发展关头做出的抉择，在推动化学、材料和化工学科的建设发展，以及推动跨学科建设发展的过程中，所体现出来的视野和睿智，都源于他胸中始终装着国家建设和发展的大局。因此，他能很好地把握学科建设发展的机遇，和他的同事们一起，先后建立了物理化学研究所、固体表面物理化学国家重点实验室、化工系和材料系等重要学科平台，有力地促进了学科建设和发展。

在我担任学院党委书记期间，亲眼看到蔡先生对学院"985工程"项目建设和"211工程"二期建设规划，以及其他涉及学院发展的大事，都非常重视。他积极参与学院的相关讨论，提出重要的建议和意见，和其他几位老先生一起，为学院的建设和发展出谋划策。他重视和倾听年轻教师们的意见，凝聚共识，共同推动学院各项建设项目的落实。

蔡先生也十分重视、关心学院人才队伍建设。20世纪90年代末以来，人才争夺愈加激烈，学院师资队伍建设形势也十分紧迫。蔡先生在学院人才引进和学院师资队伍建设方面，做了许多具体工作。有一个本校催化专业毕业的学生，在国外留学，非常出色。他为了让这位留学生回来，在这位学生回国时，专程去看望他，邀请他回来工作，又向学院和学校推荐，为其争取工作条件，安排家属的岗位。最后尽管这个学生因为孩子的原因没法回来，但蔡先生的操心、奔波和所做的努力让这位学生非常感动。

多年来，蔡先生一直支持年轻教师和学生去国外留学，他又积极做工作，争取学成的人才回国回校服务。为让更多更优秀的人才回来工作，凡有在国外学习工作的学生回国，他总要见一见，介绍学院学科发展情况，请他们多关心支持学院发展，并邀请他们回来工作。他还经常提醒我们：人才队伍不能断层，要注意续接哪些方面的人才，国外有哪些人才可以引进来，等等。为了对学科发展负责，他甚至亲自了解拟引进人才的情况，做好引进人才的考察工作。

为了支持学院人才引进，蔡先生把20万元港币的何梁何利奖奖金交给学院。1999年10月21日，蔡先生获得第一届何梁何利奖。领奖回来一到家马上打电话给我，说20万元港币奖金是以他的名义领回来的，要交给学院作人才引进使用。当时学院经费很少，20万元港币不少，可以办很多事。但是这奖金就是蔡先生的，更重要的是，多年来，蔡先生领的是退休工资，蔡师母体弱多病，医药费的负担很重，蔡先生家里经济上并不宽裕。可他执意要把这一笔钱交给学院，我们实在无法推却。我跟院长万惠霖院士商量，决定学院先把这20万元港币收下来，以蔡先生的名义存进银行，以备急需。后来蔡先生搬家装修需要用钱，学院让蔡先生动用这笔款，但他不肯接受，最后还是把这笔奖金正式捐给了学院，成为蔡启瑞教育基金的第一笔捐款。

正是蔡先生和化学学科群体的老一辈科学家们的同心协力，共同奋斗，构筑了很好的学科平台，注重人才的引进，支持人才发挥作用，促进人才成长，才有化学学科生生不息的长期可持续发展。蔡先生在其中发挥了极为重要的作用，亲力亲为做了许多具体工作，为学院发展做出了重大贡献。

心里装着祖国，从未想到自己

1999年9月，蔡先生还交给我另外一封关于建设通过龙岩对接京九线的铁路，贯通厦门跟内地联系的建议信，让我转交上级有关部门。在今天国内高铁动车已经四通八达的情况下，回头去看，蔡先生信中的提议仍然是很超前、很有战略眼光的。从这封建议信可以看出，蔡先生一直在思考着，怎样发挥厦门港口跟内地的连接、促进内地经济发展的作用。作为化学学科的科学家，他始终胸怀祖国，他的思考已经跳出了学科的眼界。

每年重要的节庆日，我都会和学院党政领导或陪同上级领导去看望蔡先生。学院党政领导看望他的时候，蔡先生谈的都是学科建设和人才引进的话题，而几次陪同上级领导去看望他时，他所谈的都是关于国家科技发展和规划，或者是对国家和省市经济建设的建议和意见，谈祖国统一和两岸关系。每次谈话他都能结合最新的形势，谈出新意。但是他很少谈到自己的身体和生活。在他心里，时刻装着国家大事和学院的发展，唯独没有他自己。

祖国和平统一，是蔡先生一直关心关注的大事。

2000年6月，催化学科学术会议在台北举行。这时蔡先生已是87岁高龄，大陆和台湾当时尚未直航，去台湾需要到香港转机，很麻烦。尽管蔡先生已经比较少外出，但是他坚持这次学术活动一定要去，他想跟台湾同行进行催化化学研究进展的学术交流，也想利用这次机会与他们好好"叙叙旧"。为保

2006年，蔡启瑞（右）与作者林永生合影

证蔡先生旅途安全，我跟香港的一位化学系老系友打电话，请他们在蔡先生往返台湾经过香港时帮助接送。18日蔡先生经过香港顺利到达台北，19日晚上在台北下榻的会议酒店浴室滑倒摔伤了。蔡先生摔伤以后没有惊动任何人，第二天早上还忍着剧痛自己到会场去。台湾同行陆天尧教授等从蔡先生走路的姿势和脸上露出的强忍痛苦的神情看出不对劲，就过去关心问候他。蔡先生轻描淡写地说："昨天晚上不小心摔了一跤。"陆天尧教授等一听不得了，硬把他送到医院检查，发现他靠近髋关节的骨头整个断了，那是相当严重的！可以想见，老先生是忍着怎样的痛苦！陆教授他们当即安排蔡先生住院进行治疗。得知这一消息，我赶快向学校汇报，并准备派人去台湾照顾护理，还通过学校协调有关部门支持尽快办理相关手续。那几天，我用学院唯一可以打长途的电话机定时与陆教授等台湾同行保持联系，了解蔡先生的伤情和治疗情况，协调有关同志赴台手续事宜。但蔡先生在台北的医院里，亲笔写了一封短信，很快传真过来。信上说：他在台湾不小心摔了一跤。但是台湾同行对他摔伤非常关心，马上送他进医院，无微不至地关怀他。"陆先生陪我到医院检查，萍水相逢的万本儒教授一直在医院陪我，照料一切……台湾同胞们的热情关怀令我十分感动。按原计划于29日飞香港转厦门，你们只要在厦

门机场接我就好，估计回校后不久我便能恢复行动，千万不要派人来台湾，丝毫没有这个必要。"其实蔡先生的伤是很重的，但按照他的要求和已定日程，我们只好取消派人赴台的安排。经过在台湾短时间的治疗，蔡先生按原计划经过香港转机回厦门。经过香港的时候，我和香港的老系友联系帮忙接送，香港好几位教授去机场看望他。回到厦门的时候，我们到机场去接蔡先生，他是从机舱里被抬下来的。一见面，他就愧疚地说："真不好意思，麻烦大家了！"在这次台湾之行偶发的意外中，蔡先生严以律己的优秀品质和不给别人添麻烦的为人处世风范，让我们也让台湾同行教授们深受感动。

1999年9月21号台湾发生地震，蔡先生当即拿了6 000元到学院的党总支办公室交给我，让我转捐给台湾受灾同胞。我马上与厦门市红十字会联系，并亲自把这笔钱送了过去。

台湾的同行到学院进行学术交流，蔡先生总要和他们见见面，叙叙旧，聊聊学术和学科发展。联想到蔡先生所做的这一切，不难理解他不顾自己年近90岁高龄，还去台湾参加学术交流活动，与台湾同行"叙叙旧"之中所蕴含的情意。

如书一般耐读，清泉一般清澈

从20世纪90年代末开始，省市主要媒体对化学学科群体进行广泛深入采访报道，群体的先进事迹从人们的记忆中走了出来，跃然于各种媒介上。蔡先生作为其中的重要代表人物，他的事迹，他贯穿一生的爱国情怀，孜孜不倦、求真务实的科学精神，甘当人梯、奖掖后进的博大胸襟和淡泊人生、不计名利的人生态度感动了无数人！但是当你走近蔡先生，你会感到他就是一位很普通的老人。我认为，他的事迹和他的人生是很自然的过程，是他的特质和品格的自然表达，就如同雄鹰飞起来就是很高一样的自然！我回忆我记忆中的蔡先生，出现在脑海里的都是一件件平凡普通的事，但平凡中却蕴含着不平凡。

大概是1988年他从国光楼搬到敬贤七。他搬家的时候我也去帮忙，其间有一件小事很有意思。当时他的那些旧家具都舍不得扔掉，有一个桌面很大的旧办公桌要搬进新家，直直抬着进不了，放倒横着也进不了。当时有一个老师也没多想，就建议把桌子下搁脚的横栏锯掉。当大家找锯子的时候，蔡先生就说，再换一个方向，竖起来看看。大家按蔡先生的建议，把桌子竖起来，侧面轻轻一转，搬进来了。蔡先生说："我想，家具厂做家具的时候，应该都要考虑能不能进得了门。"这件小事，反映出他解决问题的思想方法，折射出一个科学家的睿智。如果把这些智慧都用在生活上，他的生活可以过得非常丰润惬意。听说他年轻时兴趣广泛，喜欢音乐，下盲棋赢过高手。但是，多少年来，在大家的视野里，在我们的记忆中，他的生活都是极其简朴的，因为他的心从未放在自己个人的生活上，为了祖国的科学事业，他放弃了所有的兴趣爱好，就像他所说的，"其实，我最爱的只是一间实验室"。

记得在2000年前后，院长万惠霖教授曾经和我商量，瞒着蔡先生，由我向学校打报告要求恢复蔡先生的在职身份。这缘于长期以来蔡先生是以领退休金的身份全职在岗工作的。大约是20世纪80年代，蔡先生响应中央号召，带头为自己办理退休手续，把岗位让给年轻人。因此，他成了可能是全国唯一一位退休了但仍然在岗工作的中国科学院院士。不过恢复蔡先生的在职身份的报告最终还是没被批准。即使是领着退休金，经济上不宽裕，蔡先生领到何梁何利奖奖金，也没留下来自己用。相反，他还多次捐款，从几千元到上万元，如救助他人，台湾地震和水灾、汶川地震等等。纳米中心建立时，他更是捐出了10万元。但是他的家却是简朴到近乎原生态，只是简朴中井井有条，体现了他的人生态度。

我在学院任书记期间，蔡先生已是90岁上下的高龄了，其间又两度摔断腿骨，但是他每天自己一个人拎个公文包走路到学院上班，甚至有时到市区办事也自己挤公交车。我和学院同事一直跟他说："您年纪大了，外出要注意安全。您要外出就告诉学院，学院派车接送。"但他谢绝了学院的照顾，说："我现在年纪大了，更应该多走走路。"

已经年逾九十岁高龄的蔡先生照样每天晚上工作到深夜，因此就有了敬贤楼灯光的真实故事。说的是蔡先生的学生万惠霖院士也已年逾花甲，每天工作到深夜，但即使是深夜十二点，甚至一两点，透过他家的窗户，仍然经常可以看到蔡先生家还亮着灯，蔡先生还在工作！万惠霖老师就是以蔡先生的忘我工作为榜样，激励自己的。我在学院工作期间，每逢要去看望蔡先生，或是陪同上级领导去看望他，都要提醒他晚上早点休息。

蔡先生的组织观念很强，对学院党委和催化支部的同志都十分尊重，对学院的会议和活动，尤其是党组织的活动，除非特殊情况，总是积极参加，谢绝照顾。他生病住院期间，我几次去看他，他看到我就会说"哎，我们的老书记来了"，然后很开心地跟我聊起一些学院和学校的事情。

在我的脑海里，时常会浮现出一些蔡先生工作生活中的平常场景，在这些场景里，蔡先生脸上的神情总是那样祥和、平静。林则徐在自勉诗里说：海纳百川，有容乃大；壁立千仞，无欲则刚。我觉得，蔡先生就是一个有着博大胸怀而又无所求的人，是一个非常真诚的人，一个有着高尚情怀的科学家，一个优秀的共产党员。所以我曾经在接受媒体采访时说过：我觉得他就像一本书，越读越值得我们好好地回味；他像一泓清泉，是那样清澈，让你心灵得到净化。

作者简介：

林永生，男，毕业于厦门大学化学系催化化学专业，留校任教。厦门大学化学系副教授。曾先后任厦门大学化学系党总支副书记、化学化工学院党总支书记、化学化工学院党委书记，厦门大学工会常务副主席、主席、厦门大学党委委员。

"模拟固氮" 三人行

朱水涌

    1971年9月，中国政治生活发生了一个重大事件，那位被称作"副统帅"的林彪在叛逃中自毁于蒙古的温都尔汗，当代史称"林彪事件"。"林彪事件"发生后，中国政治形势出现暂时的转机，周恩来总理主持工作。在周总理的批复下，中国高校与研究所恢复了"文化大革命"中停滞下来的一些基础科研活动，乘此机遇，著名化学家唐敖庆、卢嘉锡、蔡启瑞和生物学家过兴先一起，开始筹划和开展一项国家急需的重大前沿课题研究，这就是国际自然科学界都想攻克的"化学模拟生物固氮"研究。1972年2月，中国科学院生物化学部过兴先与吉林大学唐敖庆发起，在长春召开了专门研究化学模拟生物固氮问题的第一次全国固氮学术会议，吉林大学、厦门大学、福州大学、中科院植物所、沈阳植物所等单位参加了会议。一个全国跨学科协作的世界前沿课题研究由此拉开序幕。

    "化学模拟生物固氮"就是用化学的原理模拟大豆根瘤菌，在常温常压下直接将空气中的氮合成为氨制取氮肥的研究。这既是国际上正在力图攻克的科学难题，也是中国国家建设发展尤其是农业发展亟须解决的一个重大问题。因为氨是化肥工业生产氮肥的主要原料，但合成氨必须在高温（500 ℃）、高压（300个大气压）条件下进行，而且转化率小于20%，既耗电、低效又有污染。生物科技人员早就发现，豆科植物根瘤菌可在常温常压下将土壤中的氮转化、吸收。在此认知的基础上，20世纪60年代，化学模拟生物固氮作为一项重大的交叉学科研究，成为国际上的科学攻关难题，这个难题需要先从化学的角度弄清自然界微生物固氮的形成过程，才能进一步根据其中的一些原理，去改进氨合成催化剂，提高氮肥的生产效率。这项研究对化学科学的发展十分重要，又是一项关系农业发展的重要基础研究。过兴先、唐敖庆、卢嘉锡和蔡启瑞等科学家都认识到这一点，决定同心协力来做好这项理论联系实际的跨学科基础研究。

当时厦门是海防前线，只有一条鹰厦铁路通往海岛外面的世界，蔡启瑞教授满怀着攻关克难的期待，从厦门乘上火车，穿越无数的隧道，在鹰潭转硬座车马不停蹄地北上，经过五天五夜的列车颠簸，他抵达长春，开始了固氮研究的历程。卢嘉锡教授当时还在牛棚里劳动，会议的特别邀请让他提前结束审查。为了一个共同的研究方向与目标，三位著名的化学家和一位著名的生物学家聚集在一起，生物固氮这一世界性难题的研究，由此出现了一支由中国科学家组成的强大新军。唐敖庆联袂卢嘉锡、蔡启瑞一起向生物固氮发起的攻势，表现了中国科学家的智慧和勇气，也突显出"化学模拟生物固氮"研究的重要价值与重大意义。

三位著名化学家的此次聚集与协同攻关，是中国当代科技发展史上的一段佳话，是新中国科学家爱国敬业的形象表征，也是中国科学家诚笃搏击科学前沿的真实写照，到底是什么样的情缘与情怀，让身处南北的三位化学家走到了一起？

蔡启瑞与卢嘉锡是厦门大学化学系的同学、同事与挚友。1928年秋天，不满13岁的卢嘉锡跨入厦门大学校门，一年后，蔡启瑞也走进了厦门大学，在预科化学组学习，两年后顺利地升入厦大化学系本科，与卢嘉锡成了化学系同窗。1934年卢嘉锡大学毕业，留在厦大化学系当助教。蔡启瑞则在1931年患肋膜炎休学两年，他复学后，卢嘉锡曾担任过他的辅导老师。1937年，蔡启瑞大学毕业。论年龄，蔡启瑞生于1913年底，卢嘉锡生于1915年，蔡启瑞是兄长；论学龄，蔡启瑞属厦大化学系第12届毕业生，卢嘉锡是第9届毕业生，卢嘉锡是学长。蔡启瑞毕业时，正逢陈嘉庚经营的橡胶业每况愈下，在世界经济危机的波及与日、英帝国橡胶财团的挤压下，陈嘉庚只能以"出卖

1984年，蔡启瑞和中科院福建物质结构研究所卢嘉锡（中）、吉林大学唐敖庆（左）相聚于福州

大厦办厦大"的惊人之举，维持厦大的艰难运转，并于1937年夏天，将厦门大学无条件地献给了国家。就是在这极为艰难困苦的日子里，厦门大学依然没有忘记自己那位记忆力超群、学业优异的毕业生，毕业后，靠着免费奖学金和陈嘉庚奖学金完成大学学业的蔡启瑞被召回母校，聘为厦门大学化学系助教，成为化学系第12届的12名毕业生中唯一留校任教的教师。《厦大通讯》曾这样报道过蔡启瑞："毕业后以成绩优异，留母校服务，读书思超书外，开卷旋毕，回头细说，如数家珍，凡所涉猎，靡不神会，故师长青眼，同学爱戴。今春，偶然发愤，两月间，穷温在大学所读书，于是心安理得，进而求博览焉。"这篇短通讯还说蔡启瑞棋艺牌技超凡，称其"下棋'过桥'，兴至忘餐，时或盲目而弈，明眼不能对"，而对荣誉，则是"侪辈以不世之士目之"。1937年"七七"卢沟桥事变，中国抗战全面爆发，11月10日，八艘日舰炮轰厦门，日寇的铁蹄不断向南逼近，厦门已是"山雨欲来风满楼"。12月24日，厦门大学开始了八百里跋涉，内迁长汀，在硝烟弥漫的战争环境与"满目苍凉无旧物"的恶劣条件下坚持办学，坚守住东南半壁的高等教育江山。长汀时期的烽火岁月里，在萨本栋校长的"为战后积蓄国家建设人才"的未雨绸缪中，厦门大学化学系写出了战争中的教育新篇。那时，厦门大学聘请了著名的化学家傅鹰教授来校主持化学系的教学科研，蔡启瑞就担任傅

鹰教授的助教。傅鹰是一位对世界化学学科发展相当敏锐的学者，他在美国求学期间，正是量子力学、量子化学、理论化学蓬勃发展和走向成熟的关键时期，他预感到化学学科正面临着由经验、统计的传统研究，向与分子水平的理论和结构分析相辅相成的崭新转变，他提醒厦大师生要注意世界量子化学、量子力学的发展趋势。在烽火厦大撰写的《普通化学讲义》（1943年厦大版）中，傅鹰就在其中写了许多核反应和放射化学的内容。在傅鹰身边任助教的蔡启瑞，因此也淬炼出一种紧跟学科发展前沿的精神，打开了物质结构的学科新视野。他曾在傅鹰的指导下，撰写了《有机酸混合物萃取分析法》，发表在美国《分析化学》（*Analytical Chemistry*）杂志上，而更多的时间，他则是奋斗在烽火学府的教学第一线上，有机、结构、物化、分析、无机等多个学科的课程他都助教过讲授过，在实验室，在课堂，在化学学科的多个领域，蔡启瑞都为南方之强做出了成绩与贡献。1945年7月26日，厦门大学成立教师会，蔡启瑞当选为九个理事之一。在硝烟弥漫的抗战中，蔡启瑞在长汀走过了为人师表的第一个八年。

也就是在蔡启瑞受聘厦大的那一年，卢嘉锡以第一名的成绩考取了第五届中英庚款公费留学，远涉重洋，进入伦敦大学学院化学系学习，师从萨格登教授；在获得物理化学哲学博士学位后，又从英国赴美国，到著名的化学家鲍林教授领导的加州理工学院盖茨-克列林化学研究实验室深造。负笈欧美期间，卢嘉锡一直保持着与蔡启瑞亲密无间的友谊。1939年3月，蔡启瑞看着卢嘉锡从英国寄给他的照片，写下了一段感情真挚、生动活泼的文字，刊登在1939年3月11日的《厦大通讯》第一卷第三期上。这篇短文介绍了卢嘉锡在伦敦大学学院学习的情况，还抒发了面对学长从英国寄回照片的感慨，说照片的学长显得十分清瘦，想必是他与妻子情深意长，"想是相思苦了他"。这两位同学同行间的相知相爱跃然纸上。

1945年5月，法西斯德国崩溃，欧洲战事结束。8月15日，日本天皇发布《终战诏书》，宣布无条件投降，世界人民反法西斯战争胜利。11月21日，卢嘉锡告别了旅居多年的美国，回到祖国的怀抱。1946年春天，卢嘉锡重返母校厦门大学，出任化学系系主任。刚刚回到母校时，卢嘉锡同时受聘浙江大学教授，在浙大讲学3个月。他在浙江大学授课时，化学系系务暂由方锡畴先生代理，而他所担任的"理论化学"及"高等无机化学"等课程则全部由蔡启瑞代课（见1946年12月31日编印的《厦大校刊》）。卢嘉锡回到厦大时，恰逢校长萨本栋辞职前后，当时任教务长兼理学院院长的傅鹰教授和另一位化学家蔡镏生教授相继离开厦门大学，重振厦大化学系使命落在了卢嘉锡与蔡启瑞身上，于是，这两位同窗同时投入了战后厦大化学振兴的紧张工作中。

尽管这是一个急需人才的时期，卢嘉锡并没有放弃任何将优秀人才送到国外学习的机会，从傅鹰教授那里了解到的欧美前沿信息，也让蔡启瑞一直抱着到国外深造的祈望。1947年3月，在卢嘉锡的全力推荐下，蔡启瑞作为美国国务院留美奖学金的中国20名获得者之一，登上"戈登将军"号轮船，前往美国俄亥俄州立大学化学系攻读博士，主攻化学动力学，师承马克、哈里斯和纽曼三位在化学基础研究和应用研究方面做出卓越贡献的杰出专家。这使他在学科的多个领域获得深造，学术水平跨上了一个新的高度。1950年3月，蔡启瑞获博士学位，在哈里斯的挽留下，在俄亥俄州立大学从事铯氧化物晶体结构测定这一极富挑战性的结构化学项目的博士后研究。这一年6月，朝鲜战争爆发，中国人民志愿军跨过鸭绿江，奔赴朝鲜战场抗美援朝，中美两国一时处于对立状态。一心想回国报效祖国和发展厦大化学学科的蔡启瑞，和在美国学习的中国理工科留学生一起，受阻于美国政府不准返回中华人民共和国的规定，不得不留在美国，担任无机化学和酶反应动力学的副研究员工作。但他心怀祖国，情系桑梓，在厦门大学29周年校庆时，他从大洋彼岸发回电报，以一句"祖国大地皆春，我怀念你啊"的呼唤，发出了一声中华赤子的心声。怀着回到祖国怀抱的希望与期待，面对美国政府的阻挠，他写下了"谅此巨鲸，亦鼓不起洪浪"的信心之语。1955年，中美就朝鲜停战的协议在日内瓦签订，第二年3月，美国政府解除了中国留学生不准回到祖国大陆的规定。消息传来，蔡启瑞立即整装待发，归心似箭的他毅然放弃了一笔奖金、放弃了研究成果申请到专利的机会，再次登上了"戈登将军"号轮船，与一批中国留美学生一起，踏上了祈盼多年的归国旅程。1956年4月，茫茫大海上的蔡启瑞，遥望着东方地平线上的红日，心里想着："我现在已进入中年，今后如何报答祖国？"回国以后，蔡启瑞曾写过一篇文章《祖国颂》，他说："我们的祖国，好比我们的母亲，在她的怀抱里，我们永远感到温暖，而且我们走到哪里，走到天涯海角，我们也永远与她同命运、共荣辱。"

早在蔡启瑞获得博士学位的1950年，卢嘉锡就以"研究成绩极优，教学富启发性"的评价，向厦门大学提出拟聘蔡启瑞为专任化学教授兼任化学研究室指导教授的申请。回到厦大时，蔡启瑞与卢嘉锡这一对同窗挚友，彼此都相当激动。那时，王亚南校长高兴地握着蔡启瑞的手说："学校又多了一位化学家啦。"王校长说："蔡先生，你还搞你的物质结构研究，再为国家培养一批研究生。"但当时研究生已经招生完毕，为了让刚刚回国的蔡启瑞马上进入角色，卢嘉锡就从自己招的5名研究生中分出2名给蔡启瑞培养。回到厦门大学的蔡启瑞，马不停蹄地投入中华人民共和国人才培养与科学研究中，成为厦大化学系教学科研的中坚力量、催化方向的带头人。

也就在刚刚回国后不久，蔡启瑞认识了唐敖庆教授。那时，新中国的第一个五年计划正在如火如荼地开展着，国民经济的快速发展与工业化基础的初步奠定，催促着科技战线的策马扬鞭。渴望着为祖国科学事业挥汗洒血的蔡启瑞，赶赴东北长春，参观吉林大学和中国科学院长春应用化学研究所，一方面了解国内科学进展的情况，一方面向唐敖庆教授请教，两人一见如故。但让这两位科学家建立起一生友谊与情感的，还是在1956年制定国家化学学科中心课题的讨论会上。就在这个讨论会上，唐敖庆、卢嘉锡与蔡启瑞，为了一个共同的理想与共同的科学理念走到一起来了。

与卢嘉锡同年出生的唐敖庆是江苏宜兴人，1936年8月考进北京大学化学系。这一年，蔡启瑞正在厦门大学认真地完成他的大学毕业论文，卢嘉锡已是厦门大学化学系的教师。之后，卢沟桥事变爆发，华北沦陷，战火纷飞中，唐敖庆与北大、清华、南开师生一起跋涉云南，在战争中建立起来的西南联合大学完成他的大学学业，1940年大学毕业。1946年7月，年轻的唐敖庆作为助手随同曾昭抡、吴大猷、华罗庚赴美国考察原子能技术，进入哥伦比亚大学学习。这一年，卢嘉锡出任厦门大学化学系主任，蔡启瑞正准备着赴美国深造。1950年春节，在新中国的欢声笑语中，获得博士学位的唐敖庆回到了北京大学。1952年国家对高等院校实行院系调整，唐敖庆被派往吉林大学的前身东北人民大学，到东北这块黑土地上，担负起开创重工业基地理科教育的重任。

20世纪50年代初期，唐敖庆与卢嘉锡已日渐成为一南一北遥相呼应的两位年轻化学家，他们紧跟世界科技的发展态势，抓住最新研究动态，着力于"物质结构"方向的倡导与研究，一个"冰糖葫芦"的故事在1953年仲夏开始流传起来。1953年7月，教育部委托唐敖庆与卢嘉锡在青岛山东大学举办暑期"物质结构进修班"，由一流教授讲授20世纪最新科研成果。这对于百废待兴的中国高等教育来说，犹如沙漠中的一股清泉、久旱后的清甜甘露，给新中国的科技发展注入了新鲜的血液。由于讲习班带来了重要影响，第二年又在北京大学举办了第二期，唐敖庆与卢嘉锡也因此编撰了中国第一部《物质结构》讲义。这两期的讲习班打开了中国"物质结构"教学科研的新局面，为中国科技界培养出许多著名的化学专家。在"物质结构"的讲习班风生水起地开办时，身处大洋彼岸的蔡启瑞，在一曲深沉的"思乡曲"中，也在兴奋地开展着"物质结构"的酶动力研究。

蔡启瑞回国时，正逢科技界讨论制定我国十二年科学发展规划的时候。1955年的4月到6月，制定我国十二年（1956—1967年）科学发展远景规划的会议在北京召开，刚刚进入不惑之年的卢嘉锡和唐敖庆参加了这次重要会议，他们是当年最为年轻却承担着重要使命的两位化学家。1956年初，科学发展远景规划中的化学科规划稿召开讨论会，唐敖庆、卢嘉锡提出化学学科规划的中心课题应该是"结构与性能的关系"。他们在"序言"中指明：当代化学学科的发展趋势乃是"从宏观到微观，从静态到动态，从平衡到不平衡"，这样的提法引起化学组一些代表的异议。刚从国外留学回来的蔡启瑞教授参加了讨论，他思想敏锐，语多率直，直接主张提出"以结构为纲"的中心议题，这引起了几位不同学术方向的长者的不快，讨论场面出现了僵局。在不同意见的碰撞研讨中，唐敖庆、卢嘉锡从近代化学说起，细细地阐发了老一辈化学家的贡献，引发专家们的共鸣，进而指出世界化学学科的发展趋势，让代表们对"序言"提出的问题取得共识，最终通过了化学学科规划的"序言"。"序言"通过后，蔡启瑞感慨地对卢、唐连声说："还是你们有办法，还是你们有办法。"这一次的讨论后，这三位志同道合的化学家，便怀着共同抱负、共同的科学理想，携手前行在紧跟世界科学前沿的道路上。当国家提出"化学模拟生物固氮"重大课题时，他们便又聚集在一起了。

长春的第一次全国固氮学术会议拉开了中国化学模拟固氮研究的大幕。第二年3月，"全国化学模拟生物固氮会议"在厦门再次召开。两次会议决定，"化学模拟生物固氮"研究兵分三路：第一路由卢嘉锡、唐敖庆、蔡启瑞领导，探索固氮酶活性中心的生物化学与基础化学研究；第二路对现有工业合成氨中铁系催化剂进行改进；第三路由中科院生物学部组织，进行寻找温和条件下固氮催化剂的探索研究。一次中国化学赶超世界的科学研究前沿的集结号吹响了。

第一路基础研究的三支队伍中，由蔡启瑞带领的队伍，对于工业合成氨这个多相催化的典型例子已相当熟悉。蔡启瑞想："虽然我们对于活性酶促进生物固氮比较生疏，但可以从工业合成氨的现成催化剂体系（Fe、Ru、Co-Mo）出发，对它们的结构敏感型特点进行广泛关联，然后与多核结构的固氮酶比较，可获得更多信息。"化学模拟生物固氮研究表明，N_2在固氮酶活性中心上的配位模式是以钼铁原子簇为活性中心、多核三棱柱单盖帽的$MoFe_6$。活性中心加电子和质子还原后，吸附活化分子态氮，可与N_2在α-Fe（111）面对多核吸附模式的簇结构敏感型进行对比。经过团队全力研究，1976年蔡启瑞在《中国科学》杂志上发表了《固氮酶的活性中心模型和催化作用机理》，从配位催化的角度出发，提出固氮酶活性中心模型和电子传递机理的设想，对活性中心结构及其参数进行了合理描述。而由卢嘉锡带领的队伍，为了验证固氮模型是否正确，合成了模拟物，对两类模拟物进行结构表征，同时对模拟物与乙炔、氮气等底物作用进行活性测试，并于1975年底在《科学通报》发表了一钼三铁三硫（$MoFe_3S_3$）网兜式结构的固氮酶模型。蔡启瑞和卢嘉锡分别提出了多核原子簇结构的固氮酶活性中心模型，即"厦门模型"和"福州模型"。这两个模型经发展、改进后，融合为"福建模型"。

唐敖庆领导的吉林大学化学系固氮组和中科院植物所等机构对国际上的固氮生物化学的现状进行了广泛调研，将情况整理出来，供其他实验人员参考。吉林大学固氮组还编写了《温和条件下的化学固氮问题》一书，翻译了国外资料《分子氮的固定和氨合成反应》《分子氮络合物》等，唐敖庆固氮组研究了分子氮络合物的轨道能级、电荷密度和键序，并据此分析了电子能谱和红外光谱数据，讨论了还原的可能途径，还对"厦门模型""福州模型"进行了量子化学的定性研究。

在三位化学家和其他科学家的努力下，中国这支"化学模拟固氮研究"新军，后起直追，迎头赶上，突显了中国科学家拼搏攻关的勇气、勤勉研究的精神与科学发现的智慧。1978年盛夏，以卢嘉锡为团长的中国固氮代表团参加在美国举行的"第三届国际固氮学术讨论会"。卢嘉锡向来自五大洲27个国家400多位代表作了"新中国固氮研究概况"的综合学术报告，引起了国际固氮研究界的惊叹。一位美国著名生物有机化学家跷起大拇指对卢嘉锡说："你们在1973年就提出了固氮酶活性中心的原子簇模型，了不起。"一些华裔科学家则对卢嘉锡、唐敖庆、蔡启瑞等中国科学家在艰难的条件下，还能探索出如此的基础理论课题，表示十分钦佩。后来居上的"化学模拟固氮研究"，让中国的科学研究走向世界，让世界对中国科学家刮目相看。中国新军的固氮酶研究丰富了络合催化体系，也将带动原子簇的合成和结构化学的发展，还将促进生物遗传、基因研究。这个全国跨学科协作研究项目，跳出了国际上原本固氮研究的思路，呈现出明显的中国特色和创新思维。1976年国际固氮研究界出版的《化学模拟生物固氮进展》第二集上，开宗明义地表述："经过反复实践，人们逐渐得出一个的结论：要想在温和条件下大幅度地增加氮肥，必须跳出经典的铁催化剂的框框。"这个表述，从某种意义上说，正是基于中国三位化学家的研究成果而提出的，如此"跳出经典"的创新性思维，在当时是极为前卫与难能可贵的。后来中国的化学模拟固氮研究项目得到国家和联合国组织的资助。1980年，在由Newton和Orme-Johnson主编的*Nitrogen Fixation*第一卷上，"Chemical Models"部分仅三篇论文，这三篇论文就分别由唐敖庆、卢嘉锡、蔡启瑞所在的吉林大学、福建物构所和厦门大学供稿。

化学模拟生物固氮研究，把蔡启瑞团队带入了生物酶活化还原N≡N成氨的领域。这个团队以化学探针法和络合催化原理，抽丝剥茧地导出固氮酶的2Mo-1Fe三核活性中心模型和分子氮活化机理，他们综合运用已知的化学基础知识，进而实施严密逻辑推理，以导出的模型说明多个实验事实，从而打上了鲜明的厦大团队的学术标记。这个团队根据新实验事实的不断涌现，不断演变上述模型，例如单立方烷模型（1973年）、共角双立方烷模型（1978年）、骈联双座共边双立方烷型原子簇模型（1981年）等，他们还试图合成多个所推导的模型物，测试它们对底物乙炔的还原活性，在世界化学模拟固氮的研究中，显示出中国科技攻坚克难的魄力与实绩。

固氮三人行，书写了中国当代科学家协同攻关的瑰丽篇章，共同的科学理想，共同的振兴民族科技事业的信念，共同的赶超世界科学水平的宏愿，让新中国三位著名的化学家携手而行，南北交相辉映，也由此凝结了三位科学家一生最可宝贵的友谊。晚年，卢嘉锡出任中国科学院院长，唐敖庆出任国家自然科学基金委主任，蔡启瑞也曾出任过厦门大学副校长。无论是在攀登科学高峰的征途上，还是在国家科技人才的培养事业中，他们始终不弃不离，攻关不止，耕耘不息，殚精竭虑，鞠躬尽瘁。1990年，卢嘉锡创建的中科院物构所三十周年庆，唐敖庆特地做了一首诗送给卢嘉锡："建所育人为中华，三十年间成大家。结成固氮网兜体，开出结晶宝石花。类芳香性构思巧，功能材料设计佳。庆贺更祝鹏飞远，遨游长空乐无涯。"1993年唐敖庆到厦门参加"第五届全国量子化学会议"，正逢蔡启瑞八十诞辰，他情不自禁地为蔡启瑞老友撰下了寿辰祝词"学如流水行云，德比松劲柏青，攀登跨越高岭，育才灿烂群星"，并请鄢国森教授挥毫泼墨，写成贺寿题联。

"结成固氮网兜体"，"遨游长空乐无涯"，是我们三位科学家携手共襄科学盛举、协同创造科学奇葩的真实写照；"学如流水行云，德比松劲柏青"，是三位科学家共同拥有的学识与精神财富。他们的友谊如劲松青柏，他们的学识与科学精神流水行云，如大江流水浩荡奔流，如浩渺长空之行云，辉映长虹，泽被后人。

（本文参阅以下资料：廖代伟、郭启宗、蔡俊修等著《探赜索隐，止于至善——蔡启瑞传》，中国科技出版社2015年版；福建卢嘉锡科学教育基金会编著《华夏赤子，科学巨擘——卢嘉锡》；林梦海等著《高山仰止——唐敖庆和他的弟子们》，厦门大学出版社2015年版）

作者简介：

　　朱水涌，本名朱水永，男，厦门大学人文学院教授、博士生导师，从事中国现当代文学专业的教学科研。为蔡启瑞先生同乡。

一个单纯的人

王彦晖

想必大家很难想象一位化学专家能和中医有什么关系，今天我把我和蔡老的中医缘讲给大家听。希望以此纪念我们敬重的蔡启瑞老先生。

我和蔡老相识多年，蔡老比我年长很多，可以说是忘年交了。

第一次与蔡老交往是在2006年，我的一个朋友和我说，让我给一位老院士看病，说是老院士每年夏季都会发烧，已经连续发烧3年，每年都要去住院，今年同样的症状，很是难受，想让我试试，我同意了。见到蔡老，老人家温和礼貌地和我打招呼，在一系列的望闻问切后，我便判定老人家得的是小儿夏季热。虽说这是小孩子的病，但机理是一样的——中气不足、土不伏火——难怪古人常说小儿和老人是一样的。我开了几剂药，交代老人家如何服用，蔡老表示很感谢，走时亲自将我送到门口。几次复诊后，老人家也就不发烧了，精神状态好了很多。蔡老非常开心，并且感到很意外，表示中医真的很神奇，并且坚定地认为中药里肯定有宝贝……之后，蔡老要是有些小毛病，身体感到不舒服时，就常找我调理。他自己感觉，中药提高了他的生活质量，让他很舒服，当时听到这些，我感到很开心。

为了表达感谢，蔡老还亲自给我写了一封很长很长的信。他说，本来是要用手抄写一遍的，不过岁数大了，觉得字写得不是很好，所以就自己在电脑前打字，希望我不要见怪。老人家的诚恳，我非常非常感动。我给患者看病这么多年，还是第一次收到病人这么真诚的感谢，而且这份感谢还是来自一位德高望重的老院士，这件事情对当时正值中年的我是颇感意外、倍受鼓舞的。信件中说道：“我国中医学有着两千年的发展史，大量医理、药理资料的积累，成为我国的传世宝库。中药一般是多组分的，有主要组分、辅助组分和药引之分，所谓君、臣、引，是整体发挥作用的。原理至为深奥，但多数仍属唯象理论，仅为精深医师所意会，亟待运用现代科学方法阐明这些理论，但我国中医学现代化步伐太慢……现在日、韩，甚至美国对于中医学现代化比我国重视得多。我们如不急起直追，中医学可能要换姓了！……”可以看出信中不乏非常专业的中医术语概念和中肯评价，尤其是提到中医现代化的方面，我感到非常佩服，惊叹于蔡老的博学和眼光的敏锐。一个化学老专家，对中医的认识和眼界能达到如此地步，这种谦虚好学的态度、博大的胸襟以及强烈的民族情怀很值得我们这些晚辈学习。

在蔡老的“撮合”下，化学、中医两支队伍开了多次小型座谈会，并一致坚定地认为中医队伍和化学队伍相互渗透非常有好处。

给我触动颇大的还有一件事。在蔡老还能自行料理生活的多年之中，蔡老每年都会亲手写贺年卡，并让他的孩子亲自送到我的家中，贺卡上的字迹儒雅清新，字体偏长，有清秀之态，但不乖戾出奇，而是圆融流畅，和蔡老本人的性格和处世非常相像。古人讲“字如其人”，现在再看着蔡老的字，仿佛又回到当年与蔡老讨论中医理论、中医发展等问题时的场景。也许对于我来说，当初和蔡老的共同经历是前辈对于我和我所热爱的中医的一种肯定和关怀，也是一种鼓励和支持，是支持我继续为中医事业奋斗的一双温暖的大手。在和蔡老的接触中，我学到了很多，学到了谦卑做人，踏实做事，知恩报恩，心静如水……忘年之交，惺惺相惜，点点蓦然，哀痛难节……

如今，写这篇文章时，我想蔡老真的是个极其单纯的人，单纯得可爱，单纯得让人

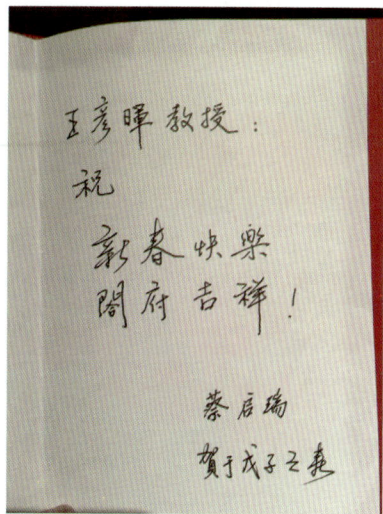

蔡启瑞给王彦晖手写的贺卡

王彦晖为蔡启瑞（左）把脉看病

敬畏。一辈子，原来可以这样简单，也可以这样璀璨，眼中只有化学方程，只有那间实验室，只有"为人民为祖国献上自己的一份力"这一单纯的愿望。都说无欲则刚，想必只有拥有这样一颗纯净的心，才会做出这样让人敬仰、让人赞叹的伟大的事业吧。

彦晖向蔡启瑞老先生致敬！

作者简介：

王彦晖，男，厦门大学医学院副院长，中医学教授，兼任世界中医药学会联合会舌象研究专业委员会会长，教育部中医学教学指导委员会委员，福建省中医药学会常务理事，厦门中医药学会副会长。蔡启瑞院士的好友和医生。

蔡启瑞教授与厦门大学材料学科

——与蔡先交往的点滴与思考

戴李宗

　　《送别》《思乡曲》《故乡的小河》《我和我的祖国》这几首超越世纪的曲子，因何把它们联系在了一起？从1926年慈母在同安湾挥手送别他跨上小舢板，到海的那一边陈嘉庚创办的集美学校求学开始，这首诞生于19世纪的美国曲子，经李叔同（弘一法师）填词后广泛流传于中国新式学堂的《送别》，也伴随了他整个的求学、厦大长汀执教生涯，直至1947年赴美国留学。

　　思乡，是一种能够让人"痛到心里"的感受。对母亲、对妻儿和故乡小河的思念，让他在学成之后毅然决然冲破重重阻力，终于在1956年回到了崭新的中国，从此和这个年轻而伟大的祖国同呼吸共命运，走过六十载春华秋实。这是怎样的一种人生？大气，波澜壮阔！然而，于他而言，却是如此的恬静与波澜不惊。

　　就是在2016年10月11日送别这位伟大的化学家——蔡启瑞教授的仪式上，这几首曲子有机地贯穿着仪式的始终，汇成了老先生漫漫世纪人生的一部回响曲。与其说是我们在告别这位伟大的世纪老人，更何尝不是他在向他的老朋友、老同事、老学生和新学子做最后的道别，他的事业后继有人！

化纤业缘起，材料系孕育

　　1958年初福建省政府下达了一个任务，要求厦门大学协助筹办厦门市第一化纤厂，这个任务自然而然地就落到了厦门大学化学系。蔡启瑞教授（以下称蔡先）很重视此事，他向系里提出由年初参加过在北京召开的"第二届全国高分子会议"的潘容华老师带队到全国各地有化纤厂和正在研究化纤的单位进行调研，先后去了杭州、上海、苏州、天津、北京、辽宁等地，因潘容华老师1956年在天津进修了一年，对那儿的情况比较熟悉，最后确定到天津工业研究所学习。学校派助教黄世明（音）和毕业班两名学生朱威、高鸣九以及速成中学毕业生4人，由潘容华老师带他们去该所，学习由己二酸、己二胺缩合聚合制备尼龙66的工艺过程。蔡先则在厦门招收了20名青年学生，在化学系实验室培训化学实验技术，由两位助教指导至10月份，再派去苏州学习。两批人于1959年春节前回到厦门，在厦大化工厂实验室进行尼龙的试制工作，由潘容华等人指导。与此同时，厦门市在杏林建厂，到1959年冬建成后，两批人即进厂开始试制与产业化工作。至此，开启了厦门市高分子工业的时代。后来又筹建了厦门市第二化纤厂，将多余的产能用于民用，做蚊帐。蔡先对厦门市化纤厂的建设倾心关注并提出了许多建设性意见。比如，他强调要特别关注雷尼镍催化剂在尼龙66盐制备过程中的"流失"和活性降低造成含氮杂环或胺基的副产物增加等问题。直到晚年，蔡先还经常在思考并积极推动在他的故乡翔安建设具有厦大成果转化背景的企业。蔡先不仅关心厦大化学系和厦门化纤厂的建设，也同样关心厦门市化工工业的发展。他用研发的乙炔合成苯催化剂在厦门第三化工厂建成年产百吨纯苯的实验车间；还在厦门醋酸厂协助投产了年产300吨乙醛的流化床中试放大生产线。

上述这段历史，我也是为了写这篇文章，于2016年12月9日采访了潘容华先生之后才知道的。在我和蔡先交往20余年的时间中，老先生从未和我提起过这件事，那时在我的认知中，蔡先知识结构完整，是一个胸怀天下、有一点浪漫主义情怀的理想主义者。2017年1月14日凌晨，我在巴黎戴高乐机场候机，收到蔡俊修老师的电子邮件：昨天，突接乾二先生（中国科学院院士、厦门大学化学系教授）电话，问起是否知晓当年老先生举办尼龙纤维短训班之事。这件事过去了近60年，乾二先生还念念不忘，可见当年创办厦门化纤厂这件事在地处海防前线的厦门是一件了不起的"大事"。

聚酰胺由美国有机化学家华莱士·卡罗瑟斯（Wallace Hume Carothers）于1935年发明，他以己二酸与己二胺为原料通过缩合聚合得到大分子量聚合物，由于原料的两个组分中均含有6个碳原子，因此当时称为聚合物66，这是世界上第一种能够通过熔融拉丝合成纤维的聚合物。1939年世界上第一款合成纤维在杜邦公司诞生，命名为尼龙（Nylon），奠定了合成纤维工业的基础。尼龙是广泛用于降落伞、轮胎帘子线等制造业的工业基础材料。可是没有想到的是，彻底颠覆人们审美的却是它以"丝袜"的形式出现。巧的是，在写这篇文章的时候，2017年1月13日，我漫步巴黎塞纳河左岸，在那座横跨塞纳河连接巴黎第1区与西岱岛（Île de la Cité）的新桥（Vedette du Pont Neuf）桥头拐角处的旧书摊上，看到了一幅20世纪40年代初的招贴画，两个西方女郎的"大长腿"上都画着尼龙丝袜的网格，那是当年"一袜难求"的真实写照。我想当年在美国留学的蔡先是否感受到了这种视觉的"冲击"？然而更深刻的应该是亲历了第二次世界大战中国战场日军飞机的轰炸与尼龙丝做成的降落伞。我没有机会询问老先生，不知道1958年积极投入厦门第一个化纤厂建设，生产尼龙和尼龙丝是否与这段历史有关？但从人类知识积累与创新的普遍原则来看，经历与认知在其中起到的作用是巨大的。中国的聚酰胺工业诞生于1958年，在辽宁省锦州化工厂试制成功，后来这种合成纤维就被命名为"锦纶"。地处海防前线的厦门居然几乎与此同步，可以看出当年福建省委领导的战略眼光之独到，也体现了科学家在服务国家重大需求和地方经济建设方面从来就没有缺席。尼龙在厦门成功的产业化生产，对于刚刚诞生的新中国和地处海防前线的厦门来说，具有重要的军事和民生价值。

以科技成果产业化为目标的人才培养，建设高分子原材料生产工厂，进一步开展学科建设，这就是厦门大学高分子学科从无到有的过程。这样的发展过程与高分子这个相对年轻的学科的发展有着"不谋而合"之道。1959年厦门大学化学系在有机化学专业下设置了"高分子化学专门化"，招收高分子专业的学生，这就是今天厦门大学材料学院的雏形。它毕竟是厦门高分子工业的开端，也应该就是厦门大学材料学科的源起，更开创了厦门大学科技成果对接厦门市先进原材料产业的先河（在当时，尼龙是名副其实的高新材料。就是在今天，尼龙及其改性树脂依然活跃在光电、信息的配套产业中）。当下，厦门大学材料学院继承了"走科技成果产业化"的道路，积极参与地方经济建设，从高素质人才培养、科技成果转化，到参与新材料产业链构建和新材料产业发展规划制定，多方位服务地方经济建设，并因此促进平台建设、学科建设与人才培养，这一切都和这位世纪老人有着千丝万缕的关联。厦门大学材料学院发展到今天，得益于一代又一代人的传承接替和不懈努力。路漫漫其修远兮，我们不妨多效仿老先生们宁静致远、淡定与谦逊之情怀，把基础打扎实，在前辈已开辟的道路上走得更远。

1997年春天，厦门大学化学化工学院高分子专业与材料化学专业合并成立了材料科学系。在成立仪式上，蔡先参加了材料科学系的揭牌仪式并和校院领导一起与材料科学系新班子和主要教师合影。

厦门大学材料科学系揭幕，化学化工学院田昭武（右）、蔡启瑞（中）、黄本立（左）参加

厦门大学材料科学系成立合影。厦门大学党委书记王豪杰（右一）、校长陈传鸿（右三），以及化学化工学院蔡启瑞（左三）、田昭武（左二）、院长万惠霖（右二）、厦门大学校办主任黄如彬（第二排右五）等参加。第二排右一是作者戴李宗

标杆与明镜，引领我向前

蔡先影响了中国催化学科发展近70年，培养了几代化学领域的工作者，他的学生中有中国科学院院士、物理化学和催化科学领域的领军人物，也有长江学者、杰青等才俊，桃李满天下。要在这里说蔡先对我的影响，肯定有人要笑话，"你既不是蔡先的学生，也不是催化领域的研究者，切莫拉大旗作虎皮"。确实，在我和老先生交往的过程中，我们从未谈论过催化领域的事和人，在我的印象中甚至连"催化"二字都不曾涉及过。但这丝毫不影响我在与老先生的交往中，接受高尚的品质的熏陶，培养纯洁的人格，特别是养成"宁静致远"之情怀。我可以和老先生一起喝咖啡，看电视，听他站在沙发前，面对墙上的中国地图和世界地图侃侃而谈，颇有"指点江山，激扬文字"之豪迈，甚至让我忘记了站在面前的是一位90岁高龄的长者，脑海中凸显的却是毛主席的诗词"恰同学少年，风华正茂"，展望国家交通运输事业的宏伟规划，北上欧亚大陆，南下五洋四海，三横两纵，还有"腹地""纵深"对厦门经济特区发展的重要性。从国家发展战略来看，老先生的"大交通"思想与今天的"一带一路"倡议有着"异曲同工"之妙。

人们都说"行万里路，读万卷书"，他就是一本书，厚重！他的人生经历让你看清前行的路在何方。古人曰："非淡泊无以明志，非宁静无以致远。"他就是一根标杆，挺直！让你心无旁骛，追求理想中的"伊甸园"。美国著名诗人奥登在评价卡夫卡时，说他是他所处时代的一面镜子，蔡先就是一面镜子，明晰！让人看清了这个纷繁世界的本质，让你的灵魂得到升华。陆游在诗中写道"人生如春蚕，作茧自缠裹。一朝眉羽成，钻破亦在我"，他的人生就是"破与立"的辩证统一体，紧随时代的步伐，不断创新！这不正是我们这个时代所需要的精神脊梁吗？

我们这代人，"文化大革命"之后就基本上没书可读了，我能够从闽北山区走进化学的殿堂，很多人说是"子承父业"，我认可，但精神层面上更多的是源于父亲对厦大化学系前辈的敬仰和这个群体精神的召唤。在我十年闽北山区成长、插队的过程中，父母言语中时常提起的化学界卢嘉锡（下称卢先）、蔡启瑞两位先生，就像我时常独自赶路在漫漫黑暗的山林和田野中，远方县城最边缘的那盏路灯，那是方圆十公里唯一具有"现代色彩"的光线，为一个懵懂少年指明了前行的方向。于是少年鼓起了勇气，加快了步伐，把黑暗与世俗统统抛在了身后，义无反顾，勇往直前。20世纪80年代有幸也加入厦大化学这个群体之后，我就倍加珍惜，勤奋耕耘，自始不忘初心。

产业化、推动社会进步是科学研究的必由之路。蔡先对科技成果必须产业化的思路是一贯的，我走进功能涂料研发这个领域与潘容华先生有直接的关系，但蔡先在其中起到了"催化剂"的作用。大概是1998年，许元泽教授拟与厦门的一家涂料企业合作，那时许老师还在美国，蔡先叫我陪他一起去看企业。他希望通过实地考察，对这家企业开展产学合作所具备的条件、真实意图做出判断。清晰记得，那天是企业派车来接的，我还带了一台单反相机，但是始终没有派上用场。回来后，我问蔡先："您为何不愿意照相？"蔡先告诉我，在正式的合作开始之前，他不希望有人拿着与他的合影去做宣传，这种严谨的作风让我有所思考并感悟，在产学合作中一定要注重实效。

我经常在思考，蔡先持续创新的源泉在哪里？2016年10月20日，他的追思会在厦门大学化学化工学院报告厅举行，人们对蔡先的低调、谦逊、大局观念、奖掖后人等高贵品德做了很多的回顾与缅怀。"活到老学到老"，时刻关注学科国际发展的前沿，以其丰富的阅历，洞察事物发展的本质，倡导学科交叉，达到"融会贯通"的境界，这或许就是蔡先"探赜索隐老而弥笃，立志创新志且益坚"的精神源泉。

内敛和真诚，风范记心间

1986年11月，厦门大学纪念卢嘉锡、蔡启瑞两位教授从事化学50周年，发行了一个"首日封"，这个信封我相信很多人都有。但是，有卢先、蔡先联合签名的首日封一定稀有！卢先的签名，我是通过他的秘书蔡良机先生帮我请到的；而蔡先的签名是我自己找他签的。我不是集邮爱好者，就像现在的年轻的"追星族"，我们那个年代追逐的是科学家之星。那是一个上午的后半段，当时厦大化学报告厅的楼下是化学系的文献资料库和阅览室，蔡先在看文献，我也在看文献。这样的机会已经出现多次，都因为我的胆怯而失去。这回我鼓足了勇气，上前询问蔡先能否为我签个名，没想到这么顺利，蔡先答应了，拿起信封，看了看，就在卢先签字的后面，工工整整地签下了名字，连字号的大小都没有超过卢先的签字。当时只顾得高兴，没有多想。今天，当我回看这个首日封和签字，感慨万千，让我有很多的思考。同事之间的谦让、尊重，这是蔡先的一贯风格，也是厦大化学这个群体始终保持一种凝聚力，其创新能力持续长久不衰的根本。

卢嘉锡、蔡启瑞在纪念他们两位从事化学科学研究和教学五十周年"首日封"上签名

一天在化学楼前遇到蔡先，我上前问候。蔡先突然问我："洽水先近来怎么样？"我甚是吃惊（戴洽水是我的父亲，蔡先用这样的称呼，出乎我的意料）。我回答："他和我母亲现在都在厦门，还好。"蔡先又说："你父亲是我的学生。"我更吃惊了，甚至"语无伦次"地说："我只听说他是卢先的学生，并没听说是您的学生啊。"我父亲1952年考取厦门大学化学系物理化学专业，毕业后又考取了卢嘉锡先生的研究生，那时学习苏联，叫作"副博士研究生"。蔡先解释说，1956年在招收我父亲做研究生之后，卢先有一段比较长的时间不在厦大，就委托他代为指导。从此，我才知道父亲有两位伟大的老师。

1999年春夏之交，我正在准备着博士论文答辩。一天到敬贤七4楼拜访蔡先，谈起博士论文答辩。蔡先说："你论文写好之后要拿给我看看。"我没有领会到老先生的意思，等到博士论文答辩之后，再次修改了论文（我认为这样才算"写好"）才把它呈给蔡先。老先生显然不高兴了，说："答辩完了你还拿给我干什么？"这是老先生第一次用这么严肃的口吻批评我，我羞愧难当又有点不知所措，不知错在哪儿引得老先生不高兴。后来在聊天中，我才领会到，老先生不仅有帮我修改论文的想法，还有参加我博士论文答辩会的打算。可惜啊！我错失了一次绝好的得到蔡先指导的机会。

2000年9月我欧洲进修之后回国，去看望蔡先。那是一个午后，家里的阿姨开的门，老太太始终如前一次那样，坐在进门左边的一张椅子上。我带了一小盒法国饼干，阿姨沏茶并拿出自己刚做的蛋糕请我吃，老先生冒出一句，大意是：李宗吃过法国的"Dessert"，家里做的蛋糕太粗糙。重要的不是蔡先说了什么，而是话到此时，蔡先的脸上居然还流露出一丝丝"不好意思"的神态。吃惊之余，让我这个后生感受到一种大气与内敛后面，是大师对人的真诚。

曾经有一篇回忆蔡先的文章，原意应该是想表达老先生在衣着上并不刻意追求，却不慎用了"不修边幅"这个词。我完全不能"苟同"。瘦高的身形，西装领带，微风下的飘逸……在我的观察中，老先生穿西装的"范"，那是厦大第一！现在很多人都在追求"时尚"，据说把手表带在右手腕上是一种"时尚"。有一张很著名的照片，就是20世纪80年代初蔡先与邓小平同志在厦大上弦场建南大礼堂前握手的照片，请大家注意：老先生的手表就带在右手腕上，据考证那是一块以低调优雅著称的瑞士手表"Mido"，因此引领了"时尚"？绝不是。我理解的"时尚"，是一种生活态度，一种经历过"大世面"之后的积淀，在行为、穿着上的自然流露，一种"雍容"与"大雅"。不是"作"出来的，也不是"做"出来的。老先生的出身并不富贵，但他的经历与修养成就了这样的"大家风范"。

2015年春天，蔡俊修、郭启宗两位教授联合签名，送给我一本由他们参与撰写的《蔡启瑞传》（中国科学技术出版社出版，2015年1月第一版）。我在第一时间通读了这本中国科学院院士传记，"探赜索隐 止于至善"，让我更全面了解并进一步走近了这位世纪老人。这本书中给我留下了深刻印象且最有"可读性"的是蔡先在美国期间的几封书信，文字朴实真挚，内容丰富深邃，其中对人才的培养和"引进"之重视，一点也不逊于今天；最具"传奇色彩"的是蔡先读博期间与他的导师之一纽曼教授合作的研究成果，30年之后发表于国际重要期刊 *Journal of Organic Chemistry*，这个故事让我们感受到了科学的温度，更感动于科学家之间那种跨越国界、地域、种族、信仰、时间与空间的真挚情感与惺惺相惜。

近年来也读了不少关于老先生的文章，都写得很好，宣扬了科学、求实、谦逊、追求真理的精神。今天我想从另一个角度来谈谈我记忆中的蔡先，以及在我与蔡先交往过程中的感受、思考与成长。或许我的视角并不那么"正统"，站位也没有那么高，但这是一个普通人的真实感受与想法，更何况蔡先说自己就是一个普通人，虽然在我们看来是一个可以"大写"的普通人。

作者简介：

戴李宗，男，博士，厦门大学特聘教授、博士生导师、教学名师，福建省杰出科技人才、"宝钢优秀教师奖"获得者。现为厦门大学材料学院副院长，福建省（厦门市）防火阻燃材料重点实验室主任、福建省固体表面涂层材料技术开发基地主任，国家消防标准技术委员会（防火涂料）委员，福建省阻燃与防火材料技术重大研发平台首席科学家，福建省企业技术创新促进会副理事长；获福建省科技进步奖一等奖三项、厦门市科技重大贡献奖。

缅怀感恩蔡先生的培养和关怀 ①

沈雁飞

　　谢谢学院领导给我机会在此表达我对蔡先生的缅怀与感恩。

　　我是化学系78级本科生，本科第四年慕名蔡先生选择催化专业，毕业后考上催化硕士生和博士生。作为蔡先生的学生，过去30多年来我有幸多次受到先生的关怀，近距离聆听先生的教导，在多种场合学习老先生待人处世的风范。在此，我分享一些亲身经历以及至今仍记忆犹新的与蔡先生在一起的点点滴滴，以表缅怀之情。

　　大约在1984年，我参与接待美国西北大学一位著名催化教授访问厦大。这位教授在与蔡先生谈到台湾时，说了一句话，大意是"Maybe Taiwan is a part of China"，蔡先生不假思索地即刻回答说"Of course，Taiwan is a part of China"。当时，我对他们谈的学术内容不全懂，但这两句话我听懂了。我听后立即对蔡先生充满崇敬之情。这说明老先生在关系国家大是大非问题上的明确、严正立场。

　　1989年，我在比利时新鲁汶大学Delmon教授的实验室做博士后研究。其间，蔡先生应邀访问该实验室，Delmon教授把蔡先生安排在很好的旅馆居住。但蔡先生住了两三天后，提出要来与我同住。他因此与我在学校公寓住了几天，我有机会近距离感受到先生的平易近人和对中国科学发展的高度热情。先生70多岁了，把访问行程排得满满的——做学术报告，了解该实验室研究

---

① 此文为作者在蔡先生追思会上的发言。

1989年，蔡启瑞先生（右）访问比利时 Delmon 教授研究组时，与作者沈雁飞在作者住的公寓前合影

课题，与留学生交谈合影，还与我坐火车当天来回到荷兰的Delft技术大学访问。我因此感受到先生了解国外科研动态、与海外学者交流的迫切心愿以及对海外年轻人的关怀之情。

1993年，我在美国康州大学Suib教授的实验室做博士后研究，合成了氧化锰八面体分子筛，并在 Science 期刊以第一作者发表了文章。我写信告知蔡先生，先生非常高兴。不久，我回国探亲，蔡先生请我和太太吃饭，还提前到校门口等待我们，让我们非常感动。

老先生对我的关怀还有许许多多。例如，2002年，受蔡先生感召，我与太太考虑回母校。蔡先生亲自把我太太安排在MEMS中心工作；2008年左右，老先生亲自打电话到美国，鼓励我申请学校的有关职位；2009年，我们去蔡先生家里看望先生，先生提议我在化院做个报告，并亲自打电话到院里做安排。我做报告时，97岁的老先生拄着拐杖，自己从家里走到化院报告厅，坐着听我的汇报。第二天，蔡先生还打电话给我鼓励。逢年过节时，蔡先生还多次打电话到我岳母家，询问我们的情况，如此等等，一言难尽。

蔡先生不仅在学术上和培养年轻人上倾注了心血，在国家发展战略上也有很多思考。在多年前某次拜访中，老先生还与我谈起了有关大化工的发展战略，有关海西发展的远景，有关未来福建交通建设将给福建贸易带来的很好的发展前景，还提到这些会给我父亲的运输贸易带来机会。我再次感受到老先生对我的关爱与深情。

以上只是一些与先生交往过程中的点滴记忆。从这些记忆中，我感受到大师孜孜不倦地为发展催化专业、发展中国科学教育、培养人才呕心沥血的情怀。我至今想起蔡先生对我的垂爱和对科学的奉献，心里暖暖的，鼻子酸酸的，也因未能报恩感到愧疚。

借此机会，我感恩老先生和母校对我的培养，

1994年，蔡启瑞先生（右）在厦门大学招待所宴请回国探亲的沈雁飞

教育我学到扎实的基础知识，踏实做事、诚实做人的处世之道，教育我"自强不息，止于至善"的母校精神；感恩先生和母校的教导，教育我爱国、敬业，使我在海外不敢忘记自己作为中国人的身份以及对工作的本分努力；感恩先生给我树立的大师、大儒的高大形象，鞭策我不断学习，加强品质修为。

最后，让我们一起继承蔡先生的大师风范、高尚品德、学术思想、前瞻性思维，让蔡先生的精神促进母校、母系以及我们个人更上一层楼。

谢谢大家！

作者简介：

沈雁飞，男，1982年、1984年和1988年厦大催化本科、硕士和博士毕业，师从蔡先生和黄开辉老师。1989—1994年先后在比利时新鲁汶大学Delmon教授的实验室和美国康州大学Suib教授的实验室从事催化剂材料的博士后研究；1994—2011年先后在美国波士顿市的吉列公司和辛辛那提市的宝洁公司，从事材料化学、非处方药物的研发与技术管理；2011年至今在美国康州的金霸王公司，任主任科学家，从事电池材料的研发和技术管理。

淡泊名利，大师风范①

——回忆蔡启瑞教授

陈　健

2013年11月深秋，接到母校厦大化院书记电话，邀请我回化学系，参加蔡启瑞教授百岁生日纪念活动，如有可能，要我写一篇有关蔡启瑞教授的文章。我现在在工业界，实在太忙，但提起了蔡启瑞教授，我无法拒绝。

这个电话，把我拉回记忆深处，那是遥远的三十几年前的事了。还记得做大学毕业论文，被分配在蔡教授的"化学模拟生物固氮"课题组，后又在催化教研室，和他共事了整整10年，直到1990年出国留学。

蔡启瑞教授的精彩教学科研生涯，就像他百岁人生一样，实在丰富多彩，无法一一道来，只能就我的记忆，说说20世纪80年代和他共事时印象深刻、至今历历在目的一些事。

在系里，大家都叫蔡启瑞教授"蔡先（生）"，很是亲切。他非常慈祥，学识罕见地渊博。他的院士头衔，不足以说明他的才华和贡献；他无数的高水平研究成果，其一二就可让今天的科技人员申请院士。蔡先说话，带着厚重的闽南腔，时不时脱口蹦出英文单词，语速要你仿佛跑着才能跟上；他瘦瘦高高，一米八几的个头，就像他的学识，高高在上；一头白多于黑的头发，瘦削坚毅的脸庞，不苟言笑，常常带着淡淡的忧伤；平常的装束，朴素无华，寡言沉思，是最常见的表情，让人感觉老人历尽了太多人世间的沧桑。

想让蔡先说话，就和他谈学术，无论何时何地，无论是大一新生，还是

---

① 此文写于 2013 年 11 月 17 日。

教师，只要有机会向他求教，他都没有一点架子，一视同仁，一反平时的沉默，两眼放光，滔滔不绝；只要是化学，无论是无机还是有机，分析还是物化，物构还是催化，简单的到大一基础理论，复杂的到各种结构模型，他都毫不嫌弃，一一给你道来；对化学基础知识掌握得炉火纯青，信手拈来，积几十年应用知识解决问题的功力，一个看不见摸不着、让人百思不得其解的化学难题，到他这就立刻迎刃而解，豁然开朗，让我们这些刚从学校毕业参加工作的毛头小伙无不佩服得五体投地。

跟蔡先交流，胜读十年书。记得做毕业论文时，在蔡先的固氮课题组，我参与钼铁硫原子簇的定量化学分析。有一段时间，由于样品中盐酸带来的氯离子对钼的比色分析有干扰，分析程序要求将样品在电炉上先尽可能地烤干，只剩一点溶液（不能彻底烤干），挥发掉盐酸，以去除氯离子的干扰，可钼的分析结果还是不稳定，一直不尽如人意。蔡先来到实验室，看了我从头到尾的分析操作，对我说，像在电炉上加热蒸发盐酸，去除氯离子，是无法彻底除尽的，因为盐酸会和水形成共沸物，到共沸点时，和水等量蒸发，如果样品还是液体，就有氯离子存在。另外，还要注意实验现象，在样品烤干过程中，盐酸是否会凝结在烧杯温度低的杯口处，干扰钼的分析结果。

此事过去30多年了，时至今日，还历历在目。蔡先不仅是在解决科研中的一个问题，重要的是，他在教会年轻人，懂得基础知识以及细心观察实验现象的重要性。蔡先曾对我说，古人"熟读唐诗三百首，不会吟诗也会吟"，化学基础课至少每四年复习一遍，更重要的是学会应用知识，要多参与和深入科研实践。

蔡先对培养年轻人不遗余力，毫无保留，总是希望青出于蓝而胜于蓝。那时在催化教研室，我从事和他关系不大的新兴的光催化研究工作。根据传统催化定义，催化剂只能加速 $\Delta G<0$ 的化学反应速率，而在光催化剂表面，可以让 $\Delta G>0$ 的水分解产生氢气和氧气等的非自发反应进行，那么该如何定义和传统催化相矛盾的光催化呢？蔡先很高兴我们年轻人能够提出这样未解决的问题，他很谦虚地对我们说，他没有深入研究光催化，无法给出具体解

2000年9月，作者（左）拜会蔡启瑞先生

释，希望我们自己去找出本质，不要受前人和框框条条限制，去研究理解，并解释它。

在蔡先的催化教研室待久了，学的许多催化理论都是由他完善发展的，像络合配位催化理论，也尝试能否应用在其他地方，如光催化领域。当时，光催化应用于废水处理，氧化污水中各种有机化合物，其氧化机理，在文献报道中全部是（羟基）自由基机理，即认为水中大量的羟基吸附在光催化剂表面，被表面空穴氧化成羟基自由基，然后脱附进入溶液，再氧化有机物。一些顺磁实验报道，证实溶液中自由基的存在。我们认为，光催化剂表面络合吸附有机物，直接在光催化剂表面氧化也是不可忽视的机理过程。当时，我们写了一篇文章，首次提出光催化的表面吸附氧化机理，作为国际会议论文发表。这篇文章我拿去给蔡先审查，提出了我的担忧，没想到蔡先非常支持，他鼓励我说："如果你认为你提出的机理是符合化学原理的，逻辑上是合理的，你完全可以在任何场合和任何教授讨论争辩。"蔡先的"只唯真理，不唯权威"的学术态度，是对年轻科研工作者最大的教导和激励。事实也是这样，这几年的光催化氧化机理阐述报道，基本认可自由基氧化和表面吸附氧化两大机理历程并存。

学富五车，腹藏化学乾坤的蔡先，秉承中国书生许多的优良传统，为人清廉，两袖清风。十一届三中全会后，改革开放初期阶段，社会上已出现许多万元户、十万元户，但高校还是清水衙门，平均每月一两百块工资，蔡先的工资已是化学系最高，也只300多元。当时，我系教师工资表有时会贴在系里的宣传栏上，我的一位在私企工作的朋友来看了后说，我们系的最高工资还不如他们公司看大门的多。这件事对我触动相当大，可在蔡先面前，他常说，做学术研究就要耐得住寂寞，如果要挣钱，就不要待在高校。他就是这样，从不计较报酬，一个人从早到晚，沉浸在那只有他理解的、奥妙无穷的学术世界里。那时，教研室每星期六下午组织政治学习，你可看到在开会现场的他，还是那样忘我地投入，若有所思，仿佛这个环境，这个喧嚣浮躁的社会，与他无关。他的表率作用，就这样日复一日，潜移默化地影响了一代又一代的知识分子。

蔡先忧国忧民，拳拳赤子之心，时常流露出来。1990年，我出国读博士前，去向他告别。他问我要去多久，我顺口说，跟他一样，10年。他却着急地说，他当时身不由己，回不来，才去了10年，希望我学成就能立即回国，国家有太多的事需要我们去做。我辜负了他的期望，在国外待了10年。回国初期几年，虽已不再在母校工作了，我每年都会去拜访他，他也很高兴。跟他谈话，只有学术的话题，对我现在从事的废水废气环保治理都能提出许多深刻的见解和建议。我很幸运，能有蔡先这样的良师益友，能和他一道工作这么多年。我虽不是他直接的学生，但他给我的指导和教诲，已深深地教育了我，影响了我，使我受用一生。

谦虚谨慎，有名利就让，有责任就上，忧国忧民，是蔡先最为令人钦佩的境界，这也是我们常人难以企及的。20世纪80年代，他带领厦大催化教研室，勇于承担国家各种亟须解决的重大科研项目——化学模拟生物固氮、氨合成机理、碳一化学，还有其他各种催化剂制备和机理研究项目，整个教研室热火朝天。他对国内催化学术研究和行业的建立，对各种催化反应理论的阐述及贡献，在这个世界上，也极少有人能够企及。

　　但是，与蔡先对国家催化事业所做的贡献相比，他所获得的荣誉和回报很少，这和他对人谦虚谨慎、淡泊名利、低调做人、平淡是真的做人品德有关。他本能地拒绝一切名利、地位，拒绝、远离一切社会上的"拉关系""走后门"的各种风气，对学科发展、学术交流需要的、正常的人际交流方法和技巧，他也不太熟悉，只用本能和学术成果说话，这多少会影响到他的学生和团队的发展。也正是这样，蔡先为我们树立了一个学术之人理应如何做人做事的光辉榜样。

　　学富五车，硕果累累，勇于担当，提携后进，谦虚谨慎，淡泊名利，低调做人，两袖清风，这就是我心中的蔡启瑞教授，这是真正的"为师之道""大师之道"。他是如此的高大，令人景仰，在今天这个浮躁、功利的社会，蔡先似乎显得格格不入，但是，正因为这样，我们太需要像蔡启瑞这样的知识分子楷模。我们呼唤蔡启瑞，希望我们的高校多些蔡启瑞。

　　蔡启瑞教授是我国催化化学学科的开拓先驱，这样的老前辈大多已经不在人世了，我们化学系人能在此庆祝他的百岁生日，实属系之盛事，实属厦大之幸，实属国家之福；人在做，天在看，这也是上天眷顾他的原因吧，让他长命百岁。

　　衷心祝福我们的蔡启瑞教授，百岁生日快乐，健康长寿！

作者简介：

　　陈健，男，福建新大陆环保科技有限公司董事长、总经理、总工程师，从事物理化学与催化技术在污废处理中的应用研究。原厦大化学系蔡先生课题组成员，催化教研室同事，与蔡先共事10年，后出国留学荷兰、美国、加拿大10年，获荷兰瓦赫林根大学博士学位。2000年回国创业，成立新大陆环保公司。

琐忆蔡启瑞先生二三事

王 炜

蔡启瑞先生是国际著名的化学家、中国科学院院士、我国物理化学催化学科的主要奠基人之一。20世纪50年代他留美获得博士学位后，毅然冲破美方羁绊回国，是我国老一辈知识分子的杰出楷模。29年前我考入厦大，就读于蔡先生门下，读研三年以及后来的接触中，蔡先生的睿智与认真、谦虚与严谨、乐观与淡泊给我留下了深刻的印象。

1990年春的某天，蔡先生到实验室查看我的一份实验报告，看完后他就判断，你这个实验结果可能是个科学发明，深入下去就可以申请国家发明专利。后来我经过多次重复试验，基本验证了蔡先生的意见，确实是属于首创性的工作。叹服蔡先生在自己学术领域的知识确实广博和深邃！5个月后，我申请了国家发明专利，1992年获得了国家发明专利授权。这个发明是我在蔡先生指导下完成的，但是他坚决不同意在发明专利上联合署名。后来，这个实验研究论文分别在《分子催化》《厦门大学学报》和"第四届亚洲化学大会"上发表。在论文的成稿过程中，蔡先生亲自修改了四次，甚至细致到标点符号的更正。

另有一件事也能充分反映蔡先生的严谨风格。毕业论文答辩时，按理导师只是简单介绍一下学生和论文的基本情况即可。蔡先生已经是德高望重的老学部委员了，可他还是非常认真地向在场的老师和同学们介绍了自己是如何指导毕业论文的，包括自己对该论文的认识和体会，同时也非常周详地回答了其他教授的提问，犹如在学生答辩前，导师先进行了一场是否尽职指导

2006年，1988级校友王炜（左）返校并参加卢嘉锡楼竣工典礼时，与蔡启瑞合影

的答辩。这个环节，我想如今在硕士博士论文的答辩中大概没有了吧。学生论文答辩时，蔡先生挑了会议室边上的一个座位，非常认真地记着笔记。回看当年我答辩时蔡先生头发花白的背影照片，我仍能被他的言行深深感动。

2010年4月世博会前夕，我去看望蔡先生，先生提及想到上海去看看世博会。但我虑及蔡先生已近百岁，长途旅行确实不便，灵机一动，建议先生有时间可在网上参观世博会。蔡先生随即走向电脑，熟练地查询起世博会信息。看此情景，我想，蔡先生能保持这么好的身体状态，与他平和善良的心态是不可分的吧。

尽管我毕业一年后下海经商，致力于科技成果的转化，不再从事科学研究工作，但是蔡先生的认真细致的科学精神、为人处事的平和心态始终影响着我、砥砺着我，让我在商海拼搏中仍然保持着努力工作的进取精神和与人为善的健康心态。

作者简介：

王炜，男，博士，蔡启瑞院士的学生，高工，上海水资源保护基金会副秘书长兼专家委员会副主任委员。创立并注资万惠霖奖学金，注资蔡启瑞、卢嘉锡与傅鹰奖学金，发起并参与注资浦江致远奖学金。获上海市质量个人金奖、上海市劳动模范，中共上海市第十次党代会代表。

严谨求实的"蔡启瑞精神"

赖伍江

由于师生与工作关系，本人接触过多位老科学家。一位是卢嘉锡先生，结构化学家，他从海外回来，对国家贡献很大，是大家公认的。一位是吉林大学的唐敖庆先生，理论化学奠基人，留美时是哥伦比亚大学的中国海外学生会长，也非常爱国。还有蔡启瑞先生，物理化学家，留美10年后，1956年也回到祖国。

蔡先生回来时，陈国珍先生到广州接他，然后到北京等地参观。当时一些著名研究所均欲聘请蔡先生。然而陈国珍先生有把握地说，蔡先生很热爱母校，对学校创办人陈嘉庚先生感情深厚，出国前得到萨本栋校长的器重，跟卢先生的关系也非同寻常，故一定会回母校厦大任教。此话果然应验。

蔡先生有较长的海外经历，当时我国受到外国歧视，对此他感受很深。我认识蔡先生时，他还不是共产党员，但正在申请中。当时厦大的党政领导张玉麟、未力工，以及随后的校军宣队祝永业主任、校党委曾鸣书记都知道蔡先生的入党请求，系总支刘正坤、林仲柔、王火书记等当然更了解。这些领导均表示应关心蔡先生的入党问题。所以，我认为蔡先生是非常热爱祖国、热爱母校、热爱党的。他除了全力以赴从事业务，平常还很关心国家大事。与此同时，国家和党对蔡先生也百般关心。回到母校后，当时的校党委、校领导、系总支、系领导等对他都很关照，使他的业务专长得到充分发挥，应该讲，他的成就离不开党对他的支持。

大概是1970年，我担任化学系副主任，上任不久就跟随蔡先生到大庆参观。当时的厦大刚从原教育部管辖调整为省管，仅留化学系催化和电化专业分别划归燃化部和四机部统领，燃化部要求我们的办学方向要从综合性理科大学转移到以应用为主，为此让我们参观了大型的工业企业。这次参观由系军宣队负责人老纪带队，催化教研组去了六七个人，第一站到大庆。20世纪中叶，由于石油资源匮乏，我国制定了以乙炔为基础的基本有机合成和"三大合成"发展战略。在这个合成战略中，苯、苯乙烯、丁二烯的制取被摆放在突出的位置，有了它们，就可以进一步合成出若干品种的橡胶和塑料。然而原有制备工艺所用催化剂大多含有剧毒组分，一线生产人员革新意愿强烈。当时厦大催化团队接受的任务是以乙炔为基础的基本合成，以及解决合成橡胶中单体生产的关键技术，兼开展络合催化等基础理论的研究，即国家重点科学研究项目第29项（简称"国重29"）。所以，我们已经具有了按照国情、服从国家和省市需要，开展教学和科研的经验，参观了大庆油田和大庆石化厂后，得到的深刻印象和启发是，应该重视我国的合成工业已经转轨到以石油为中心的新动向。从此我校催化专业发生了大的转折，派生出乙苯脱氢、乙烯聚合等石油化工课题。紧接着即在原生物系亚热带植物园兴建了校办化工厂，生产乙炔水合制乙醛氧化锌和乙苯脱氢催化剂，满足国内相关石化厂的需要。也就在这次的东北和北京之行中，我结识了北京石科院闵恩泽总工程师，他是蔡先生在俄亥俄州立大学的校友，彼此关系很好，他充分肯定了蔡先生的业务和英语水平。闵恩泽先生也成了后来我们经常打交道的著名石油化工专家。

谈谈关于"文化大革命"前教育部委办的两个讨论班。当时教育部先确定举办两个讨论班，第一个是1963—1965年唐敖庆主持的"物质结构讨论班"，招收了全国该专业的骨干邓从豪、孙家钟、张乾二等8位副教授为该班正式成员，我与南大、物构所等3位旁听老师参加该班学习，所以我对讨论班情况有所了解。该讨论班办得很成功，历时两年，第一年授课，第二年专攻"配位场理论"研究，日后该项目获国家自然科学奖一等奖。第二个是1965—1966年由蔡先生主持的"催化讨论班"，从中看出教育部对蔡先生的重视。该班骨干学员有郑作光、丁莹如、肖漳龄等。厦门大学"催化讨论班"也办得有声有色，除了蔡先生亲自授课外，还邀请卢嘉锡、谢希德、邹承鲁等名家系统讲课。一年后科研成果也开始呈现，研发的铌氧化物催化剂活性稳定，选择性好，产品纯度高，并在厦门第三化工厂成功进行了年产超纯苯100 t的小型生产试验，成为首创的乙炔三聚成超纯苯自主创新催化剂，于《中国科学》（A辑，1973，16（4）：373-388）发表了《过渡金属化合物催化剂络合活化催化作用（Ⅰ）——负载型氧化铬和氧化铌催化剂的研究与炔类环聚芳构化催化反应机理》。在人才培养上，从该班同样走出了多位全国知名的催化专家学者。应该指出，如果不是途中遇到"文化大革命"，该讨论班还会结出更丰硕的成果。

20世纪70年代初，周恩来总理提出"应加强基础理论研究"的号召，得到科学院生物学部的积极响应。该部副主任过兴先教授确立了生物固氮的基础研究课题，探明生物固氮机理，对自然界肥料来源和人工如何合成肥料具有重大意义。1972年生物学部在长春主办了固氮学术会议，请唐敖庆主持，希望唐先生能够从化学键的角度协助解决模拟固氮酶固氮的科学难题。会上唐先生作了"氮分子活化"的学术报告，阐述了固氮酶怎样把自然界数量大又异常稳定的氮分子固定下来并转化成氨。当我得知有这个会议，因我是唐先生的学生，就给他写信，希望与会，结果如了愿。由于开展固氮酶的研究对我校催化学科的重要性，遂向主持人转达了蔡启瑞先生对该会议的兴趣。唐先生说："很好，正想请蔡先生一起参加。"随后，蔡先生和卢嘉锡先生都受到邀请。

接到通知后，蔡先生立即赶赴长春。当时从厦门乘火车到长春需要5天时间，为及时赴会，他到鹰潭后，不等候有软卧的火车即转硬座车北上，不辞劳苦赶到长春。卢先生接到通知时还未完全从"文化大革命"中"解放"出来，相关的邀请让他提前结束审查。唐先生主持的这个固氮会，有了卢、蔡两位先生的参加，阵容变得强大。

会后确定了各自的项目，科学院开始拨款，解决了当时基础理论课题缺乏经费的困难。此外，原本的固氮会议，易名为"化学模拟生物固氮会"，把原仅有的生物固氮，增加了模拟生物固氮的内容，力求把这个奇特的催化剂合成出来。可想而知，这是一个十分艰难的任务。这就是三位"大家"，即理论化学家、结构化学家和催化化学家联袂围攻化学模拟生物固氮的故事。此外，生物领域也有几位重量级科学家，加上化工界和产业界的名家，组成了该项目的超豪华研究团队。

从1972年开始，之后每年或每两年开一次会。1973年的会在厦大召开，会上唐先生做了"化学键本质"的报告，阐明氮的三重键是怎么被活化的。蔡先生的报告提出固氮酶固氮的二钼一铁三中心的活性模型，后来叫"厦门模型"。卢先生则提出了固氮酶的一钼三铁三硫共七中心原子簇模型，又叫"网兜模型"或"福州模型"。经过后来的多次修正，"厦门模型"和"福州模型"分别演化为大同小异的骈联双座活口（共角）双立方烷型原子簇结构模型［见《固氨酶活性中心模型的演进和酶催化机理》，厦门大学学报（自然科学版），1979, 18（2）：30-44］和孪合双网兜型原子簇结构模型。

科学院生物学部过兴先教授对化学家参加生物固氮研究的印象深刻，他说："唐、卢、蔡的报告很形象；有理论、有计算、有结构、有催化，让生物专业的人很感兴趣，并认为对生物固氮中电子的传递路径，以及氮分子的活化机制的描述清晰，容易接受。"三位"大师"相辅相成，共同把化学模拟生物固氮的研究推向新的高度，也得到了充分的肯定。

1977年10月由科学院主办、教育部等承办的科技大会，是国家自然科学发展规划的会议，对我们学校、化学系均很重要，蔡先生和谢白秋副校长是正式代表，田先生、张先生、我与外系等7位老师列席了会议。大会分成许多专业组讨论发展规划，唐敖庆先生是化学大组组长，物理化学分组组长是卢先生。10月24日，邓小平等党与国家领导人在人民大会堂接见了与会代表并合影。

这个会的主要任务是编制规划，落实项目。可以想象，各个学校对此都很重视，中科院系统也是如此。当时唐敖庆组长让我当了他的临时助手，做具体工作［会后1983年教育部成立了编制十五年（1986—2000年）科技发展规划"教育部化学规划组"，本人受聘为教育部化学规划组成员之一，唐先生为组长］。为落实规划和项目，唐先生召开各校代表会议，会上我如实汇报："厦门大学的催化、电化、结构化学基础雄厚，正在开展的'化学模拟生物固氮研究'课题规模大，石油化工催化的研发也上了轨道，请求列入规划中相关的项目、人员编制及相应的经费等。"会前我已向蔡先生汇报了我们希望立项的要求，蔡先生的意见是："我们的工作如实上报，不要扩大，也不必缩小。"凭借着这样的原则和事实，争取到了相关的项目和教育部的支持。

评选的结果是：吉林大学立项了理论化学研究所，从事化学键理论研究；我们学校立项了物理化学研究所；南京大学的无机络合物研究所榜上有名；北京大学也入选。遗憾的是，还有许多重点大学无法列入规划项目。拥有90个研究人员编制的我校物理化学研究所和19 000平方米的化学大楼就是在这样的背景下立项和兴建的。

有了研究人员与实验场地之后，我们又为配套的科研仪器设备和人员培养所需经费忙碌起来，当时教育部正要求各个大学上报一个优势项目，向联合国教科文组织申请列入其援助项目。经教育部摸底，我校催化学科入围。

蔡启瑞（前排右二）和同事们在春游活动中。前排右三是作者赖伍江

在教育部有关领导带领下，南开大学陈茹玉先生和我们参与了联合国教科文组织主持的农药和催化科学与固氮研究的答辩会，并分别答复专家提出问题。会后，第一批入选联合国开发署援助的项目分别为南开大学陈茹玉院士的农药研究及我校蔡启瑞院士的催化科学与固氮研究。

为此，蔡先生亲自开列了催化科学与固氮研究所需的顺磁、核磁、红外、色谱、原子吸收（光谱）等仪器设备，以及电脑等办公用品，再选派10位研究人员出国深造一年，并另组团赴美考察相关科研和教育。联合国开发署总共为本项目提供援助经费40万美元。

出国培训的10位人员中，有万惠霖、廖远琰、丁马太、张藩贤等老师，还选拔了数学、生物、物理等系若干有关教师。考察组由团长蔡先生等5人组成，本人负责具体工作。第一站为日本，第二站为美国。我们1981年初启程，到达旧金山时由李远哲教授接待，每一站都是访问有关的著名科学家，一共40天，参观访问了大概12个单位，在美国32天。蔡先生把考察计划定得非常详细，每一站到什么地方，考察什么，都事先周密安排，不许走马观花，更不同意游山玩水。经费也控制得很紧，剩余的部分购买科研急需的计算机、复印机和照相机各一台。

1981年，以蔡启瑞（右三）为首的厦门大学考察团一行访问日本和美国。右一是作者赖伍江

1993年，蔡启瑞（左二）、中科院福建物质结构所卢嘉锡（左三）等在国际纯粹与应用化学联合会第34届学术大会上合影。左一是作者赖伍江

归来后完成的考察报告，体现了蔡启瑞先生一贯的学术思想，即理论与实际结合，近、中、远期结合，其中煤化工、石油化工是近、中期目标，固氮则是远期任务；还要集中力量打歼灭战，例如乙炔水合催化剂的研发等，就是打歼灭战的结果。

跟随蔡启瑞先生从固氮研究到科技大会以及物理化学所的组建，再到接受联合国资助和出国考察，前后历时10多年，是我收获甚丰、终生不忘的时光，让我近距离地感受了蔡启瑞先生严谨求实的风格。

真诚祝愿他老人家长寿健康！

作者简介：

赖伍江，男，厦门大学化学系教授。1961—1965年就读于吉林大学唐敖庆先生主持的量子化学研究生班和"物质结构讨论班"。 1966年回厦大化学系任教，并在蔡先生主持的"催化讨论班"中担负他与学员间业务联系工作。在蔡先生团队中从事量子化学在催化和固氮中应用的研究。曾任化学系副主任与物理化学研究所副所长。1983年被教育部聘请为编制十五年（1986—2000年）科技发展规划"教育部化学规划组"成员。曾受聘于加拿大滑铁卢大学，开展物质结构的合作研究。是世界理论有机化学家协会会员。

我的恩师蔡启瑞教授

陈德安

有关蔡启瑞教授的生平事迹，已有不少报道，如《记厦门大学教授、著名化学家蔡启瑞院士》(《中国教育报》2008年9月25日第4版)、百度百科编的名片"蔡启瑞"，以及《祝贺蔡启瑞教授从事化学工作五十年》(《卢嘉锡、蔡启瑞教授从事化学工作五十年纪念册》，厦门大学化学系催化教研室编)等。这些报道比较全面地介绍了蔡启瑞教授的生平事迹。我有幸在厦门大学化学系读书，1957年大学毕业后考研成为蔡启瑞教授的第一个研究生，研究生毕业后又在蔡教授指导下从事科研和教学一直到退休，相处至今已有50多年了。因此我想以我的亲身所见、所闻所悉，谈谈他的一些工作生活中或许不大为人所知的事，有些可能是细末枝节，但可以见微知著。

胸怀坦荡　要求降级

1956年夏天，蔡先生从美国归来，在厦大任教，学校聘他为二级教授。那一年，我是厦大化学系三年级的学生。有一天，我在厦大群贤楼楼下大厅的墙壁上看到一张用白纸书写的自动要求降级的告示，写告示的人是蔡先生。告示的大意是说他刚回到厦大，尚未做出什么成绩，学校就给他二级教授的待遇，而当时在化学系任系主任兼厦大校长助理的陈国珍先生才三级教授，蔡先生自己觉得有点不敢当，因此自动要求降级。蔡先生的这种坦荡的胸怀和谦逊的态度令人敬仰，也给我留下了很深的印象。

陈国珍先生，厦门人，1938年毕业于厦大化学系，1948年到英国伦敦大

1986年，蔡启瑞（左）与作者陈德安（中）参观上海宝钢

学留学，1951年获伦敦大学博士，即返回厦大工作，担任上述要职。1962年调到北京，任二机部生产局总工程师，兼任原子能研究所分析研究室主任，负责核武器生产所用的各种核燃料产品的质量控制分析。

蔡先生要求降级的事，学校不但不议，不久反而把他升为一级教授（1978年）。

国家需要　立即转行

蔡先生在美国主要是研究晶体结构，当时他对铯氧化物晶体结构的理论和应用研究已取得重要进展，但他回国后受到当时全国"大跃进"气氛的感染，觉得国家经济的发展，特别是有机化学工业和石油化工的发展对催化更需要，因此就毅然"转行"搞催化。1957年他就在厦大化学系创建了全国最早的催化教研室（主要搞教学），扩大招收催化专业的本科生和研究生，后来又建立了催化研究所（主要搞科研），人员发展到50多人，成为国内高校最大的催化群体。同时他相继发表了两篇介绍有关催化的论文：《近代接触催化理论的介绍》（《厦门大学科学进展》，1957）和《多相催化理论的进展》（《1959年全国催化研究工作报告会会刊》，中国科学院石油研究所编，科学出版社出

1987年，蔡启瑞（右）、北京石油科学研究设计院闵恩泽（中）与作者陈德安合影

版，1962，119-123）。

1958—1992年，蔡先生共有15次出国考察或参加有关催化或固氮的学术会议。例如，1958年3月，作为中国科学代表团成员前往苏联参加全苏催化会议；1978年6月到美国参加"第三届国际固氮会议"；1980年7月到日本参加"第七届国际催化会议"，并在会后的固氮专题讨论会上做特邀报告；1981年3月率厦门大学催化与固氮科学考察团访问日本和美国；1984年7月到联邦德国参加"第八届国际催化会议"及会后专题讨论会；1988年8月到加拿大参加"第九届国际催化会议"；1989年3月到比利时应邀做催化及固氮专题讲学等。这些活动丰富和扩大了厦大催化师生的视野，也提高了厦大催化教学和科研在国内外的知名度。

1957年，我在厦大读本科的最后一学期，正在学习使用X光衍射仪测定晶体结构，仪器是陈国珍教授在厦大时购置的，相当先进。蔡先生来厦大之前在美国一直在做铯氧化物晶体的结构研究，对X光衍射仪的使用很熟悉，因此不时到实验室来指导我们，谆谆教导，让我们受益匪浅。

1957年夏天，厦大全校理科只有三个教授招研究生，即化学系的蔡教授

家中的蔡先生（作者陈德安摄）

和陈国珍教授以及数学系的方德植教授，通过考试各招一名研究生。我报考蔡教授并有幸被录取成为他的研究生。当时我国尚无学位制，就仿照苏联学制叫"副博士"，相当于硕士，学制三年。

为人随和

1958年春，中央号召干部下放劳动锻炼，全国学校的师生也不上课，都上山下乡去了，我们系的老师到曾厝垵村劳动。当时还没有公共汽车，也没有校车可乘，我们去回都是走路，还要自带草席和被单，我就将蔡先生带的草席和被单同我的卷在一起，由我提着到住处。我们就住在村里的祠堂里，晚上睡觉时就把带去的草席铺在铺了稻草的地板上。蔡先生和大家一样，也睡在地板上，非常随和。

蔡先生的老母亲在老家同安马巷去世时，我去送别。之后蔡师母也逝世了，逝世时我正好在俄罗斯，回来后得知此不幸，即到蔡先生家里师母的遗像前拜敬。1974年我妈在厦门去世时蔡先生也到我家来慰问和送别，令我很感动。

1986年，有一次我陪蔡先生去兰州参加一个学术会议，当时从厦门到兰州直飞的航线还没有开通，航班只有厦门到西安，从西安到兰州还要坐24小时多的火车，而且火车一天只有一班。那天我们到西安时火车已经开了，我们只好去找一家离火车站比较近的宾馆暂住。找了好久没找到，最后找到西安交大招待所，但也基本上满客了，只剩一间很简陋的客房，里面只有两张单人床、两张课桌、两条凳子。我想再去别的地方找好一点的客房，蔡先生就说别去了，将就度一夜。蔡先生对这种事情从来不挑剔、不埋怨。

我的研究生阶段第一学年学的基础理论课程是"量子化学"，蔡先生就叫我买一本艾琳写的英语版《量子化学》，要我先自习书中的某一章。蔡先生给我上课有时候在教室里，有时候我们两人就坐在旧化学馆外面树下的石头上，他给我讲解他所指定的书中那一章，谆谆教导，记忆犹新。

作者简介：

陈德安，男，厦门大学化学化工学院教授，在催化研究室从事科研和教学工作。是蔡启瑞指导的第一位研究生。

于无声处见情操[①]
——蔡启瑞先生平凡而又高尚的道德风范

傅锦坤　张藩贤 等

一、身处逆境志不移　不忘初心热爱党

蔡先生回国之后曾多次申请加入中国共产党，"文化大革命"动乱期间仍矢志不移。在当时的历史条件下始终怀着赤诚报国之心投入科学事业中。他坚信党的领导将会克服"左"的路线，国家会回归正确的道路。"文化大革命"中后期，国家初步恢复重视基础理论研究，特别是打倒"四人帮"后迎来了科学的春天，知识分子的地位逐步恢复，国家国民经济百废待兴。在此历史背景下，蔡先生深感自己任重道远，怀着忧国忧民的热情参加许多全国性的发展化学、化工产业的重要会议，出谋献策，制定规划。蔡先生这时感到作为化学家的使命更加重大，他再一次提出入党申请，希望当一名共产党员，以更高标准要求自己，站在更高的战略高度，参与适合中国国情的化学、化工领域发展规划的制定、战略部署及人才培养，努力争取为国家做出更大的贡献。

蔡先生于1978年加入了中国共产党，在他人生的政治历程中实现了为之努力奋斗多年的目标，他既是著名的化学家，又是一名优秀的共产党员，是广大知识分子的楷模。

---

① 本文系根据傅锦坤、张藩贤、林国栋、许翩翩、曾金龙、周明玉、陈德安等的谈话资料整理。

1990年，蔡启瑞（第二排左七）与化学系催化专门化全体师生合影。第一排右二是作者傅锦坤

二、感怀养育寸草心　拳拳报得三春晖

蔡先生幼年丧父，由母亲抚养长大。他经常和我们聊家常，说母亲是农家妇女，为了家计，给人家缝补衣裳，洗衣服，勤持家务，赚点钱供家庭开支，培养他上学读书。母爱之深，超乎寻常。他深深地感念母亲的养育之恩。当年出国留学告别祖国离岸之前，身边省下的一点余钱，立即托人寄给母亲。回国后经常在身边奉养，每逢母亲在老家生病，他立刻赶回看望。母亲去世后，家祭毋忘父母恩，每逢母亲忌日都举行家庭纪念。谈及一些亲友后辈不孝的行为，他都十分反感。早年在聊家常时，同志们问及蔡先生每月寄多少钱奉养父母，他说每月寄几十元给母亲（当时他工资两三百元），一部分给母亲做生活费，一部分由母亲安排回报给当年帮助他解决上学及生活困难的亲友。蔡先生敬佩和孝顺母亲终身不息。1982年，因脾脏出血严重住院治疗，自以为病危即将离世（后治愈），在昏迷状态中，口口呻吟说，"我死后将骨灰葬在母亲墓旁"，足见他对母亲感情至深。

蔡先生热爱祖国，忠于党，献身于教育、科学事业，孝敬父母，传承和发扬了中华民族忠孝的优良传统，实现了忠孝两全的完满人生价值。他是我们后辈学习的楷模，其风范永存。

三、寒门贵子保本色　清平朴实伴终身

寒门出贵子，蔡先生出身寒门，终身保持清贫本色，衣食住行从不过分讲究，除了接待宾客穿礼服外，上班衣着简便，经常穿中山装和简便西服。他日常用餐多为地瓜稀饭，配菜简便平常，家具摆设利于接待客人和学术讨论即可，从不追求奢华。以至于搬家时，搬运工人无限感慨"这些都不如厦门普通工人的家庭摆设，哪里像教授家庭"。家里牙杯漏洞，用棉花堵塞一下，继续使用。

因公出差，他不求专家住宿待遇，有时甚至和同行助手同寝而宿，尽量为公家节省差旅费，有时顺便到子女家就宿，节省公费。

20世纪70年代初，学校推广科研成果产业化，蔡先生带领的催化科研团队经常下工厂。他虽已年老，但坚持和年轻人同吃同住，指导和参加各项办厂活动。他上下班坚持步行或骑自行车。他不同意同志们在生活上对他特殊照顾。当年下农村劳动时，也是如此，和年轻同志共同在农民家中居住，力争参加力所能及的各种农业劳动。

四、知人善任尽其能　礼贤下士齐攻关

蔡先生从国家化学战略方面，确定了许多重大科研项目。为了攻关克难，圆满地完成科研任务，他运筹帷幄，点兵布阵，充分调动团队每个成员的团结协作精神，谁有某一方面专业特长，适合做什么工作，便安排并信任他去完成这方面的任务。结果在他指导下的助手们，既发挥了自己的专业特长，又得到了很好的培养，最后取得了好的科研成绩。虽然他的化学知识渊博，但对一些学术有专攻的后辈，仍以谦虚的态度诚恳地对待，或面谈或以电话的形式进行高层次深入的交流讨论，有时在电话中连续几十分钟交流讨论。这种礼贤下士的精神实属难能可贵，深深地感动和激励了晚辈。

在重病住院期间，蔡先生仍念念不忘推荐许多行政和教学科研方面的优秀人才，并安排许多需要攻关的科研任务。

外地慕名而来的科技人员上门求教，蔡先生均能认真细致地给予完满的解答和指导，使他们满意而归。

在工作中，蔡先生倾其所知精心指导晚辈，曾真诚地说："我恨不得把所有知识都传授给你们，难道要把知识带到棺材里去！"

在科学研究上，蔡先生经常教导晚辈"要以实验结果为依据，要认真、严格"。对有些晚辈哪怕是职工，他都细心热情教诲，有时现场亲自示范操作。他对晚辈"授人以鱼"，而且"授人以渔"，不但指导科学实验，而且教如何做科学研究的方法。例如他曾说"进行科学研究中要把许多复杂的研究内容分成许多单元，然后抓住关键问题，逐个解决"。晚辈们从他身上学习了许多科学研究的方法，受益匪浅。

蔡先生勉励晚辈科技创新，努力把科研成果推向社会，他在20世纪80年代初曾说："搞化学没有为社会创收几十万、上百万，等于'化学无用论'。"

五、潜心科学至忘我　料理生活成"孩童"

蔡先生毕生学习和工作，除了三餐和休息外，头脑都在思考人才培养和科学研究。对于自己和一些晚辈几十年前的科研内容，毕业论文都记得一清二楚；一些化学重要参数能脱口说出来。在指导科研的过程中，他设计的实验，十多天前助手们做的数据都能记住，综合分析后要求反复求证。一些重要的参考论文的出处都熟记无误。这些均体现了一位科学家博学强记、精益求精的科学风范，让晚辈惊叹不已。蔡先生指导的催化团队20世纪70年代在学校首先进行科学研究，他拟定科研题目，设计实验方案，具体指导实验，达到废寝忘食的程度，助手们三班倒地做实验，有时他大热天中午不休息突然进实验室；有时半夜走进实验室了解实验结果，关心做实验的助手。

2013年已是重病住院两三年，身体虚弱的百岁老人，蔡先生仍念念不忘工作。他说，"我生病了，手已不灵，今后不能打电脑了"。春蚕丝尽，蜡炬成灰，他献身科学事业，生命不息，战斗不止。

相比于学习和工作，在生活料理方面，作为科学家的蔡先生变成一个十足的"孩童"。他在分析化学反应过程中原子分子结构中化学键长时，精确计算到埃数量级以下，而在算人民币时，只有两三千元，算错出入达两三百元，而且类似情况发生多起。有时身份证、奖状等放置位置遗忘了，需要时找不到，求助手帮忙找出。20世纪50年代一次出差乘火车，由于他头脑专注于思考业务，将餐票当废纸捻了扔进垃圾桶，等到用餐时发现没有餐票，同行同事帮忙从垃圾桶中捡回。早年一次到邮电局拍电报，办完事后钱未付就回学校，弄得邮局的同志啼笑皆非，最后电话通知补交。鉴于上述情况，单位领导特地安排助手帮他料理日常事务。

六、诗文棋艺样样精　情趣生活益身心

蔡先生是围棋、象棋高手，青壮年时曾参加厦门棋艺比赛并获奖，业余时间经常和棋友对弈，调剂生活，晚年由于各项工作繁忙，才逐渐放手。他文学功底深厚，又熟悉中国历史，在"文化大革命"时自信地说"我汉语、英语都不'生锈'，水平差不多"。正因如此，他无论用中文或英文撰写论文时都下笔如神，在国内外著名刊物上发表诸多高质量的论文。在撰稿时，逐字逐句推敲，直到论文发稿时还要修改。他的业务和英语口语水平获得联合国教科文组织有关专家的高度赞誉。在工作之余，曾即兴给助手们讲述太平天国农民起义、孙中山领导的辛亥革命，评论时事政治，充满了振兴祖国科学事业的信心。

蔡先生也是赋诗能手，如纪念周总理逝世时，以崇敬而又沉痛的心情写诗悼念；为同行而又知音的著名科学家唐敖庆教授八十华诞撰写诗联祝寿。

蔡先生不乏幽默和情趣，在空闲时喜欢和助手们聊天，内容广泛，涉及家常、历史、政治、科学等。如有一时期科研中在研究钯催化剂，因钯金属具有很强的吸附氢的能力，他打趣地比喻说"氢在钯上像溜冰一样，可以到处滑动"。20世纪五六十年代经常搞科研大会战，他亲临指导，遇到科研有大

的进展，高兴起来掀起帽子挥动，甚至哼起几句歌"大刀向鬼子们的头上砍去……"

蔡先生多样的生活情趣，不但利于工作，而且培养了自己高尚的情操。这些也是他延年益寿的促进剂。

七、谦虚大度见美德　和蔼可亲师长情

蔡先生对周总理十分敬佩，并学习周总理高风亮节的优秀品德。他一生谦虚谨慎，无论是在工作、学习还是平常生活中，从来没有以长者、专家自居，总是微笑待人。他有崇高的人生修养，严格的自律精神，为人宽宏大度，几乎没有看到他发脾气。晚辈有错误和缺点，他总是循循善诱，谆谆教诲，严格而又恳切地予以批评指正，让人心悦诚服。一些晚辈曾对他说过错话，做过错事，甚至于在"文化大革命"中错误地批判他，他从不记在心上，向他赔礼道歉时，他说"过去的事，让它忘掉"。由于他高尚的人格及深厚的师生情义，在"文化大革命"动乱的年代他少受冲击，甚至得到了同志们的爱戴和保护。他淡泊名利，在本应属于他领衔的申报奖项，在排名顺序上，也谦让有加。

蔡先生对待晚辈和蔼可亲，关怀备至。20世纪六七十年代直至后来，每逢三八妇女节，经常买糖果慰问女同志。一些同志因家庭困难，问他暂借钱，他都慷慨帮忙。有的晚辈生病或家庭不幸，他上门慰问或电话关怀；甚至他的学生、助手的亲人故去，他都亲临参加其追悼会和送别。对待普通职工也一视同仁，同样关心他们的工作、学习及职称评定。有位普通职工，各方面表现突出，一次时逢少量教职工工资提级，他挂念在心，在外出差还特地挂电话回校，极力推荐他作为工资提级的候选对象。有位他组的同志调离厦大，他以师长之情，特地登门送别。

蔡先生严以律己，处处为别人着想。20世纪70年代知识分子接受贫下中农再教育，师生经常下乡劳动。在简陋的农家房屋中席地而睡，因怕自己打鼾影响同室其他人休息，他总是要求自己的床位安排在最边界的位置，甚至

半夜起身到户外散步，避免影响他人休息。

他平易近人，众人皆知。1982年重病住院期间，他没有特殊的医疗要求，十分尊重医生和护理人员的治疗和护理，有时从化学角度给医务人员讲述用药和输血的科学道理，以至于护士们都称赞他没有专家的架子，和其他专家大不一样。

对于晚辈承担的科研工作，蔡先生都一一记住，并及时关心和指导；取得工作成绩，他给予肯定和鼓励。乃至一些晚辈临近退休，他也勉励地说，"'文化大革命'时，我的年龄和你们现在相仿，要好好干"。在他的精神鼓励下，晚辈们工作更加努力。

对身边的保姆，蔡先生视同亲人，一次瞒着家人和单位的同志，亲自带保姆上医院看病，使其深受感动。甚至文化程度稍低的临时工，蔡先生也鼓励他们自学一门技术，使其深感亲切和关怀。

几十年来春风化雨，润物细无声，和蔡先生一起工作、学习的晚辈不但将他当作事业上的恩师，也将他当成自家的长辈。

蔡先生已仙逝，他的音容笑貌，深深地铭记在我们的脑海中。他的风范永存，我们永远怀念他，传承他的精神，努力完成他未竟的事业。

作者简介：

　　傅锦坤，男，厦门大学化学系研究员，曾任催化教研室党支部书记、教研室副主任，现任化学系催化退休教工党支部书记。是蔡启瑞先生的学生，在蔡启瑞指导下从事催化科学研究和教学工作三四十年。

我帮恩师写《概览》①

廖代伟

2011年3月，科学出版社正式出版发行了《20世纪中国知名科学家学术成就概览：化学卷》（以下简称《概览》）之化学卷第一分册。这套书是国家重点图书出版规划项目和国家出版基金项目，由中国科学院、中国工程院和中国社会科学院发起和组织，钱伟长院士任总主编。恩师蔡启瑞先生，作为20世纪中国知名化学家之一和首批入选学者，他的成长经历、学术思想、科学贡献和人品风格都简要地呈现在该书的"蔡启瑞"传主篇中。

2009年底，我在化学楼实验室接到蔡先生的电话，他说，因万（惠霖）老师和张（鸿斌）老师都比较忙，问我是否有空帮他写《概览》这样一部书稿。蔡先生的事，作为学生的我肯定要竭尽全力去做好的。经过蔡先生和我一起努力，特别是利用2010年的寒假和春节时间，2010年5月前，我们完成了初定稿，送专家审阅，返回意见后再修改，7月底再定稿送编辑部加工。2011年2月底编辑部返回清样校对，历时一年多，由蔡先生亲自审定，终于完成了《概览》"蔡启瑞"传主篇的撰写任务。撰写过程中，作为学生的我又一次深深受到蔡先生这位老科学家的"自强不息，止于至善"的学术风范和人品风格的熏陶。

我虽然在1962年入学厦门大学化学系，但因"文化大革命"，没有经历大四下学期和五年级的专门化学习及做毕业论文的阶段，后又到军垦农场、农村、"五七"干校和化工厂，直到1978年被录取为蔡先生的研究生，才有幸聆

① 此文写于2013年10月8日。

蔡启瑞（左）与作者廖代伟在厦门大学化学化工学院化学报告厅前合影

听蔡先生的教导，跟随恩师从事催化科学研究至今。因此，我对蔡先生一生的成长经历和学术成就等细节并不太知悉，只能尽量从已有的书面和网络资料上来寻找和撰写。

为了总结和确切表达自己的学术思想以为后人之所用，也为了给我提供撰写素材，80岁才学电脑、2010年已97岁高龄的蔡先生常常半夜起来在电脑前打字，以致他双腿脚肿胀得让人不忍目睹！但蔡先生一边就医治疗，一边仍坚持撰写，为我提供了近3万字的学术成就素材的电子文档。

为了撰写的事，每次跟恩师见面时，他都对我再三强调：十分成就写六七分就好，不要把集体成绩归到他一个人，不要把别人成绩归到他，主要真实地写学术上的思想和见解，不要夸大其词。蔡先生说，他希望通过《概览》，对他的科学研究工作做个总结，成功的、失败的、未完的，都给后来人一个交代。他年事已高，今后不大可能介入具体的科学研究工作，可以交班了。

蔡先生宽广精深的学识和活跃创新的思维常常为后辈的疑难问题点明了研究的方向。如有学生困惑于实验产物很臭，遂向蔡先生反映，蔡先生说，这是硫醇，硫醇可制蛋氨酸，后来该学生的课题组成功研发了硫醇合成催化剂，转让给国内企业实现了产业化。又如有学生困惑于多壁纳米碳管作催化剂载体效果不理想，蔡先生说，可用作催化剂的促进剂试试。结果一试，效果显著，随后该学生课题组研究创新了多壁纳米碳管的应用和理论。还有多年来作为厦门大学化工厂主营产品的三十烷醇有利于农作物的增产，也是蔡先生访美回来带回信息，并嘱有机组研发成功的。但蔡先生要我将这些内容都删去，不要写入《概览》中。蔡先生对我说，他只是起了一点点拨作用，不是他亲自参与的，都不要写入。蔡先生还对我说，甲烷氧化偶联（的成果）和合成气制甲醇（的成果）都不要写，要留给万老师和张老师。

蔡先生不迷信权威，教导学生要"大胆假设，小心求证"。蔡先生做学问、做研究，一贯秉持严谨的科学态度，要求精益求精，实验方案必须合理有据，实验数据必须认真核实，参考文献必须查阅原文，撰写论文必须字斟句酌。长期以来，他的学生和同事们都早已习惯蔡先生反复仔细修改论文和报告等一丝不苟的认真态度。对此，大家都深有体会，老先生的文章不到正式发表那一刻，都可能还要修改。有时候，都发出去排版了，老先生还要求寄回来修改。这次《概览》稿的撰写也经过蔡先生27次之多的精心修改。

对于重要的科学问题，虽然蔡先生早有自己的独特和创新的见解，并在指导实验验证，也在相关的国内外学术会议上报告自己的见解，但在未得到充分可靠的证据前，蔡先生从不轻易撰文发表。蔡先生反对浮夸不实的科研作风，强调重视论文的质量。面对当今社会片面追求论文数量的不正之风，这位老科学家无奈地感慨万分，然而他仍然坚定地把关，坚守自己的学术道德和风范。蔡先生坚决不在他没有亲自指导参与的论文、专利和奖项等成果上署名。如果现在每个人都像蔡先生这样，那就根本不存在学术腐败的歪风邪气了。

2012年9月，中国科协和教育部老科学家学术成长资料采集工程领导小组下达了蔡启瑞学术成长资料采集工程的项目任务，我作为采集小组的负责人，跟小组所有成员一起努力，至2013年10月，基本完成了实物、采访等资料的采集，其中包括蔡启瑞学术成长资料采集工程研究报告的中文摘要、英文摘要和大事年表，以及长达15万多字的《探赜索隐　止于至善——蔡启瑞传》一书的文字初稿（包括导言、分为10章58小节的传记正文、结语和后记），希

蔡启瑞（中排左一）和廖代伟（中排左二）在学术讨论会上

望能真实地反映出蔡启瑞先生的学术成长经历及其献身科学的一生，为后人留下宝贵的财富。

蔡先生曾说："其实，我这一生最爱的只是一间实验室。"虽然蔡先生在1979年、1982年和1984年三次病危动了大手术，2000年、2005年和2011年又三次不慎摔倒，住院治疗，断裂的髋骨还拴了螺栓。但直到九十七八岁了，他还拄着拐杖常到化学楼三楼实验室来，跟同事和学生们交谈，了解科研进展情况，指导如何进一步开展研究，就在2011年初摔倒住院之前他还来过实验室。在《探赜索隐 止于至善——蔡启瑞传》一书部分内容撰写和最后统稿的过程中，作为学生的我更深刻地了解了恩师蔡先生的学术成长经历、成就、特点和启示：蔡启瑞先生的百年人生是厦门大学校训"自强不息，止于至善"的生动演绎和光辉典范！

学生谨以此短文，衷心感谢恩师蔡先生的精心指导、培育和教诲，满怀真情庆贺恩师蔡先生的百岁华诞！

作者简介：

廖代伟，男，厦门大学化学系教授。是蔡启瑞先生指导的第一个博士研究生。

一朵莲花任平生

方维平

引　言

　　莲花，又称荷花、水芙蓉。莲花散发着沁人清香，使人心旷神怡，一直被视为圣洁、友善和奉献的象征。

　　古今中外，文人墨客用了许多美言佳句来描述莲花。例如，杨万里诗句："毕竟西湖六月中，风光不与四时同。接天莲叶无穷碧，映日荷花别样红。"再如，李白诗句："清水出芙蓉，天然去雕饰。"此花只应天上有，人间能得几回见。

　　站在与厦门大学毗邻的南普陀寺放生池边，观赏着池中正在盛开的莲花，我不禁思绪万千，想到我们教研室的蔡启瑞老先生。先生的高贵品德不正是莲花的种种象征吗？

圣　洁

　　很早以前，对于莲花就有"圣洁之物，出淤泥而不染"之说。莲花花瓣和叶子长满了微细绒毛，从科学角度讲，这些绒毛具有高度的疏水性，所以能够不沾染污物而保持自身的洁净。

　　蔡老先生亦是如此。

　　先生生活简朴，没有名车豪宅，鄙视当今社会盛行的繁文缛节和吃喝玩乐。

　　目睹野蛮竞争而赢者通吃，最后遍地狼藉的诸多现象，老先生力图打破此一弱肉强食的丛林法则；此法则可类比于沉淀和结晶过程中的奥斯瓦尔德

2007年，化学化工学院党政班子看望蔡启瑞先生（左五）。左三是作者方维平

熟化机理，即大晶粒吃掉小晶粒，晶体吃掉无定型颗粒。这一法则的成立是有条件的，只要改变这些条件，就有可能运行"趋匀"规则。他经常告诫弟子："切莫将所有功劳都算到一个人头上。"又说，做大事者"要有团队精神和集体观念"。

先生痛恨招摇过市、浮夸索利、投机钻营之辈，反对急功近利、末路狂奔的心态和行为，倡导扎扎实实做人做事。他说，"八分成绩讲六分就好"。凡事留有余地，不至于使自己陷入绝境。

德国哲学家康德曾有名言："世界上唯有两样东西让我们深深感动，一是我们头顶灿烂的星空，一是我们内心崇高的道德。"老先生崇高的道德有如潺潺流水，善育万物而不争，沥清百污而不嫌。先生之昭彰如朗月清光，先生之功德必将在历史长河中熠熠生辉。

我们应当向先生学习，存有宁静致远的心境，戒骄戒躁，认认真真、持之以恒地做好每一件事，期望涌现出更多名副其实的大师。

友 善

莲花具有净化水质的强力。例如，睡莲，特别是盛花期的睡莲对去除水体中的总磷、总氮有显著的作用。在进行试验的荷花品种中，弥勒红荷净化水质的能力最强。这可以看成莲花对于周围环境的友善。

品德高尚的人必然心中充满友善。老先生也是友善的典范。面对世事浮现，先生淡然从容，心存大爱，胸怀至善。

老先生极力倡导团队精神，总是强调要关照左邻右舍。

他是这么说，也是这么做的。

先生是厦门大学化学系催化教研室的教授，但并不局限于考虑本教研室的发展。他积极促进化工系的成立，并组建工业催化学科，后来工业催化学科成为化工系第一个博士学位授予点，然后带动整个化工系成为一级学科博士学位授予单位。同样，先生对于材料系及后来材料学院的成立和发展倾注了几多心血。更令人敬佩的是，先生对于我校物理学科的发展壮大也鼎力相助。

此外，在先生的主导和参与下，厦大相关学科与国内外许多高校和科研机构建立了友好互利的合作关系。何妨互利？世界吻我以歌，我则送以清香。

是的，用友善来浇灌生命之花，便会收获芬芳。以大爱温暖人心，会使世界更加美好！

奉 献

秦汉时代，先民们就将睡莲作为滋补药用，莲花药用在中国也有两千年以上的历史。《本草纲目》中记载荷花、莲子、莲衣、莲房、莲须、莲子心、荷叶、荷梗、藕节等均可药用。荷花能活血止血、祛湿消风、清心凉血、解热解毒。莲子能养心、益肾、补脾、涩肠。以上可以视为莲花对于我们人类的奉献和付出。

同样，蔡老先生一生克己奉公，无私付出。此类事例不胜枚举。

20世纪80年代，先生到美国出差，不住宾馆，而是住在学生宿舍，节省的费用为催化教研室购买电脑。要知道，当时的电脑可是稀罕之物。

先生也属于工薪族，但他经常为各类学校捐款，出手大方。2008年四川汶川大地震时，先生带头捐钱捐物。

更为重要的是，他在80多岁时，仍然不辞劳苦，率队到台湾进行学术交流活动。2006年，先生已是93岁高龄，却不顾一路颠簸劳顿，带领几位教授到厦门翔安区考察，寻求合作机会，期望为自己的家乡做出更大的贡献。

先哲早已告诫我们，应以施予为乐，以索取为耻。可是，当今世上有几人能够做到。只有像先生一样，成为坚强自信而谦卑的人，才能做到以奉献为光荣，并由此获得内心的满足与喜悦。

结 语

在美丽的厦门岛南端有座五老峰，五老峰下是优雅漂亮的厦门大学。一代天骄蔡老先生长期生活工作在这所著名学府中。老先生一生辛勤耕耘，致力于我国的科教事业。他淡泊名利，虽然受到众人的衷心称颂，但他仍然谦虚谨慎，奋力拼搏，笃行厦门大学的校训"自强不息，止于至善"。总之，先生修心如莲，馨德之香愈远愈清；砺己如实，品质之花不凋不败。

诗曰：

天降良才五老峰，面壁百年科教梦。

万首颂歌随风去，一朵莲花任平生。

作者简介：

方维平，男，现为厦门大学化学化工学院教授，博士生导师，从事物理化学和工业催化研究。大学本科四年级时受教于蔡启瑞先生的催化化学团队。

美好的回忆

—— 蔡先家访

周朝晖

在与学生交流过程中，我常常回忆起作为蔡先博士生的日子，他是我从事科学研究的直接引路人。师者如兰，蔡先传递给我的不仅仅是严谨的科学研究精神，还有那一份对学生的质朴的关爱。三十多年过去了，但导师家访的身影常在我眼前浮现。

攻读博士学位时，我从事的是固氮酶化学模拟研究，蔡先常常到实验室进行现场指导，指导工作细致到无水无氧系统玻璃仪器的吹制加工。但我没有想到的是，在我博士生二年级那年，他还特意到我家里家访，当时他已经是75岁的高龄。从厦门到我家石码镇英厝村需要乘坐一个多小时的小轮船，他和固氮组的老师一行，一大早就出发。我至今仍清楚地记得，天气炎热，到我家后，他一边用手巾擦汗，一边和我家人交谈。我父亲笑容满面，拉着蔡先和老师们的手说："蔡老师，太过意不去了，这么热的天，您不辞劳累赶来家访，我真感动！"蔡先边擦额前的汗水，边笑眯眯地说："你孩子很好，实验工作很努力，就是和大家交流少了点，应该……"

接着，蔡先向我父母亲询问了一些家里的情况，还问家里有没有什么困难，父母亲都一一做了回答。父亲看到有些老师只能站着，有些尴尬："家里挤，都没位置招待大家。"蔡先看出了父亲的窘迫，亲切地说，"现在的生活和过去相比，有了明显的提高，日子会越来越好的"。

蔡先还询问我平时是否常回家，我告诉他很少，因为家庭困难，舍不得多花路费。蔡先安慰我，困难会过去的。蔡先还向父母亲了解了其他很多情

2002年，在固氮研究工作会上，蔡启瑞（左二）与中科院福建物质结构研究所吴新涛（左三）、吉林大学徐吉庆（左四）等合影。左一是作者周朝晖

况，当听到我在家总是帮助父母做事时，他高兴地笑了，鼓励我好好学习，报答父母。蔡先对我的关心、爱护和鼓励，以及他平易近人的作风，都深深地感动着我，我暗暗发誓：一定要努力学习，做好科研。

蔡先在教学、科研非常繁忙的情况下，年届75岁高龄仍然坚持学生家访，让我感受到一份美好，也激励着我今后的科研和教学工作。尽管现在手机、电话十分普及，但我深知，无论通信多么迅捷，科技多么进步，家访仍然是增强师生沟通的非常重要的方式。

蔡先以他的严谨的治学态度、精湛的业务、崇高的品德诠释着"学高为师，德高为范"的内涵。在迎来蔡先生百岁寿辰之际，谨以此文献给我亲爱的导师。

作者简介：

　　周朝晖，1986年起师从蔡启瑞教授攻读酶催化、配位催化方向博士研究生，1989年获博士学位。1999年起任厦门大学化学化工学院教授，长期从事固氮酶化学模拟研究。曾获1999年度中国化学会青年化学奖和国家自然科学奖三等奖（第五完成人）。

小分子　大世界

—— 在蔡先生指导下做人做事

袁友珠

1990年夏天，我怀揣着我的工学博士学位证书和博士学位论文《1-2(10)-蒎烯的氧化、热异构和水合反应及其关联化学的研究》，志忐不安地来到了蔡先生办公室，向他及其他老师汇报我博士阶段工作和未来博士后的研究计划。当时，蔡先生可能看出了我的顾虑，他鼓励说，你可以对付萜烯化学这类"大分子"，就一定能做好我们面对的碳一化学"小分子"。我顿时有了信心，也暗下决心要在蔡先生的指导下做好博士后工作。

我的博士后阶段既有艰辛，也有快乐。蔡先生为了让我尽快进入角色，

1994年，蔡启瑞（左）与作者袁友珠合影

经常到实验室现场指导和鼓励。我印象最深的是蔡先生的电话，他的来电短者半小时，长者两小时，不仅深入浅出地与我讨论研究相关的科学问题，还会问我有什么生活困难。在蔡先生的指导下，我们提出了一个关于甲醇偶联制乙二醇的催化剂设计思路和课题，顺利地拿到了福建省重点项目资助，使我的研究有了真正意义上的"第一桶金"。虽然这个课题因难度大，进展不尽如人意，但相关研究结果为我现在进行的与"煤制乙二醇"有关的催化剂研究提供了非常有意义的学术积累。

蔡先生的国际知名度很高，他和很多国际友人之间的学术交往十分密切。每当有国外教授来厦大讲学时，蔡先生均安排我们这些博士后或年轻老师与国外教授们近距离接触，使我们有机会与国际知名教授进行面对面交流，从中学习和了解科学前沿知识与信息。例如，田丸谦二教授、Delmon教授和岩泽康裕教授等均是蔡先生的至交好友，通过接触这些人，我这个晚学与他们建立了良好的联系。时至如今，虽然蔡先生的不少国际友人已经退休，但只要我有机会到访他们的国家，在条件允许的情况下，蔡先生均会交代我到他们的住地或实验室代为问好。因我在博士阶段曾到日本进行了一年的联合培

2009年，蔡启瑞（中）与万惠霖（右）、作者袁友珠合影

养，有一点日语基础，凡有日本教授来访厦大，蔡先生均让我协助接待。当我有机会获得资助到东京大学岩泽康裕教授实验室进行访问和做博士后时，蔡先生更是全力支持并亲自写推荐信，使我在东京大学学习了2年多，并顺利获得东京大学理学博士学位。

这些年，我除了做研究、教本科生和指导研究生，还兼职一些学科管理工作。蔡先生的严谨治学、对学科建设和人才培养的责任心深刻地激励着我，他那全方位把年轻人推至前台的做法也一直贯穿于我的工作中。

在迎来蔡先生百岁寿辰之际，谨以此文献给我敬仰的蔡先生。

作者简介：

袁友珠，男，厦门大学化学化工学院教授，博士生导师。任化学化工学院副院长、醇醚酯化工清洁生产国家工程实验室主任。曾受聘全国催化学术委员会络合催化专业委员会第三、四届委员，全国催化学术委员会及青年催化学术委员会委员。1990—1992年，在蔡启瑞先生指导下从事博士后研究工作。

高山仰止 执着奉献

王 野

我在南京大学读书期间就知道蔡先生。我硕士期间的研究课题是甲烷氧化偶联，课题讨论时陈懿老师和我的导师颜其洁老师常常引用蔡先生在甲烷和氧气活化等方面的观点。后来我去日本东京工业大学读博，导师Kiyoshi Otsuka教授也很熟悉蔡先生。所以蔡先生于我一直是"高山仰止"的感觉，有蔡先生坐镇的厦大催化学科在我心中就是全国高校中催化基础研究的一面旗帜。

2001年到厦大工作后，我住在敬贤楼，十分有幸和蔡先生成了上下楼的邻居。刚到厦门那阵子，我时常打扰先生，向先生请教各种各样的问题。每次先生都非常开心，畅谈国际能源动向、国家能源形势和海峡两岸局面，也非常关心我们在厦门生活是否习惯。那时先生已近90岁高龄，思路依然非常清晰。正如万惠霖院士所说，和蔡先生交谈，每次都能感受到他的科学灵感。我回国获得的第一个基金项目"福建省青年科技人才创新项目"申请书，就是受蔡先生启发撰写的。记得蔡先生当时对甲烷单加氧酶体系特别感兴趣，希望我在研究中借鉴相关成果。我以"甲烷选择氧化一步制甲醇的高性能催化剂的开发"为题写好申请书后，先生非常仔细地帮我修改。除对研究内容提出建议外，先生还斟酌用词，在申请书题目的"开发"之前加上"研究"两个字，以强调这是个基础研究。先生后来多次关心这一方向的进展。甲烷选择转化方向的研究因难度大，进展不如先生期待的那样顺利，但我从来没有放弃过。从模拟单加氧酶的多相铜体系的研究到甲烷制丙烯新过程的开拓，执着的已不仅仅是一个研究方向，更是一份信念、一份深受先生人格魅力感染的情怀。

　　蔡先生一直执着奉献。记得在2001年底催化教研室举行的研究进展报告会上，88岁高龄的先生依然亲自登台做学术报告，以"生物固氮的分子识别和两条质子传递链"为题侃侃而谈，讲了一个多小时，刚到厦大工作不久的我当时感到十分震撼。后来的接触中我更深地体会到蔡先生执着奉献的精神。即便年事已高，先生依然工作到很晚。有一次夜半，我被先生叫下楼去处理电脑故障，一推门见到先生仍在伏案工作。后来先生搬到西村，而我也搬到了北村，碰面的机会少了，但依然时常能感受到先生的关爱。2011年元旦，催化研究所召开学科发展研讨会，讨论学科的现状、存在的主要问题以及未来的发展方向。当时主办方考虑到先生已是98岁高龄，没有惊动先生。先生得知后，特地请人开车将他送到会场。先生的教诲和鼓励给了我们极大的信心，为厦大催化学科的未来发展注入了极强的动力。

2005年，蔡启瑞（左）与作者王野合影

2010年，蔡启瑞（左六）与厦门大学客座教授、东京大学教授 Y.Iwasawa（左七）等合影。左三是作者王野

作者简介：

王野，男，厦门大学教授。1986年南京大学本科毕业，1996年日本东京工业大学博士毕业。1996—2001年先后在日本东京工业大学、东北大学和广岛大学任教，2001年8月起任厦门大学教授，博士生导师。专业领域为物理化学，研究方向为催化化学。2006年获国家杰出青年基金，2010年获中国催化青年奖。2010年起任厦门大学催化研究所所长，2015年起任固体表面物理化学国家重点实验室主任。2005—2012年任中国化学会催化委员会副主任，2012年至今任国际催化协会理事会理事。2017年2月起担任 *ACS Catalysis* 副主编。

八分成绩讲六分就好

—— 蔡启瑞教授的学术价值观

万惠霖

对于我的老师蔡启瑞先生的精湛学识和优秀人品，大家已经叙述了很多，所有这些，我的感受一点都不逊于他们，因为我直接受教于他、领略他的谆谆教诲，耳濡目染已经超过五十载。今天，我一定要重点谈谈蔡先生关于科教工作者应该坚守学术诚信的许多精辟论述和实践，冀望作为厦门大学催化团队的传家宝流传下去，并发扬光大。

不久前，正当我们即将把整理好的《一代鸿儒——记化学家蔡启瑞》书稿付梓之际，我的学弟廖代伟博士特地在电话里告知本书编委会，请勿对他的文稿《我帮恩师写〈概览〉》中的两小段文字加以删节，或者修改。这两小段文字是：

为了撰写的事（指《20世纪中国知名科学家学术成就概览·化学卷》之"蔡启瑞"篇，科学出版社，2011年），每次跟恩师见面时，蔡先生都对我再三强调：十分成就写六七分就好，不要把集体成绩归到他一个人，不要把别人成绩归到他。

蔡先生坚决不在他没有亲自指导参与的论文、专利和奖项等成果上署名。

廖博士认为有必要把体现蔡先生价值观的论述准确地介绍给读者。我完全同意廖博士的意见，并赞赏他重申蔡先生的严肃学术精神之举。

细想之，蔡先生对我以及团队成员，都讲过类似的话，多次强调了作为科技工作者应该遵循学术道德底线。现谨汇集本书中由不同作者提及的类似论述，它们的集合必将更完整地展示蔡启瑞先生的思想高度和良苦用心。

张乾二院士对蔡启瑞先生的博大胸怀是这样描述的：蔡先生常说，如果有人在一篇文章里把自己的成绩讲成百分之八十，而实际上只有百分之六十，以后还有谁敢相信他？蔡先生还说，宁可把自己的成绩讲得低一些，而不是高一点。每次科研成果报奖，助手们主张申报二等奖，他都将其压低到三等。

张乾二院士还说，在刚学习撰写学术论文时，蔡先生就善意地提请他注意，说道：一定要充分查阅相关的文献，如果引用前人的成果而不加以注明，无疑等同于剽窃人家的成果（见张乾二的《学习蔡先生大公无私的博大胸怀》）。

陈洪斌是蔡先生88岁时招收的关门弟子，在他《从蔡先生的生物固氮研究起步》的文稿中，陈洪斌博士回忆道："因为和其他课题组有合作往来，蔡先生特别强调团队的作用，提请我们要互相尊重，要和其他课题组愉快合作，对待成果应该实事求是，互为主次。最为关键的是，老先生一再强调从事科学研究务必踏实严谨，经常说：我们的工作成绩只能讲八分的话，不能把话说满，不要拔高。"陈博士的回忆与廖博士强调的乃一脉相承，同为蔡先生的一贯准则。

上海洗霸科技股份有限公司和海绵城市建设（上海）有限公司董事长王炜博士在《琐忆蔡启瑞先生二三事》一文中写道："1990年春的某天，蔡先生到实验室查看我的一份实验报告，看完后他就判断，你这个实验结果可能是个科学发明，深入下去就可以申请国家发明专利。后来我经过多次重复试验，基本验证了蔡先生的意见，确实是属于首创性的工作。蔡先生在自己学术领域的知识确实广博和深邃！5个月后，我申请了国家发明专利，1992年获得了国家发明专利授权。这个发明是我在蔡先生指导下完成的，但是他坚决不同意在发明专利上联合署名。后来，这个实验研究论文分别在《分子催化》《厦门大学学报》和'第四届亚洲化学大会'上发表。在论文的成稿过程中，蔡先生亲自修改了四次，甚至细致到标点符号的更正。"显然，王炜博士的回忆再次证实了廖代伟博士关于蔡先生坚决不在他没有亲自指导参与的论文、专利和奖项等成果上署名的陈述。

20世纪70年代，赖伍江是化学系副主任，分管科研工作，他的《严谨求实的"蔡启瑞精神"》一文就记载了他与蔡启瑞先生共同经历的科技大会、编制规划、落实项目等过程，其间蔡先生的严谨求实作风给他留下了深刻的印象。

赖教授在文章中说：1977年由科学院主办、教育部承办的科技大会是国家自然科学发展规划的会议，对我们学校、我校化学系都很重要。这个会的主要任务是编制规划，落实项目，因而引起各相关高校和中科院系统的注意。当时我们学校的化学模拟生物固氮研究、石油化工催化项目，以及电化学、量化研究都处在领先方阵，所以，蔡启瑞先生的意见是"如实上报我们的工作，不要扩大，也不必缩小"。凭借着这样的求实原则，我们争取到了相应的资金支持，及组建物理化学研究所和新建化学大楼的立项权。

南京大学陈懿院士是我的亲密同行，也是蔡启瑞先生密切的学术伙伴，他说：蔡先生处事待人一身正气、大公无私。他的言传身教如春风化雨，在处理一系列问题时总是以大局为重，以国家、集体为重，而对于自己，却从来没有索取，面对名利不仅不争而是谦让。我想一个人一件事、两件事表现出来高风亮节还不算太难，而50年、70年、一辈子，事事如此，就很难、很难。我还格外钦佩他的学识以及做学问的严谨求实态度。蔡先生在处理工作时，善于捕捉发展动因，掌握大的发展指向，能够敏锐地提炼出主要的科学问题，又善于组织大家，合理分工，协力解决，从而带出一个团结和谐的集体。作为教师我们都要学习他甘当"人梯"的精神，他充满着爱心，对于后学包括像我这样不是他学生的人都是倍加关爱，循循善诱，潜移默化；我感觉蔡先生有一种高超的人格的魅力，如果以蔡先生为镜，那我们就会懂得应该怎样做人、做事、做学问。

蔡先生在学生时代就被同辈当作"不世之士"看待，说他"读书思超书外，开卷旋毕，回头细说，如数家珍，凡所涉猎，靡不神会，故师长青眼，同学爱戴"。（《厦大通讯》第一卷，九、十合刊，1939年12月）更令人称奇的是，才思如此敏捷，且擅长博览强记者，却偏偏兼备非凡的勤奋。20世纪70年代，我和先生同时居住在敬贤家属区，门对门，窗对窗，每每夜深人静，放眼望去，先生窗前的灯还亮着，这就是我不能忘怀的"敬贤灯光"。先生百岁庆典时，中国石化石油化工科学研究院的何鸣元撰文谈到，20世纪80年代回国未久的相遇，蔡先生就和他议论起在美国的研究成果及刚在国际学术刊物 *Journal of Catalysis* 发表的关于氧化锆表面碳—物种的论文，这让何院士惊讶不已。后来他得知，即使在那人工查询资料的年代，蔡先生对到手的新期刊都第一时间仔细浏览，难怪蔡先生会数次被反锁在化学系期刊阅览室里面而全然未察觉早已过了下班时间；难怪他的科技资料记录本众多，记载的信息密密麻麻、满满当当。这样的奇才（陈懿教授语，见《道德文章　后学楷模》一文）却把"八分成绩讲六分就好"，以及面对荣誉和名利，不仅不争而且是退让，当作毕生的又一重要准则。

以上几位作者都从他们的亲身经历见证了蔡启瑞先生坚持学术诚信的自觉言行。蔡先生不仅自己这样做，同时敦促他的团队成员也要成为捍卫和执行该准则的排头兵。

蔡先生在科研教学中，非常注重学术梯队的建设。"弟子不必不如师，师不必贤于弟子。"这是他经常说的一句话，他认为只有这样，科学才能腾飞。一个健康向上、有活力、有作为的学术团体，应该有层层叠叠推进的浪花，才能汇聚而成浩瀚的大海。他总是鼓励学生、助手要敢想敢闯，超越自己，并竭诚奖掖后学，殷殷提携。对学生，他很希望他们业务比自己更好。他希望学生在学业上有长进的同时，也非常希望他们能够成为高品质、高道德、高尚的人。

当前我国对科技诚信教育的要求相当迫切，但我们是幸运的，引领人蔡启瑞先生已经为我们树立了榜样。大家都说我是最幸运的一个，拜了一个好老师。先生对科学的钻研，从没间断过，没懈怠过，他为我们指出努力方向，给我们求知不倦的动力，让我和催化梯队能够更自觉地坚持下去，并做得更科学更完美。

作者简介：

　　万惠霖，男，中国科学院院士，厦门大学化学化工学院教授，博士生导师。1966年厦门大学化学系催化理论方向研究生毕业后留校任教至今。长期从事催化基础研究和教学工作。曾任中国化学会理事、常务理事，中国化学会催化专业委员会主任，教育部科技委委员、化学部主任，国务院学位委员会学科评审组（化学）成员、中国科学院化学部常委，科技部"973"专家顾问组成员，固体表面国家重点实验室主任，厦门大学化学化工学院院长。现任厦门大学理科学术委员会主任、自然科学学部主任。是蔡启瑞先生的研究生。

第三部分

亲情萦怀

　　亲情萦怀是从家庭成员的角度深情回顾父亲蔡启瑞。

　　蔡先生的子女多次向本书编委会表述，父亲虽然工作繁忙，但对于家庭教育及其作用的思路十分清晰。他提倡"自家的孩子别人教"，不要总在父母的羽翼下成长。对于公与私，蔡先生的选择是先公后私，无欲则刚。厦门大学化学系原书记王火着重记述，20世纪70年代末蔡先生重大手术前给系总支的信中，写的都是今后的工作设想和安排，唯独没有提及家事。在家里，蔡先生总是积极乐观，传递的是满满的正能量，如同他在公众场合的一贯表现。

　　蔡先生在处理家务时也不乏细致与风趣。例如，每次不经意地与家人聚会，畅议家事国事天下事，都成为一场场令人鼓舞的"精神盛宴"；也笑谈"人面桃花"的久远趣事，以及"眼前有景道不得，崔颢题诗在上头"的千古佳话。他还会先倾听家庭成员的会议发言，而后发表感想建议；也会提议如何使衣着与实际场合更加匹配，收取朴实无华、得体大方的良好效果。总之，他慈爱的关怀无处不在，感人至深。蔡家成员说，他们的家长正气、敬业、淡雅、会心，坚持一辈子做好事。

　　这也是我们的评价，更为这种淳朴、进取的家风点赞。

化学大家，南强一柱

蔡俊修

"我和我的祖国，一刻也不能分离……"

"我思念故乡的明月，还有青山映在水中的倒影，如果你听到远方飘来的山歌，那就是我，那就是我！"

2016年10月11日，深情的旋律在送别大厅回荡，这是蔡启瑞教授即将远行，正依依向共同奋斗过的同事和团队成员道别，霎时间，大家的难舍之情迸发了……

此后一段时间里，人们还在议论和思量，有人说，这样的科学家难再有了；也有人说，蔡启瑞先生的足迹，定将激励新一代科技闯将更加茁壮迅速成长。

近年来，我国对创新的讨论相当活跃，甚至提到了文化的高度，例如有人把我国创新能力欠佳的根源归结于儒家思想的束缚，总以为西方的价值观和思维方式致使他们更具备软实力和话语权；而卫道士弗朗西斯·福山却不那么乐观，他撰文称美国已经是"失败的国家"（载于英国*Prospect Magazine*2017年1月号）。这样的讨论正激烈地进行着，我也想谈谈自己的看法。

有人看到美国硅谷不少世界级大公司的高管、CEO里中国人占比不大，惊呼这是文化缺陷造成的，认为中国的教育让青少年从小规矩听话，缺乏对科技及领导力的好奇心，减弱在激烈竞争环境中的拼搏进取精神。这种说法值得商榷。在美国这片当代科技的发祥地，中国大陆学子是后来者，但他们追赶早到人群的脚步不会停歇，博采众长的优点也会发扬光大。例如，2005

年腾讯引进刘炽平任总裁，当年市值约300亿港元，如今已是1 200亿美元；百度聘用了原微软高管陆奇博士作为总裁兼首席运营官，决心将人工智能列为公司未来十年最重要的战略方向；还有，马云团队计划将美国的农产品销往世界各地；斯坦福人工智能实验室主任李飞飞、不满30岁的硅谷风险投资人张璐，青年才俊辈出；近年来我国军事科技的快速发展，第五代隐形战斗机、新型核动力潜艇、一流的洲际导弹研制成功，以及领先的量子通信与计算技术，等等，诸如此类的例子都是令人鼓舞的开端，这串名单还将延续下去。相信多数人认同"文化自信，是更基础、更广泛、更深厚的自信"的提法。中华民族的文化底蕴博大精深，有信心以自己的独特内涵屹立于世界各民族之林，让我们也从这样的角度审视蔡启瑞先生走过的化学人生。

一、化学家也是普通劳动者

一位30多年前于催化团队待过不长时间的老师，在参加蔡启瑞先生的送别仪式时，被问及对蔡先生最深的印象，他脱口道出："淡泊名利，对业务很熟，很敬业。"这不免让人想起2013年蔡先生百岁生日时香港中文大学麦松威院士和厦门大学物理系原系主任吴伯僖教授的贺信。麦院士在贺信中说："启瑞先生宁静淡泊，心无旁骛，默默以复兴中华科技为己任"；吴教授则称他是"可钦佩的厦大人"。看得出几位生活中并无交集的人士，对同一个人的认知竟然如此接近。还有，蔡启瑞先生晚年的帮工杨阿姨不时提起，一次客人到访，主人让奉茶待客，在她以自己身份而为难之际，蔡先生说："我们都是打工的，没有尊贵卑贱之分，不要有负担。"蔡先生的小女儿蔡小平回忆道："爸爸做事认真严谨，哪怕是一张简短的贺卡，哪怕对方曾是他的学生或只是见过几面的同行，他都仔细斟酌用词，亲自完成。到了晚年，因打字慢，家人偶尔帮着起草，他一定会亲自检查修改好几遍后才发出。"田中群院士指着蔡先生受接见时与邓小平同志握手的照片说，蔡先生待人接物的谦逊仪态，无论对待贵宾，或者学生，都始终如一。中医师王彦晖教授为蔡启瑞先生成功调理身体后，收到蔡先生的一封长信，信中对他诚恳道谢，王医生行医多年，首次收到如此真诚的谢忱，感动不已。蔡先生还在信中相当专业地对中医医学哲理加以评点，寄厚望于它的现代化。王医生还说，那段时间里，蔡先生每年都会亲自手写贺年卡，并让家人送达，贺卡上的字迹儒雅清新，字如其人。在王医生眼中，"蔡老真的是一个单纯的人，单纯得可爱，单纯得让人敬畏。一辈子原来可以这样简单，也可以这样璀璨"。

这就是蔡启瑞先生，一位淡定、单纯、一心复兴华夏科技之工匠本色的读书人。

二、普通劳动者的不平凡人生

1. 初开放青黄不接，派出请进忙追赶

20世纪70年代末，科学的春天降临神州大地，"科学技术是生产力""知识分子是工人阶级的一部分"等著名论断让全国人民沸腾了起来，挽起袖子大干快上的日子到了，其中包括蔡启瑞。蔡教授深知科技人才断层造成的深远影响，及国内外学术交流的迫切性，购置科学仪器设备的世界银行贷款和联合国资助亟须妥善处置，动力与压力均要好好应对。为此，蔡先生邀请了多位世界知名同行到访厦门大学举办讲座，拓展厦大学子的视野，也向客人介绍本校的学术活动和创见。蔡先生选派骨干走出国门，还几次亲自率队考察访问日美欧名校和研究机构，参加多种学术活动，密切了与各国同行的交往。这些举措收到了良好效果，南强学府的知名度和话语权得到明显提高。蔡启瑞先生的不懈努力给团队成员留下了难忘的记忆。

由联合国教科文组织资助的出国学术考察共有两次，第一次由当时的蔡启瑞副校长带队，成员有张乾二、赖伍江、刘士毅（物理系）和校办主任曾德聪。经教育部批准，并参加出国前学习后，考察团于1981年初出发，经香港转飞日本。

访日之旅持续了一个星期。考察团先参观了大阪大学和古色古香的京都大学，受到高分子学者Nakamura教授，诺贝尔化学奖获得者、前线轨道理论首倡人福井谦一的接待。接着访问了东京大学和东京工业大学，拜会了国际

知名的合成氨研究大家 Tamaru（田丸谦二）教授。熟人再次见面，生物固氮成氨和非酶铁基催化合成氨的讨论交流成为必然的话题。中国客人还参观了筑波科学城化工技术研究所和筑波大学。

访美行程从加州旧金山市开始，该市的加州大学伯克利分校和斯坦福大学都是世界级的顶尖学校。

早期的加州大学伯克利分校是一所以农学为主的学校，第一次世界大战以后就进入了美国一流大学的行列，这得益于当时物理学的蓬勃发展。1928年Laurence加入伯克利，不久就设计出了世界上第一台回旋加速器。他的实验室后来扩展成为劳伦斯-伯克利国家实验室，他本人也于几年后获得湾区第一个诺贝尔奖，还培养了几位该奖项的获得者，他们共同在"曼哈顿原子弹计划"中起到重要作用。所以，20世纪五六十年代，伯克利分校已经是全美数一数二的研究型大学，难怪在很长时间里，人们直接把伯克利分校称为加州大学，尽管洛杉矶分校UCLA（University of California, Los Angeles）也相当出色。后来加州政府减少了对高等教育的投入，使得伯克利分校的本科教育水平大受影响，排名显著下降。但是，伯克利分校仍然是世界上学科最完整的大学之一，最好的专业数量为世界第一，也就是说，伯克利分校的实际水平大大超过它的排名。考察团先造访了化学学院的催化名家Muetterties院士，又参观了分子束动力学家李远哲（1986年获诺贝尔化学奖）的实验室。

斯坦福大学成立于19世纪末，直到二战之后还算不上世界一流大学，甚至远不如它的邻校加州大学伯克利分校。20世纪50年代初硅谷诞生，而斯坦福大学的腾飞始于60年代，此后20年里，优秀人才不断涌入，办学经费大幅增加，到80年代初斯坦福大学的学术水平已经可以比肩哈佛大学和剑桥大学；21世纪，斯坦福大学的科研、教学综合水准更是跃上了世界之巅。这是因为，对于美国社会有着重大影响力的医学、法学、工程和工商管理四个领域，斯坦福大学是仅有的这四个学院排名都进入全美同类学院前三名的大学，加之在人文和商业学科群星荟萃，不像哈佛大学工程偏弱，麻省理工学院人文科学相对逊色。

1981年，蔡启瑞（前排左四）一行访问美国加州大学伯克利分校，受到该校李远哲教授（前排左三）的接待

　　蔡启瑞一行还参观了南加州大学和加州理工学院（California Institute of Technology，CIT）。当年蔡先生刚到美国攻读学位时就念念不忘要去加州大学和加州理工学院走一遭，想不到30多年后才如愿以偿。

　　尔后，考察团还去了西北大学、伊利诺伊大学、爱荷华大学和克利夫兰州立大学等参观交流。在著名的贝尔电信公司实验室（AT&T），新结识的年轻华裔科学家张文卿介绍道，该实验室的工作涵括了基础研究、系统工程和应用开发，公司上层更注重基础研究的前沿性，少强调其应用性，不太过问具体研究课题，科研人员可以根据自己的感知确定研究方向。张文卿的兴趣集中于金属原子簇化学，他邀请张乾二作了题为"原子簇化合物结构"的学术报告。

　　3月下旬考察团来到波士顿，在波士顿学院他们见到理论化学家潘毓刚。潘教授是全美华人协会会长，到过长春，为唐敖庆的研究生、进修班授课。随后厦门大学代表团来到堪称世界最著名理工科大学的麻省理工学院（MIT），该校设6个学院，其中工学院和理学院最负盛名。蔡启瑞于学术报告后，还与该校的Orme-Johnson教授交换了固氮研究的想法。此后的目的地是哈佛大学化学系，会见了Knowles教授。

这次日美访问考察历时40天，除了学术交流外，还对今后人员的派出和专家的邀请进行了协商，它们都在后续的时间里逐渐实现。类似的内容在林梦海、黄宗实、郭晓音编著的《浪遏飞舟——张乾二传》（厦门大学出版社2016年版）中也有翔实的记述。

第二次学术考察于1983年秋天由蔡启瑞、林国栋共同完成。他们既访问了美国，又考察了欧洲的英、法、德三国，使我们的眼光更加开阔，也让更多的同行了解了厦门大学。

这样的考察，既让改革开放未久的中国学者进一步了解了世界科技的现状，也加深了国外同行对厦门大学的印象。考察与交流过程中，教育理念的切磋也是一项重要内容。当今国际名校，尤其是一流大学，本科阶段普遍推行着通识教育，重视对优秀品质的培养，加强诸如拼搏精神、团队理念、领导才能、沟通能力、表达技能、大局观和社会责任的训练，而不仅仅局限于专业技能的学习，后者更多是研究生阶段的任务。这些新理念让蔡启瑞团队意识到随着科学技术和现代企业的蓬勃发展，我们既需要杰出的研发骨干，更离不开具有远见卓识的组织者和领导人，这对创建一流研究型大学的南方之强同样有借鉴价值。

2. 从C≡C到N≡N，闯国际学术殿堂

20世纪60年代初我国石油匮乏，为此，国家制定了以乙炔为基础的基本有机合成和"三大合成"发展战略，蔡启瑞团队接受了国家重点研究项目第29号任务，从事乙炔制乙醛、乙炔环合制苯的研究。当时，制乙醛的催化剂含汞或镉，毒性大，强度也不够。蔡启瑞团队改用载于硅小球的氧化锌作为催化剂，实现了年产数百吨乙醛的小型工业化，依据的就是对炔键（C≡C）活化，和以锌代汞、镉的准确认识，因为锌、镉、汞是同族元素，它们的相互取代和改进，本是应有之理。乙炔环聚制苯氧化铌催化剂的研发也有类似的故事。

20世纪70年代初开始的化学模拟生物固氮研究，把蔡启瑞团队带入生物

酶活化还原N≡N合成氨的领域。

当年唐敖庆先生联合卢嘉锡、蔡启瑞一起向生物固氮研究领域发起攻势，表现了中国科学家的智慧和勇气。生物固氮是世界性难题，中国人乃该领域的新军，他们从理论化学、结构化学、配位化学和催化化学多个角度同时切入，在科学界呈现明显特色，因而在他们出版的《化学模拟生物固氮进展》（共两集，科学出版社发行）中特地加上"化学模拟"四个字，这在世界范围内也不多见。1980年，由Newton和Orme-Johnson主编的 *Nitrogen Fixation* 第一卷上，其中"Chemical Models"部分仅三篇论文，它们分别由唐、卢、蔡三位教授所在的吉林大学、中国科学院福建物质结构研究所和厦门大学供稿。

此后，他们在《化学模拟生物固氮进展》第二集（1976年）上，开宗明义地表述："工业上使用铁催化剂生产合成氨的过程需要高温高压和高纯度的氮气和氢气。自从Haber-Bosch过程实现工业化以来，人们经过半个世纪的不断努力，对合成氨铁催化剂体系进行了极其大量的研究，企图在比较温和的条件下实现合成氨的生产，但所有努力都没有得到预期的效果。经过反复实践，人们逐渐得出一个的结论：要想在温和条件下大幅度地增产氮肥，必须跳出经典的铁催化剂的框框。"（第163页）这就是现在人们普遍认同的"创新思维"，它在科学史上并不罕见。比如，世界上刚被废止的两大计算机安全系统的MD5和SHA-1密码算法，在20世纪90年代初推出时，曾被认为坚不可摧，却于2005年为我国王小云团队所攻破，尤其当超高速计算机越来越普及后，这种以数学计算复杂性为基础的密码术，更是无法保障"数字手印"的唯一性，使得传统的密码大厦轰然倒塌。因而，一种以单光子编程传输的量子密钥分配法应运而生，这种依赖物理定律、依仗光子特异性的保密技术有了质的飞跃，这是"跳出经典框框"决策发挥的决定性效用，类似的实例还有不少。

除了"创新思维"，他们对待基础研究的态度也值得记述。生物固氮课题是在"不能忽视基础研究"的背景下立项的，同时，固氮团队也清楚地意识到我国的底子仍很单薄，没有本钱搞"象牙之塔"的基础研究，而应该使它成为生产技术等自主创新思想的指路明灯（《20世纪中国知名科学家学术成就概览：化学卷》之"蔡启瑞"篇第118页）。因而，在实施本项研究时，他们首先想到如上所说的"在温和条件下大幅度地增产氮肥"，及其所使用的铁催化剂。另外，正在发展中的Fe、Ru、Co-Mo合成氨催化剂体系的结构敏感性，以及N_2在α-Fe（111）面多核（7Fe）吸附模式，可以类比于氮气在固氮酶活性中心钼铁原子簇活性中心上多核三角棱柱单盖帽型（$MoFe_6$）上的配位模式。所以，开展非酶催化合成氨，与生物酶催化固氮成氨的关联研究，促进它们的相辅相成，正可把二者的研究引向深入，并完成得更好。为此，厦门大学固氮团队是怎样利用络合催化理论和已知的化学事实对固氮酶活性中心结构和活化模式进行研究的呢？

1972年，中国化学家正式加入固氮研究行列，彼时，国际上的固氮探索已经持续了数十年，各国科学家对固氮酶的种类、主要成分、蛋白组分、活性中心、固氮成氨与ATP水解，以及放氢反应的偶合、ATP/2e值、底物种类和特性，及其还原反应、抑制作用等，已经进行了卓有成效的研究，成果和积累颇丰。即便如此，固氮酶活性中心的构造及固氮成氨作用机制等并没有解决，甚至该中心是单核、双核，还是多核结构，也都众说纷纭，因而成为中国化学家的切入点。

首先，已知除了N_2、H_3^+O之外，α-炔烃、烷基腈、异腈这些一端具有三重键的小分子是固氮酶的底物，它们都显示了同样的链长限制：在直链上碳原子数目若超过4个，就无法进行还原反应，由此推断这些底物分子在固氮酶上都以双侧基的形式络合在两个钼的中心上。这样的推论还从乙炔在D_2O介质之固氮酶模拟物中还原加氢的主产物大多是顺式双氘的CHD＝CHD得到佐证。

其次，如果换成腈类、异腈类底物，则除了上方的双侧基络合活化之外，还有以端基配位络合于过渡金属上的活化方式。这是因为仅就双侧基的络合活化而言，腈类、异腈类配位体应该比α-炔烃分子小得多，实际上，异腈$CH_3N＝C$与活性中心的结合力反而大于炔烃$CH_3C＝CH$，此乃前者还以端基

吉林大学唐敖庆（前排左四）、中科院福建物质结构所卢嘉锡（前排左五）、蔡启瑞（前排右二）等在中国科学院福建物质结构研究所合影

络合于Fe^{2+}上，弥补了其双侧基结合力不足的证据。即使拿腈类和异腈类相比较，虽然它们都以双侧基加端基的方式与活性中心活化络合，但也是有差别的。腈类分子末端的N比异腈分子末端的C有着较大的电负性，故前者是较弱的σ-给予体，使得它对Fe^{2+}的亲和力弱于后者，这与事实相符（由速率方程的系数大小判别），同样证实了此化学探针法是卓有成效的。

厦门大学固氮团队就是这样用化学探针法和络合催化原理，抽丝剥茧般推导出固氮酶的2Mo-1Fe三核活性中心模型和分子氮活化机理。该研究方法综合运用已知的化学基础知识严密逻辑推理，并且以导出的模型说明以上列举的多个实验事实，从而打上了厦门大学团队的学术标记。详细的论证和阐述载于该团队的系列论文中。

随着新实验事实的不断涌现，上述模型也一再演变，例如单立方烷模型（1973年）、共角双立方烷模型（1978年）、骈联双座共边双立方烷型原子簇模型（1981年）、七核原子簇活化氮分子模型（1995年）、自然界已知最大的不对称金属原子簇（2002年）等。他们还试图合成所推导的模型物，测试它们对底物乙炔的还原活性。这些是数十年"衣带渐宽终不悔"的成果。

理论化学、结构化学对我国生物固氮研究的贡献居功至伟，这是公认的。

3. 江山代有才人出，各领风骚若干年

20世纪末，固氮研究取得重大进展。一位获"2015年科学中国人"称号的固氮团队成员介绍："1992年，固氮酶的三维空间结构取得了历史性突破，加州理工学院Rees等成功地测定了钼固氮酶钼铁蛋白和铁蛋白的三维结构，确定了固氮酶催化活性中心结构$MoFe_7S_9$(homocit)(S-cys)(N-his)。2002年，Rees又通过1.16埃高分辨率下的单晶衍射分析，确认催化活性中心含有轻质原子X，X很可能是N，但不排除C和O。中心原子的提出及其不确定性大大影响了科学家对催化活性中心的认识，以及对固氮酶催化作用机理的研究。"原有的2Mo-1Fe三核活性中心等模型受到了挑战，但不知新的模型是否同样能够很好解释上方列出的相关实验现象。

另外，我国科学家采用合成生物学方法构建了铁-铁固氮酶体系，确保了该体系合成及其生物活性的十个必需基因，且发现相关活性中心FeFe-co的合成比传统的钼铁固氮酶活性中心FeMo-co的合成过程更加简单（见《美国科学院院刊》PNAS，2014）。

大连理工大学在双铁分子仿生化学固氮新功能材料方面也有不错的进展（见*Nature Chem.*, 2013）。

生物固氮特性大多集中在豆科植物的根瘤菌上，如果能够把固氮功能转移到水稻上，对我们这样的产米大国，节省人工氮肥的意义将十分重大。近年来这方面的研究也取得了明显进展。

诸如此类，还有许多。

上述进展再次使人联想起MD5密码算法的轶事。该算法于1991年由国际密码学家图灵奖（被誉为计算机领域的诺贝尔奖）获得者、公钥加密算法RSA创始人、麻省理工学院的Riveot设计，2005年即受到山东大学王小云教授的质疑和破解，数学算法密码学的核心技术在舞台中央只站稳不算长的15年。清代文学家赵翼把历史上优秀人物创立出色业绩，并对后世产生深远影响的现象称为"江山代有才人出，各领风骚数百年"。21世纪科技进展日新月异，"数百年"已经太长，只能是"若干年"了。当今，不仅科技进步异

常迅猛，理论界、文化界思想碰撞等无不短兵相接，猛烈交汇，这是时代的崭新特点。若把2017年初刚就职的美国总统的讲话，和我国领导人在瑞士达沃斯论坛上的发言加以对比，或许能够更好地证实这样的判断。

4. 众里寻他千百度，解开制乙醇机密

20世纪70年代的石油危机和日本为此制定的优化利用煤炭之"阳光计划"，让蔡启瑞先生意识到，我国的能源战略应该把合理利用丰富的煤炭资源放在突出位置。"碳一化学催化研究"国家自然科学基金重大项目在蔡先生的建议下直到80年代中叶才获立项，成员包括中科院研究所和高校共6个单位，研究内容涵盖煤气化制合成气，进而合成汽油、柴油、甲醇、乙醇、乙二醇、二甲醚等重要化工产品的催化核心问题。课题成果节省了宝贵的石油原料，它也是日后提交依据国情实施"煤油气并举，燃化塑结合"建议的基础。从学术角度衡量，"碳一化学"课题重点讨论的是$C\equiv O$的活化，而合成氨则涉及$N\equiv N$，两者有相同的电子数，均为三重键键合，前者是异核双原子分子，后者是同核的，它们的加氢制醇及加氢成氨，都是化学工业的重要过程，尤其是它们加氢时均存在解离式机理和缔合机理之争，可比性强，颇具学术价值。

蔡启瑞（左三）和催化教研室师生在鼓浪屿。右一是作者蔡俊修

该课题是1992年结题的，并作为国家自然科学基金重大项目案例之一存档。其中合成气制乙醇机理的研究尤受同行好评，获得国家自然科学奖三等奖，*Applied Catalysis A* 评述它是中国碳一化学五年来最重要的进展之一。

蔡启瑞团队对合成气CO/H_2制乙醇CH_3CH_2OH机理研究的要点是：

（1）通过理论分析确定，该反应的第一步CO是在H_2气氛下氢解为甲酰基HCO—，再加氢成为卡宾基$:CH_2$，即所谓的缔合模式。国际上不少知名同行坚持的是解离模式，即$C≡O$之间的三重键先断裂，而后逐个加氢。

（2）有创见，有歧见，务必拿出证据。厦门大学团队设计了独特的捕获剂CH_3I，加上同位素法和红外光谱分析，顺利解决了以上一个碳（C1）物种的检测，说明第一步C1物种的形成并非凭空臆测。

（3）该C1物种与CO的耦合得到乙烯酮$CH_2=C=O$，继续加氢获得乙酰基CH_3CO—，再加氢转化为产物乙醇。这些步骤少有分歧。

（4）以上的陈述等同于只要出现卡宾基$:CH_2$，逐步演进，得到乙醇是顺理成章的。如果能够证明这个假设，则锦上添花矣！为此，设计了作为模型物的簇合物$Fe_2(\mu\text{-}CH_2)(CO)_8/SiO_2$，它只提供卡宾基$:CH_2$，而不是一氧化碳（CO），这时如果没有催化剂（负载的促进型Rh），能够合成出乙醇吗？实验证实，该模型物在合成气的氛围下同样得到目标物，使得相关论点更加有力。

（5）看得出负载的促进型Rh催化剂的作用在于从原料合成气中更顺当地获得甲酰基HCO—和卡宾基$:CH_2$，这时依靠关键反应步骤中间态的较大偶极距变化，及调节偶极与电荷相互作用降低反应能垒，指导了金属氧化物助催剂的选择，其实用意义显而易见。

这再次显现了蔡启瑞先生严谨缜密、简洁流畅的学术风格。

有人认为古今之成大事业、大学问者必经三种境界，其中"众里寻他千百度，蓦然回首，那人却在灯火阑珊处"的境界，蔡启瑞团队似乎也经历过。

5. 建议实施"煤油气并举，燃化塑结合"

（1）背景资料

"煤油气并举，燃化塑结合"是和能源相关的话题，能源又与发电、交通等民生关系密切，其重要性堪比军工、网络与安全、环保、农业、生物、（微）电子、制造、海洋开发利用等。它还分为新能源（风力、太阳能、水力、核电、生物能等）和传统能源（以石油、煤炭、天然气等化石资源为原料，近来又有了可燃冰、页岩气），丰富多彩。今后几十年里，传统能源仍是主角，不会很快淡出历史舞台。

我国的化石能源中，煤炭所占比例超过一半。即使我们已经开始可燃冰、页岩气的开采，业已建造了挖掘深度达数千米，甚至超过1万米的深海钻井平台，但是，煤炭资源的合理、优化利用仍然是绕不开的话题。

（2）蔡启瑞团队的若干建议

——1992年与中科院山西煤化所等共同承担的"碳一化学催化研究"国家自然科学重大基金项目结题，并被作为国家自然科学基金重大项目案例之一。

——1997年借中科院山西煤化所彭少逸院士参加全国政协大会的机会，共同提交了"煤基合成气、甲醇化学中的催化和材料科学基础"，也称为"煤气化综合洁净利用；发展甲醇汽车和甲醇燃料电池"提案。

——在"21世纪新一代煤化工技术发展研讨会"上，提供了"煤洁净发电联产甲醇燃料，发展甲醇汽车及混合动力汽车"的交流材料，旨在"促进电力、燃料、化工联产产业体系"。

——参加"2002年中国国际煤化工及煤转化高新技术研讨会"（北京，中国石油和化学工业协会、中国煤炭工业协会联合举办），并在《中国化工报》上发表了《优化利用化石燃料资源，创建能源化工先进体系》的文章，中心内容是用好煤炭，多联产甲醇。但甲醇的出路仍需要斟酌，甲醇汽车能否成为主流也得评估，或许会遇到电动汽车的强烈竞争。

——2002年，发表"Energy Policy Restructuring and a Scheme of Clean Coal Technologies"[*Coal Chem. Ind.*（*supp.*）*Proc.*, 177]，再次建议实施"煤油气并举，燃化塑结合"优化和洁净利用我国化石燃料资源的战略方针。

这些建议和文章的原始稿件见本书附录。

上述建议的核心是：工业化国家燃化工业数十年来过分依赖石油为原料，两次石油危机后才又重视碳一化工。我国完全可绕过这条老路，及时径走煤油（气）并举，燃化（塑）结合，优化和洁净利用化石燃料资源的道路；既要发展石油深加工，多产石油化工大吨位产品及专用和精细化工产品，又要及时发展煤基和天然气基的汽、柴油代用燃料，并配套发展煤化工和天然气化工。也就是不能过分依赖石油原料，而必须"煤油气并举"，还要多联产甲醇等化工品，并为甲醇找到合宜的出路。

（3）社会的反馈

——工信部发布《关于开展甲醇汽车试点工作的通知》（工信部节〔2012〕42号文），决定在山西省、上海市、陕西省开展甲醇汽车试点。

——2017年1月，工信部办公厅发布《关于做好甲醇汽车试点验收准备工作的通知》（工信厅节函〔2017〕26号文），决定上海、长治、西安、宝鸡、榆林等已完成试点运营工作的城市，抓紧提交验收申请，经由预评估，完成正式验收，形成甲醇汽车试点工作全部总结报告和配套支撑性说明材料。未完成试点运营的城市，也应该尽快按照以上步骤完成验收。

——2017年2月20日，科技部发布2016年度中国科学十大进展，其中第一项是中国科技大学谢毅研究组完成的"二氧化碳高效清洁转化为液体燃料的新型钴基电催化剂"。通过仅数原子厚的钴金属层和钴金属/氧化钴杂化层之间的协同作用，在低过电位下，高选择性地将CO_2转化成液体燃料甲酸。该研究成果发表于著名学术刊物*Nature*（2016）上，国际同行称该成果距离商业化应用还有很长时间，但是一次很受鼓舞的重大突破。

——经过十数年的努力，我国科技工作者采用预热燃烧法，实现了约占储量40%之低阶煤的高效燃烧，既提取油气，剩余的残炭还可以作为高品位洁净燃料用于发电，为"煤油气并举"创造了厚实的条件。

——我国科学家研发了铂负载催化剂，促进甲醇和水的液相重整，让家用小汽车每百公里燃料费降至约15元。这种原位制氢技术对燃料电池的走向实用将起到关键性的影响，详见"Low-Temperature Hydrogen Production from

Water and Methanol Using Pt/α-MoC Catalysts "（*Nature*，2017-03-23）。

综上，CO可制甲醇、乙醇、乙二醇、甲醚等燃料，CO_2也可以获得液体燃料甲酸，而甲醇可能方便地原位制氢，让甲醇汽车直接升级为燃料电池汽车，那么，低排放、运行费用更廉价车辆，乃至煤基能源资源合理利用的前景将变得既现实且美妙。

6. 尘封的邀请函

2001年蔡先生88岁，10年前已经正式办理退休手续，而他的学术活动仍然有条不紊地进行着：

继1992年完成"碳一化学催化研究"国家自然科学基金重大项目，和1995年"合成气制乙醇催化机理的研究"获国家自然科学奖三等奖之后，1997年起蔡启瑞团队接连提出建议和发表文章，旨在根据我国煤炭存量丰富的国情，实施"煤油气并举，燃化塑结合"优化利用化石能源资源战略。详细内容参见上方第5部分。

生物固氮方面：

1995年，发表"On the Structure-Function Relationship of Nitrogenase M-Cluster and P-Cluster Pairs"（*J.Cluster Sci.*, 1995）；

1998年，发表"Molecular Recognition Catalysis and Two Proton-Relay Pathways from P-Cluster to M-Center"（*Biological Nitrogen Fixation for the 21st Century*，1998）；

1999年，与卢嘉锡、万惠霖等提出"加强生物固氮基础研究的建议"，希望在国家重要基础研究发展规划中列入"生物固氮及其化学模拟研究"（收录于《中国科学院院士建议》第二期）。

2000年，蔡先生收到瑞典皇家诺贝尔奖颁奖委员会的邀请信，提请举荐2001年诺贝尔化学奖候选人。

该邀请信从收到直至他住院治疗，历经整整10年，却从未在《20世纪中国知名科学家学术成就概览：化学卷》（科学出版社，2011年）、《老科学家学术成长资料采集工程丛书》（中国科学技术出版社，2015年）、"蔡启瑞百岁庆

ROYAL SWEDISH ACADEMY OF SCIENCES
NOBEL COMMITTEE FOR CHEMISTRY

STRICTLY CONFIDENTIAL

Professor Cai Qirui

On behalf of the Royal Swedish Academy of Sciences we, as members of the Nobel Committee for Chemistry, have the honour of inviting you to submit proposals for the award of

The Nobel Prize in Chemistry for 2001.

According to the Rules of the Nobel Foundation the discovery or improvement should be indicated for which the award is proposed and reasons given for the suggestion. Work done in the past may be selected for the award only on the supposition that its significance has until recently not been fully appreciated.

A summary of the regulations governing awards is appended as well as a form which may be used for the proposal of candidate(s).

Proposals, which should be addressed to The Nobel Committee for Chemistry, Box 50005, S-104 05 Stockholm, Sweden, cannot be considered unless received by the Committee not later than 31 January 2001. The street address (for express mail delivery) is Lilla Frescativägen 4.

Stockholm, September 2000,

BENGT NORDÉN
CHAIRMAN

PER AHLBERG

INGMAR GRENTHE

CARL-IVAR BRÄNDÉN

BJÖRN ROOS

ASTRID GRÄSLUND
SECRETARY

2000年，诺贝尔化学奖颁奖委员会邀请蔡启瑞举荐2001年诺贝尔化学奖候选人

祝会"（2013年）等文稿和活动中被提及，它是在近期整理遗物时发现的。虽然诺贝尔奖候选人之推荐人一般来自先前的诺贝尔奖获得者、诺贝尔奖评委会委员、特别指定的大学教授、诺贝尔奖评委会特邀教授，在蔡启瑞先生看来，它就是一封邀请信，或许表明某些工作引起了对方的兴趣，因而可留作纪念。

7. "基本训练很重要，挫折奋起尤可嘉"

2002年，近90岁的蔡启瑞教授招收了最后一名博士研究生。他们试图对此前多次提及的质子传递的双通道设想寻找实验证据，还请中国农业大学微生物学家等协助指导。

他们认为质子传递不仅存在于固氮酶，也存在于所有生物体中，但国际生物固氮学界还少有涉及。蔡启瑞团队设想把自己合成的化学探针装入固氮酶体系中进行配体取代，并测试其活性，却因固氮酶分子量超过20万单位，切口太小仅小部分探针装入而代表性不够。后来改用体外重组，又因需要众多基因，对厌氧条件要求甚高等一时难以满足致活性欠佳，再告搁浅。

但是他们还在努力，例如试图借助Hyperchem软件进行理论探索。

他们成功过，也承受过挫折，但不改初心，"大胆假设，小心求证"。他们的信条是"基本训练很重要，挫折奋起尤可嘉"，并认为有两点需要加强：一是与生物学科的交叉融合对于生物固氮研究尤其重要；二是进一步发挥化学学者在该领域中不可或缺的作用。

最近首位获得"中国未来科学大奖"的薛其坤院士说："科技山顶有樱桃，能够摘得固可喜；若攀登途中顺势收获一些桃子，同样值得庆贺。"蔡启瑞团队就是这样攀登不已，相信它的年轻成员会不断给出更完美的答案。

三、结束语

一代鸿儒，用对本职工作的挚爱和开拓思维，给后人树榜样；

长存正气，以诚毅至善的大局观和团队精神，为南强添光彩。

作者简介：

蔡俊修，男，厦门大学化学化工学院教授，博士生导师，原催化研究室主任，中国化学会催化专业委员会委员。蔡启瑞先生长子。

亦师亦友话家翁

陈笃慧

　　从孩提起，家翁蔡启瑞先生就看着我长大，这缘于我父亲和他是大学同班同学，毕业后又相继在母校任教。当时厦大内迁长汀，我们比邻而居，同在一个屋檐下，两家亲密无间。我和哥哥称他蔡伯伯，他是父亲的亲密朋友，后来蔡先生用"映雪楼中成抵榻，囊萤窗下感同帷。汀城岁暮防'疯犬'，鲤郭暑深议'四非'"追忆了那段岁月。

　　不久父亲土法制硫酸，受SO_2侵害致疾，我们家结束了不长的汀江之旅，返回故里鲤城泉州。再次重逢已是1956年伯伯旅美归国的时候了。过了两年，我考取厦大化学系，还选择了他创建的催化专业，成了他的学生。是时他特修书一封给我父亲，欣喜第二代又续厦大情缘，表示将助我成才。1972年冬，当我从中科院化学所调回时，已是他的儿媳。至今，几十年时光已逝，然而记忆中的点点滴滴，沉积心底，构成一幅慈父、导师和朋友的画卷。

　　中学时代，我就知道父亲的挚友蔡伯伯才智超群，人品高尚，他的许多"超人"故事，包括给父亲信中的优美字句，不断在我们陈家传诵。比如躺在床上可以把微分方程准确地推算出来；下盲棋，他一对二，居然都赢；上课不记笔记，依然名列前茅，等等。从入大学至今，在他的几个子女中，由于弟妹多在外地，我和他相处的时间最长，从最初的请教学问到后来的思想交流，从拘束谨慎到敞开心扉畅所欲言，亲情也从伯伯、公公到父亲逐渐蜕变升华。

　　他关心我的学习，一再告诉我语文很重要，包括外文。他强调基础知识，一次我问他金与王水反应式的写法，他随口答出，娴熟的化学基本功令人惊

2005年，蔡启瑞（前排左三）和长子、长媳一家合影

诧，且果真助我考得满分。他不仅理论水平高，还重视动手能力，他说他能吹出实验用的全套玻璃装置。在超导热的20世纪八九十年代，他认为无论是钇钡铜或其他体系，让全部成分瞬间完全沉淀至关重要，否则即使结构正确也无望实现超导。为此，他指导我使用多个螯合基团的沉淀剂，使实验较快获得成功。他提议抓紧申请专利。在看过我的全部实验记录后，又指导我修改其中一篇论文的前言，让我亲自体验了他对科学实验真实性和论文严谨性的一贯态度。

他关心我的健康。大学阶段正是国家遭受三年困难时期，他家偶尔煮了南瓜面，会邀我一起进餐稍事调节。有时我要开夜车，就住到他家。半夜，住在隔壁的他会关切地问："夜深了，要不要冲点面茶充饥？"20世纪60年代末，我的第一个孩子将降临，当时厦门武斗不断，只好暂避鼓浪屿姑姑家，那里离医院较近。一天，突然收到他的来信，信中说：再过几天就要"发榜"，虽然老奶奶希望是男孩，我和你妈则认为生男生女都一样。原来细心的他担心那位年轻时就守寡，又特别疼爱我们的奶奶抱重孙的愿望会增加我们的压力，特来函让我放宽心。类似令人难忘的关怀还有许多。

他关心我的思想动态。我生长在文化氛围浓郁的家庭，长辈们大多饱读诗书，关心国事，谈古论今，向往进步，从小的耳濡目染，养成了我积极向上的个性。在蔡家，熟悉的气息让我备感亲切。我们经常聚会，谈话内容都是化学、科学构思、国内外大事、台湾问题，等等。公公是我最好的倾诉对象，遇到曲折和困难，他会帮我分析和排除。"文化大革命"让人沮丧时，他送我们小家庭的"韧"字家训，帮我们度过艰难时光，重新鼓起前进的风帆。对于不同的看法，他也允许争辩。1975年蔡俊修调入厦大，他让其先到化工厂工作，1978年不让他考自己的研究生。后来的留学考试揭晓，又坚持让其前往非英语语系国家。对此，我想不通。我们年纪不小了，当时正是尽快把过去耽误的时间夺回来的好时机，岂可再折腾。沟通后，我们慢慢领会了他的良苦用心，他要的是儿女们踏踏实实地走出属于自己的正确道路。

当然，每次会聚也不总是那么严肃生硬。年轻时，蔡先生的兴趣广泛，只是日后事业繁忙，许多爱好被搁置了。他热爱文学诗词，象棋桥牌的水平不低。他对音乐的钟爱很出乎我的意料。中美相距万里，旅途耗时数十天，但他却带回了大量的古典音乐唱片。60年代的一个晚上，他邀请我到家里欣

蔡启瑞（右二）和亲属合照。右一是他的长媳陈笃慧（作者）

赏音乐，当《蓝色多瑙河》的旋律响起，他会不时地解说其中的曼妙，介绍它们的意境和引发的共鸣。这些让我悟出了跳动音符和科学家构思之间的奇妙联系，相通之处就在一张一弛，相得益彰。

和子女平等相处是先生的为父之道。现在回想起来，无论是交谈还是通信，传递的都是正能量，难怪他的子女都学而有成，因为对照他树立的标杆，每个人都会尽力效法追赶。

从公公的几次大手术，可以看出儿女们对他的爱之反馈。近两年，他年老多病，长时间住院治疗，所有儿孙天天轮流陪护，尽量在精神上给予更多的慰藉。1979年的胃癌之虞，听说术后花费很大，我即表示可以献出全部积蓄，想不到区区小事，至今他还会对人提及。1982年脾脏结合部撕裂，流血不止，血红蛋白骤降至5 g/dL以下，十分危急。当时在厦子女就剩我和小妹，手术需要大量输血，又逢台风来袭血源告急。当得知他和我同为O型血时，我立即请求现场总指挥田昭武校长先抽我的血。正当我们走到验血处，市委陆自奋书记组织的5名海军战士赶到，数千毫升新鲜血液挽救了公公一命。第三次肠梗阻，公公怀疑是胃癌转移。我一方面参加医疗方案的讨论，另一方面帮其分析排除忧虑。我的细致和果敢，给他留下较深印象，事后他突然来到我位于五楼的住家，说"我刚出院就到这里向你表示感谢，关键时刻需要你"，还说护士问"是女儿吗"。实际上，为他做什么都是应该的，我们对他爱的回馈，既是责任，更出自内心。

家翁走过了不平凡的百岁人生旅途，他的学术成就和人品已经颇多论述，这里仅从家庭的角度，补充丰满之，并作为他100岁生日的一份小礼品。

作者简介：

陈笃慧，女，厦门大学化学化工学院教授。蔡启瑞先生长媳。

爸爸，我们爱你

陈笃慧

今天我们共聚一堂，缅怀蔡启瑞教授的光辉一生，作为他的后辈，我最大的感怀就是他不仅是一位为国家做出重大贡献的杰出科学家，而且是一位充满爱心的长辈，正像在他百岁生日的贺电中，东南大学前校长陈笃信说："您爱家庭、爱朋友、爱学生、爱母校、爱祖国，您总是用勤奋的努力来实现自己的爱心。"

下面我从四个方面阐述。

一、家国情愫，科技为本

自从考上厦大，到后来成为他的家庭成员，几十年的相处，几十封往来信件，封封件件都显示出他强烈的爱国情怀和复兴中华科技的厚重使命感。我曾经感叹过，作为父亲，他一辈子对子女说的话一直充满正能量，从不掺杂丝毫杂念，这该有一颗多么纯净的心，又该有何等高贵的灵魂！

有一件事是很值得怀念的。每年正月初一，当向他拜年的人群散去后，剩下的总是万惠霖、张鸿斌、林国栋等，这时我们就开始和蔡先生畅谈国内外大事，谈话范围从世界谈到中国，谈到厦大，最后一定谈到化学系。时间从上午直到午后，误了午饭，忘了休息，最后大家满怀着对明年的期待才恋恋不舍地告别。现在蔡先生离我们而去，这样的谈话再也不会有了，我怀念着正月初一这顿"精神盛宴"。

蔡启瑞先生的爱国心还表现在他总以战略家的眼光注视着周围世界。

蔡先生是化学家，却又异常敏锐地关注着周边的人和事。十来年前厦门港口的建设一直萦怀在他的脑海。他认为如果厦门港的年吞吐量能够达到2亿吨以上，加上周围的宁波港、上海港，那么，曾经位居世界前五的台湾高雄港的吞吐量将明显下降，其重要性也会随之跌落，这样，无疑是对"台独"的致命一击。厦门的腹地较小，怎样才能尽快让它进入国际大港的行列呢？他认为关键在于加快相关铁路的建设。他强调厦门经过龙岩、长汀，进而经江西赣州向西，进入湖南，再转向湘西怀化，衔接新渝线，通向大西北进入兰州、新疆。在他看来，西北的出海通道严重不足，北方的天津港忙着运煤炭，上海港更是黄金水道的出口，繁忙程度可想而知，广州港同样拥挤不堪，只有厦门港还有潜力。厦门港的腾飞必然是双赢，甚至多赢的局面。因为相关铁路建成后，厦门腹地小的矛盾将缓解，西北的通海出口同样有了新的选择。当时我们还和他争论着，铁路建设属国家一盘棋的范畴，不是福建省自己能够决定；他也不肯退让，认为福建省、厦门市应该积极反映和力争。直到后来才知道他还是省工程咨询总公司的顾问专家。

如今海上丝绸之路连接"一带一路"的伟大蓝图已经绘成，厦门港宏图大展的设想正在逐步实现，蔡启瑞先生在天之灵，当可欣慰，额手称庆。

二、名师指点，杏坛佳话

抗战时，萨校长邀请傅鹰来厦大任教，当时傅鹰已是有名的教授，蔡先生是他的助教，自此，这对师生结下一辈子深厚的情谊。在长汀，蔡启瑞是厦门大学的青年才俊，一颗冉冉升起的新星，傅鹰夫妇对他倍加赏识，这种好感甚至扩展到对他家人的关爱，蔡俊修还记得傅鹰夫人张锦教授送他一件绿色毛衣。1964年春天，我们几位在京的蔡家孩子，和姑母陈碧玉于北大求学的大儿子特地到中关园拜访傅鹰夫妇，张锦教授高兴地请我们到位于动物园的莫斯科餐厅小聚。

学术上，傅鹰对厦大的影响是深远的，他提醒他的助手应该注意世界量子力学、量子化学的蓬勃发展趋势。他说，"化学正从经典的统计热力学逐渐深化为理论化学、结构化学，你们要跟上学科发展的潮流"。后来蔡先生告诉我，美国导师纽曼是从事有机化学的美国科学院院士，蔡先生博士毕业后，纽曼问他是否继续有机化学的研究，他回答："不，我就像公共汽车一样，到了一站又将继续前行，我的进一步选择是结构化学。"多年后，傅鹰一定也为他弟子的成就感到欣慰。20世纪70年代初，有一次蔡先生从北京回来，他告诉我，傅鹰打算把抄家归还的10万元存款捐赠支持厦大的科学研究，表示了傅鹰老师对他的弟子的深厚情感。

三、同窗挚友，传递情谊

我父亲陈泗传是蔡先生最好的朋友，他俩是大学的同班同学，后来又是厦大的同事，还是同一屋檐下的邻居。

父亲是当时泉州高中的翘楚，大学阶段却惊讶地发现才智超群、人品高尚的蔡启瑞，顿时被深深地吸引。他们很快惺惺相惜，成了挚友，怀有共同的理想，要为中国的化学事业努力奋斗。

蔡先生在美国期间被授予博士学位，参加美国化学会年会并宣读论文等，都来函与我父亲分享。父亲有一套德语的《化学化工百科全书》，在他病重时特地吩咐我将该丛书转送给蔡先生，作为他们一生真挚友情的纪念。

1977年我父亲逝世时，蔡

蔡启瑞（前排右）与大学同窗好友陈泗传（前排左）等合影

蔡启瑞（前排右一）和夫人陈金鸾（前排左一）与母亲陈软（前排右二）、子女及侄儿合照。后排右三是作者陈笃慧

先生赶到泉州送别，并赋诗一首表示悼念：

知君不起来相诀，忆到旧情泪欲垂。

映雪楼中成抵榻，囊萤窗下感同帷。

汀江岁暮防"疯犬"，鲤郭暑深议"四非"。

建设有期方共喜，无缘再叙竟长违。

因为父亲的关系，蔡先生对我姑姑陈碧玉也像妹妹一样关照，回家探亲时顺路带她去长汀考入厦大数理系。后来父亲因SO_2的伤害离校返回泉州，姑姑情绪有点低落，蔡先生鼓励她："山重水复疑无路，柳暗花明又一村。"

"四人帮"倒台后，从厦门教委副主任离休，荣获"厦门十大时代女性"的姑姑回忆说，当初她决心创办外国语学校，得到蔡先生的热情支持，终于成就了又一所名校。

四、母子相依，世人敬重

蔡先生是有名的孝子，父亲在他出生不到一年，就因淋巴结核过早病逝于越南，当年母亲才27岁，靠帮人做针线活来维持生计。蔡先生从小十分懂事，从不向妈妈讨要东西，还常常变着花样逗乐母亲，像背起母亲在院子里转圈，或在一口枯井里和妈妈捉迷藏。

随着儿子的成长，不识字的母亲也慢慢地融入了知识分子氛围。她全力支持儿子的事业，比如有一次蔡先生的鞋子坏了，第二天要上课，先生的脚大，一时在长汀山城买不到合适的鞋子，母亲就调动全家妇女连夜制鞋，让蔡先生第二天顺利地走上讲台。蔡先生在美国的10年，她坚强挑起全家近10口人的重担。蔡先生一回国，为了让母亲过得安乐些，他每个月给母亲60元，这相当于一个大学生的月薪；母亲年老了，住在马巷老家，蔡先生尽量在星期天抽空带上母亲爱吃的果蔬、糕点，一天来回100公里到马巷探望。

蔡先生对母亲的深情还表现在，在病危时他几次说起很想念妈妈，并对催化支部书记傅锦坤说，他将来要和妈妈葬在一起。

一个日夜繁忙的科学巨人，大家都说他对子女要求严格，要他们洁身自爱，努力奋斗，事实上这体现了一种更高水准的爱。而且，如果细细体味，也

蔡启瑞和长孙合影

会在日常生活中感受到父爱的柔情。比如，有一次我胃发炎，吃饭时他特地关照我不要吃那盘性寒的菜肴。我第一次的发言稿，他要我念一遍给他听。还有，2011年我摔坏了髋关节住进第一医院，那时他已接近百岁，也正在该院与年老体衰进行着长时间的抗争。当得知我病了，就让护工用轮椅推着来到我的病床前，一再吩咐我安心治疗。

父亲的关爱和抚慰温暖着我的心，他输送的正能量让我们一生受用。爸爸，我们爱你！

作者简介：

陈笃慧，女，厦门大学化学化工学院教授。蔡启瑞先生长媳。

心中永远的纪念

蔡维真

现在回想起来，和爸爸一起的日子实在太短太短！我和哥哥弟弟都出生在山清水秀的长汀——抗战中的厦门大学。从我记事开始，高大的父亲去美国留学，父亲的印象只在由大洋彼岸辗转寄来的宝贵家书和照片里。1956年父亲回国，接我们回厦门。我在双十中学念高中，住在厦门大学。那是一段充满动荡与战火的岁月，但对我来说又是难得的一段充满温馨的日子。还记得父亲给我和邻居小朋友在海边照相很有兴趣的样子，小妹妹的降生带给这个家的欢乐，以及因炮击和空袭而多次搬家和频繁出入防空洞的情景。三年后，我离家去北京上大学，似乎因他的轨迹导引，我们也都走上了科学与教育之路。中科大毕业后我留在北京工作，之后成家，去欧美再回国工作。因为我们夫妇二人奔波不定，孩子们也有好几年在厦门由阿公阿嫲帮助照顾。几十年来，只有短暂的探亲时间可以回到父母身边，但不管我们在哪里，有机会时父亲都会来看我们。每次宝贵的短暂相聚，都是我们小家的节日。虽然聚少离多，但无论离家多远父亲的教诲和榜样力量无不给我十分宝贵的引导，成为强大的动力来源与精神支柱。几十年匆匆过去，转眼间父母年事已高。母亲去世后，90多岁高龄父亲需要照顾，我和爱人也到了可以退休的年龄，得以大部分时间回家陪伴他。朝夕相处，让我们能更深地了解他的思想境界和处世为人。我们深深体会到他为科学事业而不知老之将至，那种与生命抢时间的精神贯穿日日夜夜、年年月月。尤其是见证了父亲与衰老病痛顽强斗争的那段刻骨铭心的历程，使我至今难以忘怀。

潜心科学，报效祖国是他一生的使命

在研究方向的选择、课题的取舍上总是以国家建设的急需为导向。在日常生活中也贯穿着他对国家发展的高度关切。读报一直是他生活的一项重要内容。虽然高龄眼花，但他每天用放大镜看报，并认真剪报，收集有用的信息。除了最关心的科技进展外，还包括他十分关心的国家大事、重大建设、新技术新成就等，他对海西建设和发展尤为关注。比如，很多年前就听他向我们讲述修建厦门至赣州的铁路连接欧亚大陆桥的意义，并极力呼吁，希望厦门能成为中部诸省的出海口。他非常关心国家的统一，关心"有中国心"的台湾政治人物。一直到他身体已经十分衰弱，卧床不起，只要谈到台湾问题，他仍然十分牵挂。

爸爸多次跟我说，他最敬佩陈嘉庚先生和萨本栋校长。他说："陈嘉庚老先生懂得国家的出路在于教育。没有陈嘉庚先生的兴学和奖学金，我不可能上中学和大学。""萨本栋校长是我的楷模。在最艰难的抗战时期，他为厦大操劳成疾，英年早逝太可惜了。"他认为爱国也要从小事做起，要求购买的软件必须是正版的；尽量买国货，支持民族工业。他的爱国心和坚定的政治信念，使他度过风风雨雨几十年，为国家做出贡献。他留学海外多年，阅历丰富，回国后历经政治风浪，但他始终如一地坚信，国家基础差，现在比过去好，以后会更好，自己应为国分忧。在"文化大革命"风暴中，他忧国忧民，尽力想寻找机会做一点科研。当时学校内无法进行科研工作，他觉得不应该拿着国家工资而不做事，于是自己去买了一件旧棉袄御寒，坐火车到有合作关系的衢州化工厂和工人一起抓生产，受到工人们的欢迎。做好本职科研工作，一丝不苟做学问，贯穿他的一生。我没听他说过许多爱祖国爱科学的"豪言壮语"，但在他那里两者是很自然地统一的。

科学事业是他的生活和生命

他勤于思考，也乐于思考，正应了哲学名言"我思故我在"。几次因病躺在病床上，他心里放不下的是还没能完成的科研项目。最后的这几年，虽

蔡启瑞伉俪和外孙女于厦门大学建南大会堂前

然身躯日渐衰弱，但工作近百年的大脑仍然休息不下来。睡眠中有时传来他的喃喃自语，梦中也在谈论化学，有人来访或医护人员过来才会使他从意识流中醒来，回到现实世界。2013年在准备他的百岁活动时，我把他在美国俄亥俄州立大学哥伦布分校时的导师照片给他看，他马上认出是Newman教授。他已经记不得很多事，甚至亲人的名字，但是与他学术和业务相关的，还牢牢地印在脑海里。2014年，有一次他竟然用英语流利地讲了一大段与碳化学有关的话，俨然是在作学术讲演！

父亲在70岁以后，经受了多次手术甚至抢救。我们非常感谢学校、市、省及国家各级组织的关怀，医护人员的治疗与照顾以及解放军战士的无私献血，使他能一次次地化险为夷。每次手术后，他都积极而顽强地锻炼，以求身体尽快康复。93岁的他经过置换髋关节手术后一两个月就可以自由行走，后来甚至上下四五层楼都没问题。每一次脱险后他都更急不可待地回到他的忙碌状态，因为他还有太多的事要做考虑：思索和设计清除并回收发电厂废气中的硫的技术路线；探索新型燃料电池的新材料；为国家引进人才而多方联络……尽管随着年龄增长不可避免地会脑力衰退，但他头脑里这些大事从来没放下，而且对与专业有关的记忆，往往让我吃惊。我们深深地感觉到，年迈的父亲把对毕生事业的责任感变为日益增加的紧迫感，从而给自己更大的压力，有如夸父追日。

对新技术，父亲从不因年老而排斥，他总是十分支持新事物，并乐于学习。他自80多岁开始学电脑，就离不开它了。96岁前他的卧室就是书房，坐在电脑桌前打键盘，一坐就是几个小时。家人自然心疼，劝他休息，毕竟过思伤身，尤其对90多岁的老人，况且几次大手术后他的身体已相当衰弱。每当因他不顾休息，长时间工作而与他理论时，他的回答是："这是比我生命还重要的事！"这样的故事不断重复。朋友知道他喜欢音乐，建议他抽点时间听听音乐，作为休息。可是很可惜，他把年轻时对音乐和桥牌下棋等的兴趣早已放弃了，他说没有时间了。

时下研究养生之道是一股潮流。常有人问：蔡先生长命百岁，一定很会保养。实际上他的实践并不太符合一般养生科学的保养。他生活简单，营养一般，体育运动太少，长期服安眠药。倒是对科学的不断探索，长期紧张的脑力劳动，或许有助于减缓大脑的衰退。科学使他"衣带渐宽终不悔"。真正的科学家总专心于追求前面科学的未知，不怕艰辛，以苦为乐，也不纠结于成功后的功名利禄之得失。潜心科学使人心理健康，应该也有助于他的长寿。

科学兴趣和责任感也可以激励个人修养。他最喜爱林则徐的两句话：海纳百川，有容乃大；壁立千仞，无欲则刚。常以此要求自己，也教育我们。他严以律己，谦恭待人，不论是同行、同事、学生、朋友，也不论是科学家、技术人员、工人，甚至是偶遇的陌生人，他总是诚恳相待，多为别人着想。对待有识之士、青年才俊，他倍加爱惜，不遗余力地呵护并积极举荐。而对不正之风他却很不能容忍，严厉批评，自己是避之犹恐不及。

成功人士背后往往需要有人支撑，在父亲的背后，支持他一路前行的有着两位可敬的女性：我的祖母和母亲。在怀念父亲的同时，我们也十分感恩和怀念她们。祖母自二十几岁守寡，靠手工针线艰难地支撑一个贫穷的家，并让父亲走上知识之路。是祖母用她的一生造就了父亲和我们全家，她的睿智、坚韧和正直培养了父亲的好品格，也是我们后辈无价的财富！父亲生前极其孝顺，甚至到他年逾百岁，卧病在床，思维严重退化时，仍然经常怀念祖母，多次提及祖母总是眼中闪着泪花。我的母亲温婉贤淑，具有传统中国女性的优秀品格。在父亲远离家的近十年里，她在艰苦的条件下，教书理家，上奉婆母，下育子女，养育了我们弟兄三人。之后的几十年中，除了做好自己的教师工作外，她全心全意、任劳任怨地担起这个家，全力支持父亲的事业，父亲因而从不需为家庭琐事分心。温馨的家庭使他得以全身心地专注于科研事业。父亲曾动情地对我说："我和你妈妈经几十年风风雨雨，同甘共苦，一起走了过来。"那一年，我们全家一起为父母亲庆贺金婚，见证了他们的坚贞爱情。后来在母亲生病期间，90多岁的父亲有时还亲自照料母亲的起居。父亲髋关节置换手术后两个多月，母亲突发脑梗，十分焦急的父亲于忙乱中不断打电话联络家人和医生，商讨合理的救治。在母亲弥留之际父亲一直守在身边紧握着她的手。我相信母亲一定是含笑离开这个世界的！

去年秋天送别了老父亲后，我们兄弟姐妹几个经常一起回忆父母亲对我们的养育之恩，回忆过去和他们在一起的难忘岁月，回忆父母留给我们的宝贵的精神财富。父亲献身科学、坚忍不拔的探索精神和毅力，他的个人修养和品格都是我们及后辈永远的榜样！

作者简介：

蔡维真，女，曾为中国科学院化学研究所副研究员，研究生院副教授。退休前为美国通用电器公司资深化学家。蔡启瑞先生长女。

创新应无涯，岂敢惜残年

——记亦父亦师的岳父蔡启瑞教授

许元泽

我第一次见到蔡先生，是在1965年，他在北京开政协会议，约我去民族饭店。父亲十分关心爱女的择偶，肯定也很好奇，这么多优秀青年，为什么这个小伙子能赢得爱女的芳心。单刀直入的感情提问使我不知所措，都不记得说了些什么。不过事后听说他向岳母通报，觉得我真诚朴实又阳光，像是自己家里的孩子。1968年元旦他来北京开会，一天她嫂嫂笃慧来问我，要不要趁双方家长在，把我们婚事办了，我说，"只要维真同意，我是求之不得呀"。就这样在长辈和大家的关爱下，我们举行了简单的婚礼。从此，我有了小家，也多了一个温暖的大家庭，沐浴在这样一个非凡的父亲的阳光下。岳父岳母深沉的爱，也给了我们的下一代。在那动荡的年代，我们为工作奔波，两地生活。外公外婆担起照顾孩子的责任，持续了好几年。孩子们对阿公阿嫲都有很深的感情。

随着时间推移和科研经历的丰富，我越来越体会到蔡先生不光是我们的好爸爸，也是我们一生永远的导师和榜样。不论我们走到世界哪个角落，都感觉他与我们同在，也影响着我们许多处事方式和人生选择。

在事业方面，对他最了解的，当然是他的同事和学生。这里，仅回忆半个世纪以来，亲身经历和耳闻的一些事例，集中谈论对他科研创新精神的体会。

立足物理化学，解码生物之妙

厦门大学化学系多年来在国内名列前茅，不是偶然的。学化学的容易精于技艺而疏于眼界开阔。复旦大学化学老师都说，厦大的学生四大化学基础扎实，来考研很受欢迎。这是与厦大化学系前辈的科学世界观和广阔视野分不开的。百年前，物理学研究深入原子、电子和基本粒子层面，量子力学和相对论出现，引起了科学革命。对化学物质的认识也有了质的飞跃，点石成金的化学反应也揭开神秘的面纱，兴起了结构化学和理论化学。科学家开始相信，所有物质，包括生物体的结构和作用机理，都可以用现代物理和化学的原理来阐明。

蔡启瑞先生是以这样的视野来建设催化学科的。例如关于化学模拟生物固氮，他说，在化学反应领域，科学家借助催化剂制作合成了不少新的有用物质，比如十分惰性的N_2也能够在铁基催化剂的帮助下转化成氨，但要在高温高压条件下才能实现。而固氮酶却能在常温常压下做到这一点。生物体的功能靠的是数亿年不断进化的物竞天择，承袭繁衍，是人类短时间内难以企及的；但可以破译它、模仿它，让化工变得更聪明、更科学、更有效率。1972年，"文化大革命"动乱还没有结束，他和卢嘉锡、唐敖庆三位化学界元老共同提出了化学模拟生物固氮的战略性项目，攻坚世界难题。卢先生从结构化学，唐先生从量子化学，蔡先生则从催化反应方面，合力揭示固氮酶的活性中心模型和催化作用机理。短短几年，提出我国独创的双立

1957年，蔡启瑞从美国返回厦大，为女儿摄影

方烷型原子簇固氮酶的活性中心模型和催化作用机理，受到中外同行的重视，这可算是"文化大革命"风云变幻年代的亮点。老一辈科学家在"文化大革命"中受到很大冲击，他们能不计个人恩怨，兢兢业业，以科研实际行动报效祖国，使我深受教育。不管政治形势和个人境遇如何变化，作为科学人都不要浪费时间，做好自己的科研本职工作。面对逆境，若不能正面乐观，荣辱不惊，就跟不上科学固有的步伐了。

蔡启瑞教授的厦大团队进一步意识到生物固氮酶具备的超群的催化活力来自双立方烷型原子簇结构中，一对偶联着的二钼一铁三核的构型，实施着固氮酶对各种底物的酶促还原，而且该还原反应还关联着两步ATP驱动的电子活化，后者类同于绿色植物光合作用中的光驱动电子传递机制。发现生物体超强固氮成氨的催化能力，不仅来源于固氮酶的核心物质的成分与结构特性，还与ATP驱动电子传递的偶合作用相关联。这一分子水准的诠释，获得了国内外同行的赞许。

生物固氮研究的进展也推动着非酶基合成氨的深入探索，例如对N_2在铁基催化剂α-Fe（111）面上的多核（Fe_7）吸附模式卓有成效的讨论，成为关联非酶催化合成氨和酶催化固氮成氨的有效途径，并把相关研究引向更深层次。厦大团队的该项研究荣获1987年国家自然科学奖三等奖，其获奖评语是："固氮成氨机理是具有重大科学意义和实际意义的研究课题，国际上对此课题的研究一直非常活跃。在固氮酶作用下和在铁催化剂作用下固氮成氨的反应条件相差悬殊，这两种催化剂的化学性质也很不相同，但它们对于固氮成氨的作用机理方面存在不少相似之处。本项目研究是对这两种催化剂作用下的固氮过程进行分子水平的研究与关联。"现在，方向已经指明，不断向模拟生物固氮催化合成氨的理想目标逼近，就是当代化学家的崇高使命。

虽然已经达到了国际先进水平，虽然已经有了成果，得到了奖励，他心里还是不满意，因为问题还在面前。为什么人工模拟的催化剂的活性还远不如生物固氮酶？他进一步指导他的团队进行实验探索，并同步开展固氮酶活性中心量子化学理论计算。这是更难的攻坚，穷追不舍的科研探索，有待新的进展。

遗憾的是，两位世纪战友，卢先生和唐先生，先后于2001年和2008年去世。95岁的蔡老写道，"……故友凋零情意在，岂甘衰朽惜残年"。他更加以一种和时间赛跑的心态，日夜钻研。从各种取代的固氮酶的催化活性累积的大量实验事实，他推测反应中心的质子传递链不容忽视，应该与电子传递匹配，才不至于过分滞后于电子传递。本世纪初，他做报告，题目是"生物固氮的分子识别和两条质子传递链"。他指导的最后一位博士陈洪斌的博士论文，就是关于质子传递机理的。由于活性中心的复杂性，化学模拟与在位检测十分困难，目前还是国际催化界的一个挑战性课题。

蔡老一向重视和鼓励锐意创新来解决能源问题。90多岁的他得到灵感，试图为发展高效燃料电池另辟蹊径。燃料电池中质子交换膜是个关键，因为电子在外电路运动速度极快，电池隔膜中质子传递就成为控制步骤。他从对生物固氮催化和光合作用的研究中受到启发，认为在生物过程中的质子通道传递速度快得多。为此，膜中质子传递不应该类似于离子迁移，而应该是一种同步位移的接力跃迁（hopping）的传递模式，这种量子隧道效应，可能要通过有机体系中的氢键导线（hydrogen bonding wire）。要形成这样的通道，氢键长度必须要小于一定尺度，才能实现质子在氢键导线中多米诺骨牌式的跃迁。为此，生物大分子要有恰当的空间排列。 这样他就开始了日日夜夜在网络上寻找，在有固氮和光合作用等功能的生物酶的三维结构中寻找这样氨基酸序列的键长键角资料，我们戏称为他的"达·芬奇密码"。这个寻找的过程一直进行到2011年春节早晨起来不幸摔倒，住院不起。很难找出近百岁的化学家如此专注于这样具体的研究。

我们不知道他搞燃料电池的灵感是从什么时候开始的。2007年母亲去世后，我们从上海回厦门和他朝夕相处，知道在他卧床不起以前的五六年里，经常是日日夜夜在电脑前，搜寻各种生物酶中的氢键通道。他多年患有睡眠障碍，想问题想深了，又难以入睡。长年服用安眠药。睡不着，干脆起来再到电脑前工作，等兴奋过了，疲倦了再睡。我们有时候半夜里起来看到他屋

1977年，蔡启瑞（右）与作者的父亲许国培在北京香山讨论化学教学

子里灯光又亮了，不免担心。他会笑嘻嘻地来开门，"我很快结束，你们睡吧"。时间长了，可能是住在附近的万惠霖教授发现了，于是"敬贤楼半夜的灯光"的传言在化院的同事间传开了。看到他"衣带渐宽终不悔"，我们劝他，"一定要保重身体，你可是厦大的国宝'熊猫'，不管你怎么行啊"！用各种各样的办法，吸引他对生活的各个方面的兴趣，每天在校园里散步，加强室内体育锻炼。但是一静下来，他的意识又会回到那微观化学的三维空间。甚至后来在医院卧床，发热说梦话，他也还在讨论分子模型。

蔡先生把燃料电池和化学催化这两个看起来不同的方向，在质子交换的机理方面紧密地联系起来了，如果我们能设计出一种含有氢键导线或其他高质子导电而低电子电导的材料做高速传递质子的燃料电池隔膜，可望大大提高燃料电池的效率。这样的燃料电池，即使不考虑工业用途，也可以作为一种检测手段，来研究复杂的酶催化的机制。这样吸引人的方向，现在至少还没有证据可以否定。可是现在他已经无法做下去，这也成了"蔡启瑞猜想"。

期望青年才俊能够在蔡先生这种精神的感召下，在他的假设的基础上，锐意创新，取得成功。他天上有灵，将会感到莫大的欣慰。

锐意创新之源

现在大家都强调创新，蔡先生可是长久以来都在大力提倡锐意创新。从中学生、大学生、同事到学术界，大到国家战略，小到实验设计，他都强调创新思维。他说的锐意创新，显然不是那种刻意的标新立异，或为了出文章，图与别人有所不同，去刻意在对象、体系、条件等方面制造新意。虽然没有看到他完整的论述创新的文章，但他以他毕生的科研实践，通过他对许多人的言传身教，使我们看到了创新有其源，创新也有方法规律可循，创新也要求我们的德行修养，这值得大家发掘和总结。

深知其父的蔡俊修教授说得好，"蔡启瑞先生那股涓涓科技思绪的清泉，既发端于自身的悟性，更来自后天不断进取的驱动力。这种不曾间断的驱动力正来自他对催化及其相关交叉学科的持久好奇心，如同源头活水，引来渠清如许"。

悟性源于对本质的深入探究，而达到贯通。这一点，我的父亲和蔡老在北京香山长谈化学教育后深有体会。我父亲许国培毕生从事中学化学教学，为国内多少代人编写中学化学通用教材。他说，以前编书注重概念渐进性、内容完整系统性以及联系国情。发现许多人能记而不能悟，兴趣达不到立志于化学。"蔡老到底是第一线搞科研的，在他那里，各种基本概念和新的思想都联系起来，融会贯通。如果这样教学生，一定事半功倍。看来如果抓住了本质，化学不是很难，会变得简单，对我们改进教材很有启发。"

为解决问题，毕生学习

蔡先生每次出差去北京，都喜欢到我们中关村集体宿舍小家来，他说，我们做的北京炸酱面最香，有时还住在我们一家四口16平方米的小房间，说睡得很香。其实，他也是为了方便，走不多远就可以到化学所图书馆和科学院图书馆，那里书籍资料比较齐全，原版杂志来得快。他十分重视掌握第一手材料，坚持看原始文献，相关的资料记了一本又一本。对如此高龄的学术带头人，是十分难得的。他长期订阅 *Journal of Catalysis*，*Catalysis Review* 和 *Accounts of Chemical Research*，相关文章大多读过，要点处还做上记号。《化学与工程新闻》(*C&E News*) 更是期期必读，为了抢时间，要我们在美国帮他订下原版的 *C&E News*。蔡先生的创新与他超乎常人的勤奋学习、真正掌握前沿是分不开的。

电脑的普遍应用始于20世纪90年代，那时蔡先生已80多岁，微软操作系统几年一变，一般人都苦不堪言，不少老师建议他放弃，改配备助手代劳。他没有动摇，越来越熟练，后来还能用电脑绘制复杂的结构图形。确实，年纪大了也必须努力跟上技术的发展，才能发挥老年醇酒的优势。他说，对自己有信心的人，容易跟别人合作。

科学本无涯，注重学科交叉

可以说，厦大化学系的辉煌，基于化学和物理学的成功融合。其成功的催化科学实践，也证明了这一点。今天我们表现出来的某些局限性，往往也与忽略这个传统有关。蔡先生的眼光不限于化学系，还关心其他理科的成长，并把化学系的发展和整个理工科发展结合起来看。他看到微纳米科学和工程具有巨大的意义和发展前景，十多年来，对创建"萨本栋微电子研究中心"，支持那里的青年骨干，引进美国科学院院士、中科院海外院士萨支唐尽心尽力，那时他已经八九十岁的高龄了。今天，以微纳传感和新能源材料为主要研究方向，进行有鲜明特色的微纳交叉学科的高水平研究的"萨本栋微纳米技术研究中心"已经建立，正在健康发展，可慰先生在天之灵！

关于当年我校国家重点实验室的组建，田昭武、张乾二两位院士都十分称道蔡先生的眼光和胸怀。根据厦大当时的实际情况，国家科委原计划在我校创建分子催化国家重点实验室。蔡启瑞先生认为我校物理化学中的催化、电化和量子化学三个专业方向都是基础厚实，成绩斐然，如果把这三股力量拧在一起共同申请，既有利于调动各方的积极性，也可以体现出我们的特色和综合优势。他还向评议组长唐敖庆先生介绍道："我们打算动员本校物理化学专业的全部力量承接好这个重点实验室。"在三个专业方向全体成员的通力合作下，厦门大学"固体表面物理化学国家重点实验室"连续数次获评国家A级实验室，和教育部10年总评中福建省唯一的化学领域优等奖，消除了一些人对这种多专业融汇合作往往不甚理想的担忧。前基金委主任唐敖庆先生对蔡先生的创意成功颇感欣慰。

此外，应该提到蔡先生和高分子科学的渊源。他在1950年，俄亥俄州立大学的博士论文就是关于聚酯的界面聚合和界面膜的实验和理论分析。那是在高分子聚合的起步阶段！1986年在香港讲学，记者问他为什么要搞催化，他说：在中国，工业催化剂的应用，集中在炼油工业方面。为什么呢？便是因为化学工业的三大合成材料，即合成纤维、橡胶和塑料都是从炼油工业得来的，经常要用到催化剂（《大公报》，1986-11-07）。他十分清楚，高分子材料是石油的最佳利用。当中国第一个高分子化学和物理系在中国科学技术大学成立，他就鼓励自己的女儿蔡维真去报考，说这是新的方向。感谢这一决策，

蔡启瑞（中）与蔡维真（右）、许元泽合影

才有我们的一生姻缘和十口之家。之后我们在国内外发展，他一直十分关心，鼓励我们在外面学到了知识，要回国出力才好。2001年我从美国受聘，任复旦大学高分子系教授，他十分高兴，带妈妈来我们新买的房子里同住，那时候油漆还没干。

厦大化院老一辈的奋斗，也建设起了高分子学科方向，院系调整的时候，归入材料院。化院没有了高分子学科方向，蔡先生也总觉得是个缺憾。同他谈论到高分子时，我们都认为从经验教训来讲，高分子与其他优势学科方向结合不够紧密，不易在化院里站住脚。其中也有认识问题，高分子发展到今天，不是几种材料，它成为无可替代、十分重要的科学方法，以共价键为主来建立从原子、分子到宏观材料的多尺度结构，使众多的原子分子尺度结构的化学功能成为能应用的新材料，对化学无疑是极大的促进。当田中群院士建议我从复旦大学退休后，就来厦大协助建设高分子学科，蔡先生没有表态。他是谨慎之人，怕自己家里人来工作有公私兼顾之嫌。我觉得义不容辞，当时黄培强院长与我讨论高分子学科建设的问题，我马上答应。我们一致同意，努力引进优秀人才，发展高分子化学和物理新方法，结合我院优势的学科，重点发展功能性响应的高分子化学材料；同时加强高分子教育，使高分子科学成为广大化学师生的必要修养。蔡先生十分认可这样的想法。他马上就考虑结合他的燃料电池，要我一起考虑把可能的质子通道结构高分子化而成膜，做出试验电池。这件事由于2011春他不幸摔倒卧床不起而停了下来。希望他的梦有实现的一天。

结束语：创新有道，厚德载学

多年来，尤其在蔡老百年前后，学校师生和各界人士，对他的敬爱赞誉久久感动着我，围绕着"一代鸿儒，百年师表"的主题，发表了许多真知灼见，我深受教育。作为有缘相识、相知、相伴半世纪的后代和学生，写下以上文字以为参与。斯人已逝，时代在变化，蔡老这样的学者难以再现，每个时代的人都有时代的特点。但人类的创新精神具有永恒的意义！作为结束语，写下以下自己悟到的蔡老以毕生的创新实践给我们的教益。对自己来说悟得有点晚，但还是应该写下几句来，与各位尤其是青年才俊们共勉：

锐意创新缘有道，科学世界观为要；

学科交叉生灵感，毕生学习攀峻峭。

探究本质深思辨，解码自然敢仿超；

爱国如母共荣辱，胸有全局重任挑。

科技利民思虑周，催化科技坚守牢；

精诚协作化合力，国重腾飞花中笑。

清纯齐家专治学，修身厚德境界高；

乐观谦和人心暖，桃李天下后生效。

作者简介：

　　许元泽，男，德国亚琛技术大学科学博士，中科院化学所研究员，复旦大学高分子系教授、厦门大学化学化工学院教授，博士生导师。曾任中国化学会常务理事、流变学专业委员会主任委员。蔡启瑞先生女婿。

怀念我们亲爱的父亲①

蔡维理　陈慧平

我们对父亲年轻时代的了解，全是来自长者的叙述。这些故事激励着我们要以他为榜样好好学习以报效祖国。

1937年父亲从厦大化学系毕业。这时正值抗战爆发，国家危难之际。接着厦大迁到闽西偏僻的小城长汀，资源设备短缺，各方面都处于十分困难的境地。父亲毕业后留校任助教，3年后提为讲师，并一直任职到1947年出国前。就是在这种条件下，年轻的父亲在科研和教学上的出色表现给人留下了深刻的印象。

张存浩院士谈起在长汀的往事时，称赞道："回想傅先生（傅鹰）和蔡先生30年代末从事液体色谱的研究，比Martin和Synge诺贝尔奖级别的工作还要早，他们在当年极为困难的条件下成为世界色谱研究的先驱。"他又介绍说："1944年初，李约瑟博士作为英国剑桥大学生物化学教授来校学术交流。当时长汀基本上处在封闭状态，与国外交流可以说基本上没有。但年轻的蔡老师在大会应对自如地和李约瑟侃侃对话，给我辈青年学子留下深刻印象，这也说明厦大在那时就拥有冲击世界水平的学术潜力。"

众所周知，"物理化学"是化学系的主课、重课。那时父亲曾担任过傅鹰教授的助教。化学系原系主任周绍民教授回忆道："1944年春天，傅鹰教授主讲完'物理化学'上半部分后就离开了厦大，下半部分改由蔡先生承担。让当时还是讲师的老师承担，很叫学生感到意外。当时蔡先生课后大多时间待

---

① 此文写于 2017 年 2 月 8 日。

在实验室，与学生的接触甚多，他给予大家几乎涵盖化学所有分学科的辅导和答疑，深得同学好评。"

年轻的父亲在出国之前还完成了一篇用抽取法分析脂肪酸混合物的论文，发表于 *Analytical Chemistry* 上［1949（21）：818］。

1947年父亲公派赴美留学。在美国期间，父亲饱尝思乡、思国之苦。他曾说过，每年当平安夜的歌声响起，各家各户都在欢欢喜喜地迎接圣诞夜时，他则无限怀念远隔重洋的老母亲、妻子和年幼的孩子们。那时家里大大小小十口人全靠妈妈和叔叔微薄的工资维持。出国时最小的儿子还没满3岁。有相当长的时间，父亲无法和家里人互通音信，寄给家里人的钱也要几经周折才能到亲人的手中。家里人的生活有时十分困难，为了省钱，孩子们经常不穿鞋光着脚，地瓜粉粥充饥是常事。维理小时由于缺乏营养，躺在床上都会感到天花板在旋转，直到很晚他才能下地走路。但是当想到在异国他乡为的是将来学好本领报效祖国时，父亲又把这无限的思念深深地埋在心中，将全部

蔡启瑞夫妇（前排右二、三）和儿孙们合影。后排右二是次子蔡维理，后排左一是二儿媳陈慧平

的精力投入学习和科研上。在美国的10年，他在科研上成绩卓著。

1950年，俄亥俄州立大学授予父亲化学领域的哲学博士学位。他与导师Newman教授合作的论文发表在 *J.Org. Chem.*, 1980（45）:4785上。尔后经另一导师Harris教授的挽留，父亲开始从事铯氧化物晶体结构测定的博士后研究。1952年父亲受聘为俄亥俄州立大学无机结构化学、酶反应动力学的副研究员，他的研究论文发表于 *Journal of Physical Chemistry* ［1956（60）：338 和 1956（60）：345］上。这两篇论文在半个多世纪后还多次被提及和引用。而他们数十年前合成的铯氧化物如今还被人们称为prominent representatives（杰出的化合物代表）等。

父亲不仅是个好学生，他对自己的老师也十分尊敬。每到北京，只要有机会他都要去看看傅鹰先生，他的女儿和两个儿子也都到傅鹰先生的家拜访过。即使在"文化大革命"期间，他也十分关心老师的状况。他让女婿带自己到中关园，那时傅鹰先生正在受批判，到处都贴着批判他的大字报，能远远地看一看傅鹰先生也使他感到无比欣慰。对美国的导师他也十分尊重。他不仅请他们到国内交流访问，而且每当出国，只要有可能，他都要去看望他们。1992年到美国时，父亲已经79岁了。由于当时他患了感冒，怕传染给年迈的Newman教授，他只打了个电话问候。回国后，他后悔万分，觉得自己宁可戴口罩都应该去见一面，因为以后就再也没有机会了。

1956年父亲终于在国家的帮助和自己的积极努力下，回到了阔别多年日思夜想的祖国，回到了亲人的身边。

他首先面临的是选择去哪儿工作的问题。上北京工作还是留在厦大？对此，他始终没有犹豫过。虽然从工作条件看，北京的优势明显。北京是中国的政治、文化和科教中心，具有良好的科研条件和浓厚的学术氛围，这些都是厦门无法比拟的，然而它们无法割舍他对母校厦门大学的一往情深。

早在求学阶段，父亲就十分敬佩陈嘉庚先生为振兴中国的教育事业，倾其所有，兴学育人的壮举。事实上，正是靠着在陈嘉庚先生创办的集美中学和厦门大学所提供的奖学金，才使得家境贫寒的父亲完成了学业。因此父亲对陈嘉庚先生怀有深深的感恩之情。可以说，没有陈嘉庚先生就没有他的今天。

父亲自厦大毕业开始工作之时，恰逢厦大校长萨本栋先生任职之际。萨本栋校长学识渊博且具有高尚的人格魅力，他对厦大的巨大贡献，为办好厦大呕心沥血、积劳成疾而英年早逝的事迹，给父亲留下了难以磨灭的印象。正如李约瑟博士所言，萨本栋先生英年早逝实在令人惋惜，但萨本栋先生留给了厦大一笔宝贵的精神财富，他的奉献精神激励着一代一代的厦大人为之奋斗。父亲正是这其中的一员。

父亲的学长卢嘉锡，侪辈陈国珍、李法西等都先他回到母校服务，何况父亲在美国攻读学位时就表露过心迹："现母系基础已臻稳定，若能乘机集中人才，则将来发展成为中国之加工（即美国的CIT，作者注）与加大（美国的CU），非无可能，惟在兄等努力扶助为之也。"（见1948年夏蔡启瑞给母校的汇报信）如今，蓝图正逐渐绘就，断无退缩之理。

还有一个重要的原因是父亲对奶奶的深厚感情。爷爷早逝，奶奶不识字，她在家境十分困难的情况下，含辛茹苦地把父亲抚养成人，她所付出的艰辛是他人难以想象的。对此，父亲一直铭记在心。在他心里，奶奶总是排在第一位的，他愿意为奶奶做任何事。为了奶奶，他可以放弃任何优厚的条件。当时，奶奶非常希望父亲留在厦门工作。因此留在奶奶身边，报答她的养育之恩，就成了他的必然选择。

1956年，父亲人生中最光辉的一页开始了。从此我们也可以和父亲一起生活了。他的淡泊名利、为祖国的教育和科研事业献出毕生精力的点点滴滴，深深地印在我们的脑海中，无法忘却。

父亲热爱自己的国家，他不愿意多拿国家的一分钱。1956年刚回国时，厦大将他的职称定为二级教授。但他看到系主任的职称还是三级教授时，就主动写告示要求降为三级。"文化大革命"初期，学校的教育和科研都处于停滞状态，父亲觉得自己没干什么工作，拿这么高的工资受之有愧，因此主动要求学校降低自己的工资。随着年龄的增长，父亲觉得自己精力不如以前，尽管那时还没有院士退休之说，他却主动要求退休，拿退休工资。

国家的急需就是他的科研方向。当今天雾霾危及每个人的健康时，大家想起了他在20世纪90年代就提出过燃煤对环境的污染问题，并提出了吸取国外处理燃煤污染的参考方案。

父亲十分重视人才对国家发展的重要性，他积极鼓励出国深造的学生学成后回国效力，为厦大的长远发展到处寻找人才。为了不埋没一个年轻人，他真是费尽心机，向各级领导述说这些人才的特长会对学校有什么好处等等，真是比对自己的孩子还要关心。

在科研上，他高瞻远瞩，不局限于自己的专业领域去选题，如著名的生物固氮模型就是一例。他让自己的学生和其他系教授合作，利用交叉学科的优势攻破科研难关。自己的博士生毕业后，他并不都留在身边，而是分在他认为有发展前途的各个领域。如吴也凡教授，取得博士学位后到了厦大生物系。这位20世纪80年代的博士生在最近的来信中深情地怀念了他的导师蔡启瑞，他写道：

我从1980年开始，硕博期间都师从蔡先生。几乎隔一两天就能得到先生长时间的教导，先生针对具体的科研课题，通过具体的做法，训练我们掌握科学研究的方法以及教我们做人。几十年来，蔡先生的音容笑貌一直深深地刻在我的脑海里。蔡先生具有极强的人格气场，他老人家对社会的强烈责任感、对科学的全身心的投入、出神入化的科学研究的艺术，不但对我一生影响极大，而且我还能通过从先生那里所学的知识和感悟去影响我周围的人。先生常常透过学科研究中的杂多的表象，从源头去把握本质。经过先生去遮蔽以后，一切都变得那么明了清晰。虽然我后来也见过很多有成就的人，但在学术境界上，先生总是处在最高位。我后来在读康德、黑格尔、海德格尔等人的著作时，时常有一种和老朋友叙旧的温馨感。如果没有蔡先生对我长达八年的锤炼，我是不可能有这样的智慧的。在学生我的心目中，蔡先生的学术与人生境界是与人类最伟大的先贤们一起并列于史册中的。

当白发悄悄地出现在我们的头上，当我们拿到退休的通知时，我们才真正能够切身地体会到父亲这一生是多么不易！父亲1956年回国，1966年"文化大革命"开始，1978年恢复高考，当恢复高考时父亲已经是65岁的人了，按现在科学院的规定，这就是博导退休的年龄。可这却是父亲"文化大革命"后在科学事业和教育事业大展宏图新的30年的开始！

1979年父亲的胃被切除了大部分，1982年又切去了脾。没食欲，胃又小，每天必须少量多餐。早饭吃到中午，午饭从中午吃到晚上，晚饭吃到夜里。一顿饭要吃几个小时。父亲说我吃饭是为了活着。人一到老了，大部分都会有便秘的毛病。记得在敬贤楼时，每天晚上父亲要花一个多小时在卫生间，有时等的时间太长了，我们就只好到招待所去。和做科研一样，父亲十分认真地到处打听如何治疗这个病。空心菜、葛根粉、中药、西药等，所有听过的方法他都去试，但在使用前他都要了解会有什么副作用。在他的一生中，只要自己能动，他都会主动用最积极的态度去战胜自己的疾病。

记得一次我们和父亲到一处陌生的地方，找不到路了。维理坚持我们自己找，父亲却极力主张问人，他说他从"问"中受益不少。这也使我们受到很大的震动，我们自小就认为做什么事都要自己去想，尽量不要问人，却不

20世纪80年代末，蔡启瑞夫妇（右一、二）与次子蔡维理及二儿媳陈慧平合影

227

知道"问"实际上也是一种十分重要的学习方式。

父亲非常忙。1995年父亲82岁时，妈妈患了帕金森病。在北京治疗一段时间后，父亲准备到姐姐维真家中去接妈妈回厦，途经合肥。因为父亲是科大化学院的名誉教授，在那里还有一些工作要做，所以又带着妈妈来到科大。我们在科大工作，因此爸妈就住在我们的家里。一天我们回到家里，惊奇地看到，两个老人正坐在地上。原来妈妈那时走路不稳，容易摔跤，这次不小心又跌倒在地，父亲并不像我们平常所做，急着把她扶起来，这可是我们当时认为最好的关心老人的做法。而是与我们完全不同，他在教妈妈如果此时周围没有人帮助她的话，她应该如何让自己站起来。此时父亲83岁，妈妈78岁。这件事深深地印在我们的心中，他们的这种积极向上的生活态度影响我们终生。父亲很快就独自回厦门了。留下了妈妈和我们一起多住几天。临走时，妈妈告诉我们她最大的愿望是能和父亲一起散步。她高兴地对我们说，父亲答应她，等到开完南京会议后，他就有时间和她一起散步了。听了妈妈这番话，我们感到无比心酸。

我们原来以为，父亲会写诗，而且每年都要天南地北地到处去开会，他一定游历过不少名山大川。因为如今会议的组织者都愿意把会址选在靠近风景秀丽的地方，这样学术讨论完后，大家可以抽点时间去看看祖国的大好河山，这有多好。可是父亲却经常把这点时间都给省了下来，他竟然连黄山都没去过！在我们的印象中，只有一年的春节期间，父亲和我们大家一起到植物园去玩，那几张少有的全家福就是那时拍的。

除了阅读大量的文献，父亲每天还要看许多报纸，不仅看而且还仔细地做剪报，并且将它们分门别类。因此，父亲能让自己从事的科研为国家的经济建设服务并且能将这种思想影响周围的人。他喜欢从科学、社会的大局上考虑问题。每年春节，别人都休息了，可是老父亲还得去面对记者回答各种问题。我们躲在里屋里，真感到当院士实在是太累了，可是他从来都是把任何一次采访和学校的会议当作自己对社会做贡献的一次机会，认认真真地对待。

90年代末人们开始流行用E-mail互发贺卡向亲朋好友祝贺新年。父亲对计算机、网络这些新生事物从不落人之后，一定要学生教他，并且自己亲自发邮件。一年我们在厦门过年，看父亲实在太忙，主动要求帮他完成寄送贺年片这个任务。毕竟我们与父亲相差30多岁，敲键盘快多了。父亲同意了，我们一看名单，国内、国外、年长、年轻共有几十人。不同人的称呼还相差很多，每发一张前他都要过目，生怕弄错一个人，对人礼貌不周。

家里上自祖母下至孙辈、外孙辈、重孙辈、重外孙辈，父亲对每个人都关心，所有的人都得到过他送的礼物。记得1993年慧平到香港做访问学者，父亲还专门托去香港的厦大老师给她带去两件新毛衣。那时大家工资还不高，不舍得花钱去买纯毛的毛衣，这令慧平十分感动，也帮了她的大忙。因为那年冬天，香港特别冷，她的衣服带得不够，又舍不得花钱在香港买衣服。父亲对家人如此，对外人更是如此。记得1976年我们的孩子小凯在厦门市第一医院产科病房出生，当晚恰有一个女同志难产。父亲得知后，立刻让俊修将西洋参送去。在那个年代，一般人的工资都很低，自己都舍不得花钱买这昂贵的西洋参，何况送给一个陌生的人呢！但是父亲想到的是，这点西洋参可能能救两条生命。

自1996年后，妈妈的帕金森症越来越严重，经过多方治疗病情是控制住了，但是走路不自如，需有人搀扶。尤其是到了晚上，起夜是个大问题。每天临睡前是阿姨负责扶妈妈起来，可是夜里那一次阿姨就不管了。由于父亲每夜睡得很迟，因此这个任务就由父亲来承担。有一年我们回家过年，理所当然地担负起父亲这个任务。不做不知道，一做才知道实在不好完成。因为必须把妈妈叫醒，否则很难扶她起来，这往往是深夜时分才行，所以势必影响自己的睡眠。而且妈妈身体十分不灵活，所以扶起她来十分吃力。一个80多岁的尚需工作的老院士干这事有多不容易！但是父亲从来没抱怨过一次。相反，他还经常感到过意不去。记得有一年，父亲要到疗养院疗养，阿姨有事要离开几天，我们负责照顾妈妈。等阿姨回来后，父亲一定要我们到疗养院陪他几天。他觉得我们这几天太累了，要我们休息一下。为了治疗妈妈的帕金森病,父亲四处打听,托人到香港等地为妈妈去买好药,这才使得妈妈的帕金森症没有很快地恶化,肌肉始终没有僵硬。

2007年对我们真是多事不幸之年。先是父亲摔了,换了人工髋关节。再是妈妈中风,不能吞咽和说话了,加上其他毛病,只能终日躺在床上,靠胃管度日。6月底慧平和小凯到厦门看望父亲和妈妈。她们刚到的第三天,厦大保健办公室的姜医生来家里给妈妈检查,告诉父亲说妈妈今天血压太低,十分危险。下午父亲决定送妈妈去医院,让俊修去联系120救护车。慧平帮淑英给妈妈擦了澡,换了一身干净的衣服,然后忙着收拾住院要带的东西,大家心情都十分紧张。父亲感到妈妈此次去医院,他将无法常去看她。因此父亲坐在妈妈的床边,轻声地叫着妈妈的名字,紧紧地握住妈妈的手直到120救护车到。多年前,妈妈经常将煮好的参汤给父亲端去,记得妈妈还教我们可以煮两种参汤,一种放肉,一种放红枣冰糖。当妈妈得了帕金森病后,父亲曾非常难过地说妈妈,"以前你总给我吃好的,可是你自己从来不吃,其实我很不喜欢你这样做。现在你病了……"大家知道此时的父亲心里在流泪。可万万没有想到,当120救护车到时,妈妈已平静地离开了人世。她一定感到十分幸福,因为在她生命的最后时刻,父亲始终没有离开过她。自此,94岁的父亲将要和子女们一起,面对人生中的种种挑战,当时除了俊修一家人外,我们大家谁都帮不了他的忙。但是他从来没向我们诉过苦。

随着年龄的增长,记忆非凡的父亲在生活上也开始出笑话。那是在敬贤七住的时候。一天慧平跟着父亲上楼回家,还没到家父亲就停下来了,慧平以为父亲要到邻居家办事,于是就径直上去了。过了一会,父亲回来了,他问慧平为什么不叫他一声,他说他把家的层数记错了。确实那时父亲经常丢三落四,有时为了帮他找一条领带,要全家总动员。但是对他的老本行他仍是如数家珍,记忆犹新。这种状态一直保持到2011年他摔了一跤为止。记得那是在春节前,慧平要回太原陪老母亲过年了。临走时父亲说,这个假期他想让维理帮他写两篇最重要的文章,之前还对着模型和我们讲了半天,可惜我们半点都听不懂,当时也没想办法帮他记录下来。哪知道再也没有机会了!

这个春节阿姨回家过年了，家里虽然只有维理一人，父亲还是想好好招待一下远方来的亲戚。没想到，春节过后他就摔了一跤，虽没有骨折，但是大脑受到损伤。等慧平再见到他时，他伤心地说，这一跤把他换成另外一个人了，以前的东西全忘了。他无法写出这两篇文章了。我们知道他的心里有何等的痛苦，如果上天能够再给他点时间，让他完成这个心愿该有多好啊！

父亲——一个动了五次大手术的人，还带着一个身患帕金森的老伴。他要像常人一样做一个孝子、好丈夫、好父亲、好爷爷、好外公……他还是一个资深的中科院院士，他承担着教育和培养年轻的一代向科学进军的重大任务。当他已是耄耋之年的老人时，他却必须让自己做一名无坚不摧的战士。直到2002年父亲89岁时，他还收了一个研究生。他以超人的毅力和智慧、以无比坚强的信心克服了常人难以忍受的困难，在科学的大道上阔步前进。"海纳百川，有容乃大；壁立千仞，无欲则刚"是父亲最喜欢的名言和座右铭，也是他真实的写照。他用自己的一生实践了厦门大学的校训——自强不息，止于至善！

亲爱的父亲，您永远活在我们的心中！

作者简介：

蔡维理，男，中国科学技术大学材料科学与工程系教授。蔡启瑞先生次子。

陈慧平，女，中国科学技术大学天文学系副教授。蔡启瑞先生二儿媳妇。

父亲与疾病的抗争

蔡小平

1979年冬天我在福州大学上学，有一天家里传来消息，父亲将到省城接受手术，突如其来的消息让我吃惊不小。

傍晚赶到省立医院时，厦大的大队人马已经到达，由校办主任曾德聪、化学系副书记王火带队，催化组的若干熟人黄开辉、万惠霖、陈祖炳、张鸿斌、林国栋等都来了，我大哥也在其中。哥哥告诉我近来爸爸胃部不适，胃镜检查发现了有如鸽蛋大小的肿块，医生做出不乐观的判断，以至校领导赶紧启动了应急措施，让他对后续工作提出建议，父亲也抓紧约谈本组的骨干，尽量做好相应的安排。晚饭后，父亲和同在病房休息室的校党委曾鸣书记的夫人蒋琳平静地看着电视，没有透出紧张的气氛，大家也不知道该说点什么，不久就告退了，让病人能够得到更好的休息。

隔天一早，进入手术室的时间到了，父亲躺在病床上向大家招招手，他说会没事的，一切将很快过去。我们都默默地祝福，愿梦想成真。

这次手术的首席顾问是省内名医、胸外科权威李温仁和福建医学院副院长、泌尿科专家陈国熙，显示了省里对这台手术的重视。约3小时，手术结束，大家焦急地等待着更确切的术后说明。不久，陈国熙大夫告知大哥："良性肿瘤，没事了。"他指着墙角的容器说："切下来的部分都放在该瓦钵里，是软的，你可以亲手摸摸，体内的相邻部位均已清除干净，确保今后长时间内平安无事。"我和厦大一伙人都激动不已，感谢医生带来的意外惊喜。

手术后不久，姐姐也赶到了福州，并对父亲的安然度过危机无比欣慰。

蔡启瑞夫妇和他们的小女儿蔡小平（左一）

对于这样的结果，父亲并不完全相信，按照他的思维逻辑，怀疑是医生的心理疗法。这是第一次的化险为夷，那年父亲66岁，从整个生命周期看，他的事业还处在如日中天的阶段。

此时留守厦门的亲人也在积极想办法。大嫂陈笃慧和她的同事一起前往厦大医院请教，询问如果术后需要放疗和化疗，费用几何。当得知花费不会少时，大嫂表示愿意拿出自己的储蓄。多年后，爸爸还向帮工杨阿姨提起此事。

1982年夏天，我毕业后回到厦门。7月底某天父亲突然晕倒，送第一医院就医又一时查不出原因，只是血红蛋白含量一直在下滑。当时哥哥姐姐都不在厦门，剩我和大嫂在家，我们整夜翻来覆去睡不着，想不出好办法。医院里的情况却越来越不好，第二天晚上血红蛋白含量已经降到4.5 g/dL，听说腹部还在不断地鼓胀。当晚，田昭武校长亲自坐镇第一医院指挥，催化室不少教师也在该院待命。

后来得知，办公室里医生们激烈地讨论着救治医疗方案，担心是肝脏大出血，或许是数年前手术留下了祸根。后来，在著名外科医生、第一医院黄锡隆副院长的果敢坚持下，决定立即开刀。只见腹腔被打开，一股鲜血喷发了出来，那是脾脏与胰腺粘连撕裂造成的出血不止。摘除脾脏止住流血，起死回生的效应瞬时呈现。

接下来的遭遇是当时恰逢台风袭击鹭岛，血库告急，致使无血可输。对此，我们都很着急，大嫂说她是O型的，适合输血，还向医疗室走了过去。情急之下，向市领导求助的念头在田校长的脑海中闪现。不久，在市委陆自奋书记的组织下，水警师和警备师指战员很快赶到。因前者先到一步，5名海军战士辛宏、张海军、郭建增、戴忠义和唐树来的鲜血顷刻注入了老教授的体内，父亲得救了。日后父亲多次提起，是各级领导和战士们给了他第二次生命。为了答谢子弟兵的救命之恩，父亲在后续数年里，每逢建军节或春节，都会上军营慰问探望；水警师的官兵也到家里回访过，这样的军民情深一直在特区传为美谈。

父亲没有接受已经摆脱危险的事实，他对3年前的诊断和手术还记忆犹新，眼下的抢救并大量输血也无法置之脑后。实际上，病床上的他盘算着如果来日无多，还能够做点什么。他向同事傅锦坤说，将来要和他母亲葬在一

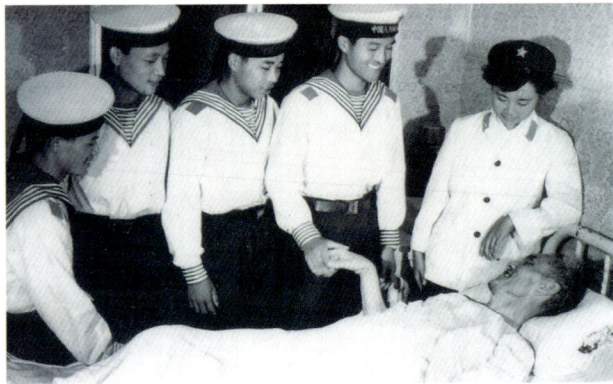

1982年，蔡启瑞脾脏大出血，五名厦门水警师战士为他献血，使他转危为安。图为蔡启瑞大病初愈，为他献血的海军战士前往探望慰问

起；固氮组主要成员林国栋发现，他在报纸空白处画满了改进了的固氮酶活性中心模型物对多种底物的络合活化图，便于助手们在继续攀登时有所参照。

这次又是父亲多虑了，经过一段不很长的休整，老人重新恢复了活力。次年开春过后，他又以70岁的高龄，和林国栋踏上环球考察的旅程，先是美利坚，后是欧洲的英法德，每到一处，仍然是向主人陈述着厦大团队对氨合成中N≡N活化等催化研究热门课题的独特见解。这是考察，也是活动讲台，明显提升了厦门大学的知名度。

第三次手术发生于两年后，那是肠梗阻造成的。医疗常识告诉人们，凡

经过腹腔内的翻腾，容易引发粘连，或缠绕，而且这种粘连或缠绕引起的消化道不畅，难以自然消除，此时手术几乎是唯一的选择，只是这样一而再，再而三地开膛剖腹，对一个古稀老者的折腾可谓不轻。

手术前，父亲深感这次很可能在劫难逃，因为相似的疾病接连来袭，而且发病周期越来越短，以至过去的疑虑重新泛起。他说："甚至没有想到自己能够活到70岁，自己的父亲、伯父、叔父都没有活到这么大年龄。"还说"最担心的是长期卧床不起无法工作"。的确，经历科学春天的回归，和前几年的多方努力，宏图大展的前景正在向他招手，而功亏一篑的遗憾将让他难以承受。经过与医生的咨询探讨后，大嫂和我决定尝试发挥家属成员的独特作用。我们告知了医生陈述的肠梗阻的种种最坏后果，那就是即使从最坏处着眼都不致"长期卧床不起"，并直白转告"不存在罹患癌症的可能，对今后工作的影响也将降到最低"。

这样的真诚交流果然奏效，他相信了，从而更积极地与医生配合。

手术顺利，被阻滞的肠子无须截去，理顺后恢复正常，又一次的涉险过关让大家松了一口气。这更像是一次心理战例，为此，康复后不久，爸爸还亲自到大嫂滨海的住家道谢。

此后的平顺维持了多年，甚至开启了他科学历程的又一段辉煌。

世纪之交在台湾的不慎摔伤也应该说上几句，其中不少是父亲的同事记述的。父亲以关注台湾事态闻名，他常向厦大台湾研究院陈孔立教授请教和讨论宝岛问题，在这之前不久，他还特地为台湾地震捐款。这次则是因为在台举办催化学术讨论会，他决意前往。当晚却因浴室湿滑不慎摔伤，他坚持到天亮，还若无其事地参加预定的活动，听着同行的学术报告。倒是台大的陆天尧教授等看到他的坐姿不太正常，且略显痛苦状，一问才知道他摔了一跤，还说不甚碍事。经劝告方到学校医院检查，发现靠近髋关节处的骨头有裂纹，医生的治疗方案是用螺钉修补和加固，并给予细心的照料。那几天学院一直保持着与台湾的联络，而且收到父亲写回来的纸条，提及主人无微不至的关怀，列举了若干同行的大名，要求务必不要派人前往对岸。其实这不

第四部分

期颐之庆

　　在百岁庆典上，嘉宾称赞蔡启瑞先生"以国家利益为重，个人利益为轻。为了祖国的召唤，他执意回国；为了祖国的需要，他毅然改行"之拳拳中国心和深深厦大情的境界。蔡先生学识基础厚实，创新意识强烈，创建了我国高校第一个催化教研室、厦门大学第一个国家重点实验室、福建省首个国家工程实验室，会同几代人的共同努力，一起奠定了厦门大学化学学科的一流地位。

　　庆祝会上高校、研究所、企业界的同行代表还赞誉蔡启瑞先生做人、做事、做学问均堪称楷模；评价他一身正气、大公无私、言传身教使人如沐春风；在处理诸多问题时总是以大局为重，以国家、集体为重，而对于自己，则从无索求，在名利面前不仅不争更是谦让，有着异乎寻常的人格魅力。作为当时国际催化学会ICC的两位中国代表之一，蔡启瑞先生尽心尽力团结国内同行，一起把我国的催化学界一步步地推向国际，同时也把厦门大学建成一个重要的催化研究基地。

　　庆祝会嘉宾甚感庆幸，一致认为在我国科学界及教师队伍中出现了蔡先生这样的杰出代表，他的学术成就及精神是我们珍贵的财富。

　　庆祝会的贺词和来自国内相关行业嘉宾的叙话，对蔡启瑞先生的评价，乃不谋而合，所见略同。

在蔡启瑞院士百岁华诞暨厦门大学催化学科创立 55 周年庆典上的讲话

黄　强

尊敬的各位领导，各位来宾，老师、同学们：

今天，我们齐聚一堂，共同庆祝蔡启瑞院士百岁生日及厦门大学催化学科成立55周年，受省委常委、市委王蒙徽书记，市政府刘可清市长的委托，我谨代表厦门市委、市政府向蔡启瑞院士致以最诚挚的祝福！

蔡老是国内外享有崇高声誉的科学家、教育家，也是优秀的爱国知识分子，他精深的学术造诣、高尚的为人风范、真挚的爱国情怀令人敬佩，不论做人、做事还是做学问，都堪称楷模！作为杰出的科学家，蔡老志怀高远、求真探索，勤耕苦力，孜孜求索，他亲手创设了中国第一个催化实验基地，主持开展了诸多重大科技攻关项目，为我国的化学研究做出了奠基性的贡献，充分体现了蔡老高屋建瓴、深谋远虑的境界和魄力。作为杰出的教育家，蔡老精心育才，提携后学，甘为人梯，桃李满园，培养了一大批出类拔萃的高级化学人才和科研工作者，其中的许多人作为业务骨干活跃在教育、科研、生产的一线，为中国催化研究与应用事业的发展做出了特殊而重要的贡献。作为爱国知识分子，他负笈求学，心系祖国，淡泊名利，无私奉献，毅然舍弃了国外优越的条件，义无反顾选择回国，为了祖国石化工业发展的需要，他无怨无悔，中途改行，转向催化科学研究。他提出的一系列有关"大化工"的发展战略设想，对我国能源化工建设有着重要的指导意义。

今天，我们为蔡老庆贺百岁生日，不仅是为了表达我们对蔡老的敬仰之情，更是为了弘扬蔡老崇高的思想品德和科学精神，推动科学研究的创新和发展。当前，厦门正在举全市之力推进"美丽厦门，共同缔造"的宏伟战略蓝图，努力建设"美丽中国"的典范城市，展示"中国梦"的样板城市，希望广大师生秉承"自强不息，止于至善"的校训，弘扬蔡老身先士卒、厚德载物的高贵品德，为厦门大学的发展，为科学事业的腾飞，为美丽厦门的建设，增光添彩，再谱新篇！

最后，让我们再次向蔡启瑞院士致以崇高的敬意，祝愿他青松常绿，福寿南山。谢谢大家！

作者简介：

黄强，男，福建省厦门市政府副市长。

在蔡启瑞院士百岁华诞暨厦门大学催化学科创立 55 周年庆典上的讲话

杨振斌

尊敬的各位领导，各位来宾，老师们、同学们：

大家上午好！今天，我们欢聚一堂，共同庆祝我国著名化学家、教育家蔡启瑞院士百岁华诞暨厦门大学催化学科创立55周年。首先，我谨代表厦门大学党委和朱崇实校长向出席今天庆典的各位领导、各位嘉宾表示热烈的欢迎！向厦门大学催化学科创立55周年表示热烈的祝贺！向尊敬的蔡启瑞院士表示崇高的敬意，恭祝蔡先生百岁生日快乐！

92年来，厦门大学各项事业蒸蒸日上，学科建设成就喜人，造就了一大批在国内外具有重要影响的优势学科，化学学科就是其中的杰出代表。饮水思源，厦门大学化学学科特别是催化学科能有今天的累累硕果和勃勃生机，离不开我国催化科学研究与配位催化理论概念的奠基人和开拓者、中国催化学术界的泰斗——蔡启瑞院士。

蔡院士是一位以国家为生命、祖国利益至上、充满赤子之心的爱国者。76年前，蔡院士以优异成绩毕业于厦门大学并留校任教，正是在厦大求学的几年间，校主陈嘉庚先生倾资办学的爱国情怀、萨本栋校长为教育鞠躬尽瘁的精神和厦大"自强不息，止于至善"的校训深深融入了他的血脉，成为他一生为人处事和治学的准绳与真实写照。1947年，他作为当时中国政府选派赴美留学的 20 名学子之一远赴海外深造。在美十年间，他始终惦记着祖国的命运和母校的事业，时刻不忘祖国和母校的深情召唤，随时准备放弃国外优越的科研生活条件，回国报效，并从大洋彼岸发出了"祖国大地皆春，我怀念你啊，祖国！"的心声。1956年春，他终于克服重重阻隔，回到了祖国怀抱并重返母校工作，全身心投入新中国的科技教育事业。回国后两年，为了国家的需要，他毅然舍弃已有十几年研究积淀的结构化学领域，转行催化科学研究，开始了他长达55载催化研究的生涯。蔡老怀着强国兴教的理想，一直坚守在教学、科研第一线，数十年如一日，辛勤耕耘，默默奉献。

蔡院士还是一位以科研为生命、执着追求、勇于创新的科学家。他知识渊博，学贯中西，思维活跃，治学严谨，敢于打破传统观念，积极主张科学创新，倡导跨学科大协作的团队精神，在理论及应用方面都取得极大成就。他在厦大领衔创建了中国高校第一个催化教研室、厦大第一个国家重点实验室、福建省首个国家工程实验室，圆了几代人梦寐以求的"化学梦"，奠定了厦大化学学科的一流地位。为增强我国的国际科技话语权，他身先士卒，积极促进国际交流与合作，为我国催化科学的发展和繁荣做出了杰出贡献，蜚声国内外。他的研究成果曾荣获部级以上奖励四项，连续三年被评为"全国劳动模范"。蔡院士因其巨大的贡献，被公认为中国催化科学研究与配位催化理论概念当之无愧的奠基人、披荆斩棘的开拓者，被尊为中国催化学术界的泰斗。

蔡院士更是一位以人才培养为生命、执教杏坛、桃李满天下的教育家。他以科教兴国为己任，把教育作为一项崇高的事业来追求。他因材施教，循循善诱，充分启发和调动学生的主观能动性，教导学生"大胆假设，小心求证"，让学生自由发挥创造性；他爱生如子，呕心沥血，诲人不倦，以广博的理论知识、严谨治学的精神、高尚的道德情操，在立德树人的历程中涵英哺华。他在杏坛耕耘60余载，为我国培养了一大批出类拔萃的优秀科研新人和催化学高层次人才，这些人才大多已成为我国化学领域教学和科研部门的中坚力量，为我国化学学科的发展和高层次人才培养做出了重要贡献。其中一位研究生万惠霖教授于1997年当选为中国科学院院士，成就厦大师生同为院士的美谈。

蔡院士在致力于教学科研工作的同时，不忘关心国家大事，并积极投身社会工作。他历任我校副校长、校学术委员会主任、固体表面物理化学国家重点实验室学术委员会主任、国务院第一届学位委员会委员、国家科学技术委员会化学组成员、中国化学会理事、国际催化大会理事会理事，为厦门大学和我国化学事业的建设和发展做出了巨大贡献。他和所有老一辈科学家一样，有一颗永不停止跳动的爱国心。他时刻关注我国能源资源可持续发展战略部署，从国情出发，建议我国实行"煤油气并举，燃化塑结合"的能源化工材料技术路线；他积极参加人大、政协会议，参政议政，积极提出各项议案；他十分关注家乡建设，对民生疾苦倾注深情；他多方改善实验设施，援建化学楼，病榻之上仍不忘捐出善款；他自辞校级领导职务，主动自降职级、自降奖级、拒领增加的工资，全额捐出奖金，多次大额捐助灾区，匿名赞助贫困学生等大爱无私之义举，体现了一位老科学家的宽广胸襟和情怀。

蔡院士为人低调、谦逊平和，是一位德高望重的学术大师。"学如行云流水，德如松劲柏青"，是他学术道德和为人风范的写照。

他以精深的学术修养和厚德载物的人格魅力，展示了一位学术大家的崇高形象，令人无限敬仰。今天，我们在这里隆重庆祝蔡老百岁诞辰，就是要学习他孜孜以求、耕耘不辍的科学精神；学习他甘为人梯、德育群芳的师者风范；学习他情牵华夏、心系民生的爱国情怀；学习他克己奉公、淡泊名利的思想境界。"学为人师催化宗师，行为世范至善典范"，蔡院士的精神是厦门大学的一笔宝贵精神财富，希望我们全校广大师生员工以蔡院士为榜样，胸怀祖国，服务人民，自强不息、止于至善，为实现厦门大学"两个百年"梦想而努力奋斗。

最后，我谨代表厦门大学全体师生员工再次向蔡启瑞院士为厦门大学的建设和发展所做出的突出贡献表示衷心的感谢和崇高的敬意！我们全体师生深深地爱戴着您，祝您松龄鹤寿，幸福吉祥！

谢谢大家！

作者简介：

杨振斌，男，2012—2014年曾任厦门大学党委书记。现任吉林大学党委书记。

我们心中的精神丰碑

江云宝

尊敬的黄强副市长，

尊敬的杨振斌书记，

尊敬的各位来宾，海内外校友，老师们，同学们：

早上好！

今天，我们满怀对蔡启瑞先生的无限崇敬和深情祝福、对蔡启瑞先生一手创建的催化学科发展成就的景仰，在这里举办简朴而隆重的蔡启瑞先生百岁寿诞庆典。在此，我谨代表厦门大学化学化工学院，对各位来宾和师生的到来，表示最热烈的欢迎和最衷心的感谢！

蔡启瑞先生是胸怀国家的爱国赤子！蔡启瑞先生出身贫寒却志怀高远，负笈求学振兴祖国；怀揣着祖国的召唤，他从大洋彼岸回到故乡的土地；为国家需要，不惑之年从已颇有建树的结构化学易辙催化化学研究，勤恳耕耘，勋业卓著；从国情出发，他对"大化工"发展战略提出极具指导意义的见解；身居海峡西岸，他心系国家和平发展大业；高瞻社会经济发展，他关注国家能源资源战略部署的可持续发展；放眼国际，他胸怀桑梓发展建设，为国家和地方建设积极建言献策，对民生疾苦倾注深情，对学校和学院事业发展更是倾尽心力，为人才培养和教学科研的发展贡献卓著。

蔡启瑞先生是引领创新的科学大师！从20世纪50年代的络合催化理论，70年代固氮酶活性中心模型，到80年代的碳一化学研究……为了国家和民族的伟大复兴，蔡启瑞先生创新不断。他是催化学科的奠基人，是物理化学研究的引领者，是跨学科协作的先驱倡导人。他带领新兴学科建设，既主导高端基础科学研究平台建设，也力推应用基础研究国家工程平台建设，做"科学技术是第一生产力"的积极践行者！

1958年秋，蔡启瑞先生在厦门大学创建了中国高校第一个催化化学教研室。蔡启瑞先生提倡锐意创新、细心求证、跨学科大协作的团队精神。20世纪80年代，集中催化化学、电化学和理论化学优势组建厦门大学固体表面物理化学国家重点实验室，是又一项汇聚化学多学科大协作的壮举。令人激动的是，国家重点实验室自创建以来连续4次20年获评A级优秀国家重点实验室。今天，由他亲自构思和推进建设的协同催化、能源技术和化学工程的醇醚酯化工清洁生产国家工程实验室，正在茁壮成长，演绎着又一曲重点突出、相辅相成的科技大协作的新篇章。蔡启瑞先生以勇攀高峰、巧探难关的创新实践，形象地诠释了厦门大学"自强不息，止于至善"的校训。

蔡启瑞先生是教书育人的杰出名师！作为中国催化科学的奠基人和开拓者之一，蔡启瑞先生知识渊博，视野开阔，创新思维活跃；脚踏实地，治学严谨，勤奋开拓，锐意进取，在七十余年的教学实践中影响着一代又一代的学子！他对学生言传身教，爱生胜子，以科教兴国为己任的胸襟、淡泊名利的情操，培育英才；几十年如一日辛勤耕耘在教学一线，在百年树人的历程中甘为人梯，诲人不倦，为我国催化科学的发展和高层次人才的培养做出了卓越贡献，备受后学推崇。七十余载涵英哺华，桃李芬芳誉满天下。

蔡启瑞先生是情系人民的学术楷模！蔡启瑞先生作为杰出的科学家，时时刻刻关心身边的学生、同事的学习生活，温暖备至！他严格自律，生活极其节俭，从不向组织提出任何的个人要求，却每每在第一时间向他人伸出援助之手，慷慨解囊，济困救难；他关心时事，关心社会，关心家乡，为了群众的生活向各级政府建言献策，备受拥戴！

百岁人生，世纪伟业。学如流水行云，淡泊谦逊；德比松劲柏青，创新育才！蔡启瑞先生在我们身边，是我们学习中的好老师、工作上的好领导、生活上的好长辈，我们为他骄傲，为他自豪！蔡启瑞先生的爱国、科学、奉献精神已在我们心中屹立起一座精神的丰碑，势将激励我们为人才培养和国家科学发展的百年大计，为实现厦门大学"两个百年"的远景而努力前行！

敬祝蔡启瑞先生百岁生日：快乐吉祥，安康幸福！

作者简介：

江云宝，男，厦门大学化学化工学院教授，博士生导师，国家杰出青年基金获得者，"闽江学者"特聘教授，化学化工学院院长。中国化学会第26/27届理事、英国皇家化学会会员。曾获聘中国化学会分析化学委员会委员、中国化学会光化学专业委员会委员、国家自然科学基金委员会第13届化学科学部专家评审组成员、国家留学基金委员会评审专家。

道德文章　后学楷模

陈　懿

各位老师、各位同学：

十分高兴能够有机会参加这个盛会，和大家一起共同庆贺蔡先生百岁华诞。站在这个讲台上我思绪万千，想到和蔡先生从认识到共事的几十年时光，在这段时间里，他的教导、他所给予的各方面帮助，我终生难忘。早在20世纪50年代中期，我20多岁的时候就听说了蔡先生。那时我的老师李方训先生跟我说，有一个叫蔡启瑞的年轻人要回来了，我很想争取他到南京大学来工作。李方训先生曾经是金陵大学校长，时任南京大学副校长，是南京大学的第一位中科院院士，他很想争取蔡先生来，当时我就觉得这个叫蔡启瑞的人一定不同一般。可惜由于种种原因南大没有把蔡先生争取到校。后来到六七十年代，特别是改革开放以后，我得到很多机会与蔡先生接触，近距离地观察他，聆听他的教诲。这些机会包括一系列国内的学术活动，诸如各种学术年会和讨论，包括自然科学基金重大项目的立项、实施、验收和总结，也包括厦门大学国家重点实验室的立项、实施、验收、咨询。在这一系列近距离接触中我认识了蔡先生，我看到了他是怎样地做事、做人、做学问。当然这类接触还包括当时方兴未艾的一系列国际合作交流活动，蔡先生和郭燮贤先生曾经是国际催化学会的中国代表，当时的形势是强调我们要努力争取在国际学术界占有一席之地，让人家认识中国，同时又不能出现"一中一台"或"两个中国"的问题，并且还要做好与台湾同仁的合作跟交流，这就必须处理好很多错综复杂的事情。以我印象很深的在加拿大Calgary召开的"第九届国际催化会议"为例，就遇到了较突出的问题，蔡先生亲自参加了处理的全过程。我们起草了给组织委员会的信，因为时间仓促，这封信是必须在几个小时之内定稿送出，力求问题能妥善解决，否则与会中方代表将全体退场，为此信蔡先生连夜一丝不苟地逐字斟酌修改，争取了时间，在开幕式之前问题得到解决，皆大欢喜。当时催化领域的国际学术交流还包括一系列中日美催化会议，这个会议在厦门也开过，蔡先生也是一位主要的组织者和领导者。他尽心尽力团结国内同行，一起把我们的催化一步步地推向国际，同时也把厦门大学建成一个重要的催化研究基地。

　　蔡先生的处事待人可以说是一身正气，大公无私。他的言传身教如春风化雨，中青年同志们从中深受教育，我眼见他在处理一系列问题时总是以大局为重，以国家、集体为重，而对他自己，从来没有索取，在名利面前不仅不争更是谦让。我想如果一个人一件事、两件事表现出高风亮节还不算太难，那么一辈子、50年、70年，事事如此，就很难、很难，所以我特别敬仰他的人品，这对我们后学者是一种鞭策。我特别钦佩他的学识以及做学问严谨求实的态度。刚刚万惠霖同志已经对蔡先生的学术贡献做了详细的介绍。我觉得蔡先生在处理工作时，善于捕捉发展动因，掌握大的发展方向，能够敏锐地提炼出主要的科学问题，然后又善于组织大家，合理分工，协力解决，从而带出一个团结和谐的集体。他敢做人家没有做过的事，大家都知道，蔡先生做了很多"第一"：第一个催化教研室、第一个催化研究所、高校第一个催化方面的国家重点实验室。在今天看来这些事很多是很平常的，那是因为我们国家改

1987年，蔡启瑞（左）与作者陈懿合影

革开放已经几十年了，已经走出一条路来了，而当初这些事情还处于刚刚开始的阶段，还在摸石头过河，就很不寻常了。

作为教师，我们都要学习他甘做"人梯"的精神，他有一片爱心，对于后学包括像我这样不是他学生的人都是一片关爱，循循善诱，潜移默化；我感觉蔡先生有一种高超的人格魅力，中国有句古话，叫作"以铜为镜，可以正衣冠"，我想如果以蔡先生为镜，那我们就会懂得应该怎么样做人、做事、做学问。我很庆幸，在我们科学界、在我们老师当中出现了蔡先生这样一位奇才，他留给我们的财富是十分珍贵的。每想到这些都会鼓舞我们更好地再往前面走一步。榜样的力量是无穷的，我们应该努力把老一辈科学家们这种宝贵的精神发扬光大，让它弥漫在整个学术界中使之成为后人的榜样。

我衷心地祝望蔡先生福寿康宁，也希望厦门大学能够继续更好、更快地发展。

作者简介：

陈懿，男，南京大学化学化工学院教授，中科院院士；曾任中国化学会理事长、教育部高校化学教学指导委员会主任、国务院学位委员会化学学科评议组召集人、南京大学代校长。

高山仰止 景行行止

何鸣元

尊敬的蔡先生，各位老师、各位同学：

非常高兴今天能有机会参加这样的盛典，与大家一起庆祝蔡先生的百岁生日暨催化学科建立55周年。来到这里之前见了闵恩泽先生，闵先生让我带几句话。闵恩泽先生现在已经是90岁高龄，原本很想过来，但因为身体原因，他未能来到现场。闵先生与蔡先生虽然相差9岁，却同样是在1947年乘坐同一艘船从中国到美国，缘分很深厚。有这样一句古话，"百年修得同船渡"，这"同船渡"不是从厦门本岛到鼓浪屿那么近，是要经过一个月的航程，从中国到美国，而且两位老先生都是到同一所学校俄亥俄州立大学（Ohio State University），同样都进入化工系。闵先生一直视蔡先生为兄长和前辈。蔡先生在俄亥俄州立大学是非常优秀的，是在化工系里很少几个获得最高奖学金的学生之一，闵先生则是十二个获得二等奖学金的学生之一。

蔡先生学习成绩非常突出。不仅是专业课，蔡先生的英语也受到美国教授赞扬，说他的英语写得比美国学生还好。这说明蔡先生在很多方面都是典范，为中国人争光。闵先生让我带六个字给蔡先生：健康、快乐、长寿。闵先生说，只有健康才能快乐，快乐才能长寿。希望蔡先生能够尽快康复，能享受健康，更能够快乐长寿。

我认为我们催化学术界，正因为有蔡先生、闵先生、彭少逸先生以及郭燮贤先生等几位前辈，使得催化学术界在很多方面非常突出。催化学术界能够团结一致，亲密无间，相互之间没有任何隔阂，学术上坦诚交流，互补短长。

1985年，在旧金山第二届中美日催化会议期间，蔡启瑞（左二）与北京
石油科学研究院闵恩泽（右一）等合影

虽然学术方面可以有争论，可以发表不同意见，但是相互之间没有发生过任
何你争我斗、争名夺利的情况。

这几位老先生给我们树立了很好的榜样，一直延续到现在，催化学术界
都保持了这样的面貌。由于蔡先生的表率作用，在厦大学术圈和厦大重点实
验室，好几位老先生也和蔡先生一样，都堪称楷模。他们淡泊名利，担任学
术带头人或实验室主任，对于公共资源的使用和分配从来都是先考虑别人，
先考虑那些亟须支持的、刚起步的年轻学者。正是有这些前辈的带领，历年
来队伍建设、科研成绩能够不断向前进步。我与蔡先生接触机会不是很多，
但是也有几件事情给我的印象十分深刻。1982 年时，我正在美国西北大学，
同实验室有一名蔡先生的学生。一天下午，一个学生拿来一份《人民日报》海
外版），上面登载了一则消息——《厦门大学副校长蔡启瑞先生病重》。这个
学生看后，顿时悲痛之情难以自抑，在实验室泣不成声，使我深深体会到学
生对蔡先生的爱戴和深厚感情。第二件事情是我从美国回来不久，有一次在
学术会议上碰见蔡先生，蔡先生说："你最近在 U.T.Austin 写了几篇文章，在
Journal of Catalysis 上发表了关于氧化锆上面碳一物种的变化过程。"我当时

很惊喜，因为我刚刚回国，文章也刚发表不久，而蔡先生已经注意到了，并且非常了解我做了什么，我也体会到蔡先生做学问的认真。后来我了解到蔡先生对于到手的新期刊都是第一时间仔细浏览。第三件事情是，在十多年以前有一次我到厦大，蔡先生招待我吃饭，这次吃饭实际上成为一个小型的"讨论会"。由于我在能源部门工作较长时间，蔡先生非常仔细地了解和讨论了我国能源的发展情况和背景，尤其使我惊奇的是蔡先生对我国的能源和资源情况非常清楚，尤其是煤、天然气以及碳一化学转化方面所掌握的数据和信息比我还要多。我也进一步体会到蔡先生非常热切地希望在催化领域能够亲手开发一些实用的催化剂、实用的催化过程来为国民经济发展做出具体的贡献。当时蔡先生已届90岁高龄，依然壮志未已，令我十分钦佩。

刚才大家提到了许多对蔡先生的赞美之词，我想蔡先生当之无愧，他是学术界的楷模和代表，也是院士群体中杰出的、光辉的代表。在这样一些优秀的前辈的影响和带领下，我所看到的厦大的院士队伍，以及我所看到的催化界的院士代表，甚至包括我所看到的我们中科院化学部的院士群体，都是以这些老前辈为楷模、为表率，兢兢业业，淡泊名利。当然我们比这些前辈差得还很远。以蔡先生为例，蔡先生已近乎完美，他真正体现了止于至善的精神，一心一意地要为我们国家的建设与兴旺发达做出具体的贡献，永远是我们学习的榜样。

最后我也借闵先生的六个字，祝蔡启瑞先生健康、快乐、长寿。

谢谢大家。

作者简介：

何鸣元，男，中国石化石油化工科学研究院教授级高工，华东师范大学教授，中国科学院院士。从事催化材料与催化化学研究。

和蔼蔡老　长者风范

张　涛

　　非常高兴参加这样一个盛典。我代表中国科学院大连化学物理研究所，也代表所有今天到场的中科院系统的研究所所长们，向蔡先生致以诚挚的祝福，向厦门大学催化学科成立55周年表示热烈的祝贺。

　　刚刚很多老师都介绍了蔡先生的学术成就，我作为晚辈与蔡先生交集并不多，但我回忆了一下，我一生当中有很多事情受蔡先生和厦门大学的影响。我是1978年进入大学的，那个时候可读的书不多，教材、期刊都不多。选择化学是个偶然的事件，选择催化确实是经过慎重考量的。当时能够读到的杂志就是《化学通报》《中国科学》等这些国内杂志，国际原版杂志很少，影印版都是半年以后才能看到。当时国内掀起的学术高潮就是化学模拟固氮，学化学的人都对合成氨比较感兴趣，不管怎么说当时催化固氮还没有达到生物那么高的水平，所以当时搞化学的人对这件事都特别关注。在《化学通报》上经常可以看到蔡先生关于这方面的文章，因此我在读大学的时候就间接地受到蔡先生的影响。本科毕业的时候，厦门大学也是我读研究生的选择之一，但综合各种因素后我选择到大连化学物理研究所读研究生。不过令我非常高兴的是，我在研究生学习期间就有了与蔡先生接触的机会。我是1986年1月份的时候硕士毕业的，1986年春天在厦门有一次讲习班，当时是比利时的Delmon教授应厦门大学蔡先生和万老师邀请来中国开办一个讲习班。当时学生很少，全国各地搞催化的学生来了二十多人，再加上厦门大学研究生也就四五十人。当时的讲堂还在，就是现在的化学报告厅，1986年4月份左右是我第一次出远门，而第一次出远门就是到厦门大学来听 Delmon 教授的讲习班，就是在这期间见到了我仰慕已久的蔡先生，还有厦门大学许多其他老师。很快我就有了第二次机会来到厦门，那是 1987 年第三届中日美催化会。那时我已经是博士研究生，正好我有一篇文稿作为口头报告被接收了。由于那时候经济困难，参加一次国内会议不容易，所以作为一名学生能够参加这样的国际会议并做英文口头报告，我十分兴奋。那份报告我足足准备了一个月，当时都是用打字机一个字一个字打出来，报告内容都是用笔在透明胶片上写出来的，到现在那种紧张的心情我依然印象深刻。两次在厦门大学的活动期间，我都有机会和蔡先生近距离交流。那个时候我还是二十三四岁的年轻学生，而蔡先生当时已经七十多岁，荣誉满肩，桃李遍地，但是他非常谦虚和蔼，非常关心后学。我们有问题请教他，老先生都非常耐心解答，平等地与我们讨论，当时的情形今天仍历历在目。老先生当时身体非常好，虽然已经七十多岁，仍然自己骑着自行车去会场。我们见到仰慕已久的老先生，十分感动。我研究生

1987年，在厦门第三届中美日催化会议上，蔡启瑞（右）与加州大学伯克利分校 Bell 教授（中）和中国科学院大连化学物理研究所郭燮贤合影

1989年，蔡启瑞（左三）与固体表面物理化学国家重点实验室首届学术委员会的部分专家合影。左二是作者黄金陵

构化学紧密联系的新材料研究的念头。但回国后不久我就被任命为福州大学校长，大部分精力用于行政事务，无暇考虑开辟新领域之事，研究工作只能沿着已经开展的方向继续搞。待到 1992 年卸任福州大学校长之后，我面临着研究方向的抉择，是继续晶体结构研究，还是开拓新领域?经过反复掂量，我下决心跳出原来的局限，组建福州大学功能材料研究所，从事若干功能性新材料的开发研究。我想在这方面，可以说与蔡先生潜移默化的影响有一定联系。10 多年来，我们研究成功的具有自主知识产权的 1.1 类新药"福大赛因"（Photocynine）抗癌光敏剂于 2008 年获得国家食品药品监督管理局批准临床试验的批文，在广州中山大学附属肿瘤医院开展的一期临床试验已经顺利完成，试验结果表明药效好，毒性小，性能优于国际上使用的抗癌光敏剂"Photofrin"。即将进入二期临床试验，表明我们的研究走在全国的前列。我们期望通过试验，花费 10 多年心血研制成功的抗癌光敏剂将作为一种新药问世，以造福人民的健康事业。我每逢有机会探望蔡先生，都要向他汇报我的想法和工作进展情况，当蔡先生得知我们取得进展时，总是倍感欣慰并多加勉励。

我把蔡先生视为自己人生的楷模。记得20世纪 50 年代，蔡先生刚回国不久，他在闲聊中曾说到，抗美援朝初期，中国人民志愿军"雄赳赳，气昂昂，跨过鸭绿江"时，美国舆论一片惊恐，有的比喻说"蒙古大兵横跨鸭绿江，其势如秋风扫落叶，锐不可当"。当时蔡先生心里想，世界上头号帝国主义竟然把祖国称为"侵略者"，说明祖国强大了，高兴得彻夜难眠，益发增强他争取早日回国的决心。这番话表露了他虽身处异国他乡，心却时刻与祖国紧相连，正像他在《祖国颂》一文中所抒发的爱国情怀："我们的祖国，好比是我们的母亲，在她的怀抱里，我们永远感到温暖。而且无论我们走到哪里，走到天涯海角，我们也永远与她同命运、共荣辱。"

为了对设立蔡启瑞教育发展基金表示支持，我冒昧地表示认捐 5 万元，虽属勉力而为，却对此深感荣幸！因为我也已年届耄耋，能够为庆祝老师百岁生日而设立的基金有所捐助，实是一生难得的机会，不可错失。且厦大化学系是孕育我成长的摇篮，蔡老师是对我一生帮助最大、最受我尊敬和爱戴的老师之一。我当年在母校学习以及随后留校任教 5 年期间所打下的学术根底和思想基础，为一生的健康成长奠定了良好的根基，也借此表达对母校和老师们培育的感念之情。衷心祝愿蔡先生"福如东海长流水，寿比南山不老松"！祝贺蔡启瑞教育发展基金为推动我国的科技和教育事业做出重要的贡献！祝庆典圆满成功！

谢谢！

作者简介：

　　黄金陵，男，1932年出生，曾任福州大学校长、集美大学首任校长，福建省科协主席。厦门大学毕业后留校任教期间，与蔡先生共事5年，担任过蔡先生为化学系研究生开设的"化学热力学"课程助教，在从事结构化学研究期间，长期得到蔡先生的指教。

第五部分

深切送别

　　2016年初秋，在厦门大学领导的组织和带领下，凝重地送别了一代化学大师蔡启瑞教授。主持人厦门大学党委张彦书记诚挚感谢习近平总书记和李克强、张德江、俞正声、刘云山、王岐山、张高丽中共中央政治局七位常委，党和国家其他领导人及前领导人，中央相关部委、福建省、厦门市、兄弟院校、研究机构、企业、蔡启瑞教授家乡党政机关、亲朋好友等的唁电和慰问。

　　厦门大学朱崇实校长在送别词中对蔡启瑞教授一生的主要经历进行了详尽回顾和肯定，指出蔡启瑞教授以国家为重的赤子情怀，把我国发展石油工业的需要，优化利用化石能源资源等作为自己的研究课题；他以科研为生命，勇于创新，在化学模拟生物固氮、碳一化学等研究中做出了突出的贡献；他始终重视人才培养，德学双馨，桃李成荫，并一再强调学术诚信的重要，为建设一流的南强学府竭尽心力。

　　哲人已逝，风范长存；征程犹远，助吾向前！

在蔡启瑞教授深情告别仪式上的主持词

（2016 年 10 月 11 日）

厦门大学党委书记　张　彦

同志们：

今天，我们怀着十分沉痛的心情，在这里为中国共产党优秀党员，中国科学院院士，国际著名化学家、教育家，中国催化化学的重要开拓者和奠基人，厦门大学化学化工学院教授蔡启瑞先生送行。

出席蔡启瑞院士遗体告别仪式的有：

福建省教育工委副书记王建南同志

中共厦门市委常委、宣传部部长叶重耕同志

厦门市人民政府副市长国桂荣同志

中国石化集团公司科技部主任谢在库同志

宁夏大学副校长许兴同志

中国科学院福建物质结构研究所洪茂椿、吴新涛两位院士

厦门大学田昭武、张乾二、万惠霖、赵玉芬、郑兰荪、田中群、焦念志七位院士

厦门大学潘懋元先生

厦门大学朱崇实校长

出席告别仪式的还有：

福建省、厦门市有关单位领导，来自全国各地的兄弟院校、科研院所领

导和专家学者，厦门大学党政领导、校内有关单位负责人、离退休老同志、师生代表及蔡启瑞先生生前亲朋好友。

在蔡启瑞先生住院和病重期间，厦门大学党委高度重视，校党政主要领导和班子成员多次到医院探望，并与附属第一医院领导班子和医护人员一起研究治疗方案，全力提供保障。福建省保健委员会、厦门市委干部保健委员会对救治工作给予了大力支持；附属第一医院姜杰院长、童绥君书记等领导以及全体医护人员为救治工作付出了巨大的努力。在此，我代表学校表示衷心感谢！

在蔡启瑞先生住院和病重期间，中共福建省委书记尤权，省长于伟国，省政协主席张昌平，副省长李红，省人大常委会副主任陈桦；厦门市委副书记洪碧玲，副市长黄强、倪超，原政协主席蔡望怀、陈修茂；厦门大学各有关部门负责人，蔡启瑞先生的好友、同事、学生也前往医院探望、慰问。

治丧期间，各级领导、相关单位，以及蔡启瑞先生生前亲朋好友，以各种方式对蔡先生的辞世表示沉痛哀悼。

中共中央总书记、国家主席、中央军委主席习近平来电对蔡启瑞院士的辞世表示沉痛哀悼，对亲属表示亲切慰问。

中共中央政治局常委、国务院总理李克强，

中共中央政治局常委、全国人大常委会委员长张德江，

中共中央政治局常委、全国政协主席俞正声，

中共中央政治局常委、中央书记处书记刘云山，

中共中央政治局常委、中央纪委书记王岐山，

中共中央政治局常委、国务院副总理张高丽，

中共中央政治局委员、国务院副总理刘延东，

中共中央政治局委员、中央书记处书记、中央组织部部长赵乐际，

中共中央书记处书记、全国政协副主席杜青林，

中共中央书记处书记、国务委员杨晶，

全国政协副主席、台盟中央主席林文漪，

原党和国家领导人胡锦涛、朱镕基、温家宝、贾庆林、吴官正、李长春、贺国强以唁电、献花圈等形式对蔡启瑞先生的逝世表示沉痛哀悼，对家属表示亲切慰问。

敬献花圈、花篮，发来唁电的单位有：

中共中央组织部、全国人大常委会办公厅、教育部、科技部、中国科学院、中国工程院、国家自然科学基金委员会、中国教科文卫体工会全国委员会、中华全国归国华侨联合会、国务院学位委员会办公室、中国科学院学部主席团、中国科学院学部工作局、中国科学院化学部；

中共福建省委员会、福建省人大常委会、福建省人民政府；中共福建省委办公厅、中共福建省委组织部、中共福建省委人才工作领导小组、福建省政府办公厅；

中共厦门市委员会、厦门市人大常委会、厦门市人民政府、政协厦门市委员会；

中国科技大学、浙江大学、南开大学、天津大学、中山大学、华中科技大学、武汉大学、四川大学、华东师范大学、中国石油大学、华东理工大学、宁夏大学、太原理工大学、贵州师范大学、青海民族大学、西藏民族大学、昌吉学院等省外高校；

华侨大学、福州大学、福建农林大学、福建中医药大学、闽南师范大学、龙岩学院、厦门理工学院等在闽及福建省属高校；

中国科学院大连化学物理研究所、上海有机化学研究所、上海高等研究院、福建物质结构研究所、国家海洋局第三研究所等18个科研院所及相关实验室；

北京大学化学与分子工程学院、清华大学化学系、复旦大学化学系、中国科学技术大学化学与材料科学学院、南京大学化学化工学院、上海交通大学化学化工学院、浙江大学化学系、华中科技大学化学与化工学院、吉林大学化学学院、四川大学化学学院、宁夏大学化学化工学院等29个高校院系所及相关实验室；

中国化学会、中国化学会催化委员会、中国化学会催化委员会均相催化专业委员会、福建省科协院士办、福建省科学技术协会、福建省院士专家交流协会、厦门市教育科学研究院工会、厦门市科学技术协会、厦门市老科学技术工作者协会；

福建省归国华侨联合会、福建省教科文卫体工会工委、福建省劳动模范协会、福建省留学生同学会和福建留学人员联谊会、福建省新侨人才联合会、解放军九二六七四部队、中国石油化工集团公司、采集工程领导小组办公室、中石化科技部、中石化上海石油化工研究院、卢嘉锡科学教育基金、厦门市老教授协会、集美学校委员会和集美校友总会、厦门万新橡胶有限公司、厦门大学华侨联合会、世界柯蔡宗亲总会；

厦门大学附属演武小学、厦门集美中学、厦门市翔安第一中学、厦门市翔安区马巷中心小学；

以及中共厦门大学委员会，厦门大学和厦门大学各部门、各学院、各研究院、各附属医院、各校友会。

敬献花圈、花篮，发来唁电的个人有：

教育部部长陈宝生，中国科学院院长白春礼，中华全国归国华侨联合会主席林军，教育部副部长朱之文，中国科学院副院长李静海，中国科协副主席谢克昌，中国科学院化学部主任朱道本，国家自然科学基金委副主任姚建年，国家能源局副局长郑栅洁；

中共福建省委书记尤权，省长于伟国，省政协主席张昌平，省委常委、组织部部长王宁，省委常委、宣传部部长高翔，省人大常委会副主任邓力平，副省长李红；

中共厦门市委书记裴金佳，代市长庄稼汉，市人大常委会主任郑道溪，市政协主席张健，市委副书记洪碧玲，福建省、厦门市老领导邹尔均、洪永世、蔡望怀；

吉林大学党委书记杨振斌，厦门大学1941级校友黄保欣及其他兄弟院校、有关单位领导、国内外专家学者和校友。

蔡启瑞先生的亲家钟培开伉俪，侄女傅一秀，世妹陈碧玉，世侄原东南大学校长陈笃信夫妇，世侄原中国青年报党组书记、社长陈小川，世侄原福州大学党委书记陈笃彬。蔡先生的弟子邵建寅，妻妹陈什、妻妹陈佃，侄儿蔡维昭，世侄女许肖龙，世侄陈承现，卢嘉锡先生公子卢嵩岳等。

敬献花圈的还有：

厦门大学党政领导班子全体成员，党委常委，校长助理，王豪杰、吴宣恭、叶品樵、林祖赓等学校老领导，中科院院士田昭武、张乾二、黄本立、万惠霖、赵玉芬、郑兰荪、田中群、焦念志、孙世刚，文科资深教授邓子基、潘懋元，厦门大学各单位负责人，蔡启瑞先生生前的同事、亲朋好友和学生。

治丧期间，治丧委员会共收到单位和个人的花圈、花篮564个，收到唁电163份。

在此，我代表治丧委员会表示衷心的感谢。

现在，蔡启瑞先生遗体告别仪式正式开始：

一、向蔡启瑞先生的遗体默哀三分钟，奏哀乐……默哀毕。

二、现在请朱崇实校长介绍蔡启瑞教授的生平业绩。

三、请蔡启瑞教授的学生代表张鸿斌教授讲话。

四、请蔡启瑞教授的学生代表吴新涛院士讲话。

五、请蔡启瑞先生家属代表蔡俊修教授讲话。

学高为师，德高为范，仁者享尊寿！请大家向蔡启瑞先生遗体三鞠躬。一鞠躬，二鞠躬，三鞠躬。

一代鸿儒流水行云铸勋业，百年师表青松劲柏留风仪！请大家向蔡启瑞先生的遗体告别。

在蔡启瑞教授深情告别仪式上的悼词

——沉痛悼念蔡启瑞教授

（2016 年 10 月 11 日）

厦门大学校长　朱崇实

中国共产党优秀党员，著名化学家、教育家，中国催化化学的重要开拓者和奠基人，中国科学院院士，第三、四、五届全国人大代表，全国劳动模范，厦门大学蔡启瑞教授于2016年10月3日7时26分安详辞世，享年104岁。今天，我们满怀崇敬与不舍，在这里举行送别仪式，缅怀蔡启瑞先生追求真理、勇攀高峰、爱国重教、无私奉献堪称楷模的一生。

蔡启瑞先生1913年出生于福建省同安县马巷镇。他幼年丧父，在母亲含辛茹苦的抚育下长大。1929年考入厦门大学预科化学组。1931年顺利升入厦门大学化学系本科。1937年大学本科毕业后留校任教。1947年被选派到美国俄亥俄州立大学深造。1950年获美国俄亥俄州立大学哲学博士学位，后在该校从事博士后研究，被聘为无机化学和酶反应动力学方向副研究员。1956年，蔡启瑞先生回国后任厦门大学教授，并在此奉献了自己的毕生精力。他历任厦门大学化学研究所所长、催化电化研究室主任、教育部厦门大学物理化学研究所所长、固体表面物理化学国家重点实验室学术委员会主任、厦门大学副校长、厦门大学自然科学学术委员会主任等职，为第一届国务院学位委员会学科评议组成员，第三届全国政协特邀委员，第三、四、五届全国人大代表，先后4次获"全国劳动模范"荣誉称号。1978年在全国科学大会上被评为"在我国科学技术工作中做出重大贡献的先进工作者"。1980年当选为中国科

人排序上总是谦让有加，在成果分享时总是先人后己。他以80岁高龄学习计算机，在90多岁时仍孜孜不倦于学术研究，以实际行动感动和影响着每一位学生。每次出国考察，他都尽量节省开支，经常将学术报告所获报酬、奖金用于购买教学科研设备送给学校。每逢赈灾捐款，他总是慷慨解囊。2013年，他在病榻上还为化学化工学院捐赠了21.6万元，用于学院人才培养和教学科研。他对家人严格要求，教导子孙要爱国奉献，对年轻教师的工作和生活无微不至地关心。他多次热情地为学生写推荐信，介绍他们出国留学深造，同时叮嘱他们切记努力学习，学成之后报效祖国。

蔡启瑞先生以精深的学术修养和崇高的人格魅力，展示了一位科学大家的崇高形象。"学如流水行云，德比松劲柏青""探赜索隐老而弥笃，立志创新志且益坚"是对他渊博学识与科学精神的高度评价，也是对他学术道德与为人风范的生动写照。为表彰他对国家、对人民以及对学校所做出的卓越贡献，在2013年举行的厦门大学建校92周年庆祝大会上，学校将首次设立的"南强杰出贡献奖"颁予蔡启瑞先生。

蔡启瑞先生的一生完美诠释了"自强不息，止于至善"的厦门大学校训精神。他的科学精神和道德风范是厦门大学的一面旗帜，也是一笔宝贵的精神财富，为我们树立了光辉的典范，永远值得我们学习。蔡启瑞先生的辞世，是厦门大学的巨大损失，也是中国教育界、科学界以及国际催化科学界的巨大损失。我们为失去这样一位优秀的科学家、教育家，为失去一位严以律己、宽以待人的师长而感到无比悲痛。我们要化悲痛为力量，努力学习与工作，为把厦门大学早日建成世界一流大学而努力奋斗！

哲人已逝，风范永存！

蔡启瑞先生，安息吧！

在蔡启瑞教授深情告别仪式上的讲话

吴新涛

尊敬的各位领导、专家、来宾、亲朋好友：

我怀着悲痛的心情来到厦门，向我们尊敬的蔡启瑞先生告别。行前，我得知将作为蔡先生的学生代表在这里发言，让我代表学生们，向蔡先生仙逝表示沉痛的哀悼，向蔡先生的家属表示诚挚的慰问。

蔡先生是我们非常崇敬的老师。他治学严谨，诲人不倦，甘为人梯，教泽广被，桃李芬芳，其中很多人已经成为我国科技界、教育界的领军人才和学术带头人。我有幸在厦大聆听他讲授的"化学动力学"课程，他独特的教学模式与风格，使我们从中深受教益，先生始终是我们尊敬的良师益友。

蔡先生是我国催化科学研究与配位催化理论概念的奠基人和开拓者。他敢于开拓创新，为振兴科学不倦求索。带头组建了我国第一个催化教研室，开创了中国催化科学领域的教学与研究基地，为国家培养了一大批优秀催化人才，并取得举世瞩目的科研成果，功勋卓著。

中国科学院福建物构所以及结构化学国家重点实验室的改革发展和今天在国内外科技界有这样的地位和影响，是与蔡先生过去的始终关心和帮助分不开的，我们永远铭记于心，没齿难忘。蔡先生一生为人谦逊，淡泊名利，宽厚待人。他一生追求真理，无私无畏，处世严谨，律己有道，风趣幽默，和蔼可亲。先生的高尚品格有口皆碑，是学界的楷模，深受天下学人的仰慕。

他追求的是对国家的贡献，对科学的贡献，对学生的贡献！跟他在一起的时候，他很少唠家常，谈的都是学问，都是前沿领域的信息。他曾经嘱咐我说:"新涛,你要招研究生,要招一些对化学有兴趣的学生。"好像是很普通的一句话,认真地想一想,这是热爱化学事业大师的智慧的语言,我为此受益匪浅。如果要问,谁是真正的人、纯粹的人、高尚的人?这就是我们的蔡老师!什么叫"鞠躬尽瘁,死而后已"?蔡先生用自己的一生诠释了这句名言。

蔡老师的高风亮节,蔡老师的崇高精神,永远值得我们学习。蔡先生虽然离开了我们,但他的事业永存,他的精神永在。他永远活在我们的事业中,活在我们的心中!

作者简介:

吴新涛,男,中国科学院福建物质结构研究所研究员,博士生导师,中国科学院院士。中科院福建物质结构研究所原副所长和学术委员会主任,结构化学国家重点实验室学术委员会主任,第三届中国晶体学会副理事长,中国科学院化学学部常委,第九届福建省政协副主席,第十届全国政协常委,第六届和第七届福建省科学技术协会主席。1956—1960就读于厦门大学化学系,是蔡启瑞先生的学生,聆听蔡启瑞先生讲授的"化学动力学"课程。

在蔡启瑞教授深情告别仪式上的讲话

张鸿斌

我是蔡启瑞先生"文化大革命"前最后一届毕业的研究生，能够在蔡先生身边学习、工作数十年是我一生最大的荣幸。蔡先生是国内外著名的化学家、教育家、中国催化化学的重要开拓者和奠基人，也是无数敬仰、追随他的弟子们心中的一座丰碑。

20个世纪60年代，他就较早在国际上全面地提出络合活化催化作用的理论概念，总结出络合催化可能产生的四种效应，将均相催化、多相催化和酶催化作用有机关联起来，奠定了中国配位催化研究的理论基础。基于当时国家急需，成功研制出负载型氧化锌和负载型氧化铌两种新催化剂，解决了乙炔路线制合成橡胶单体的关键技术问题。

七八十年代，他参与领导中国的化学模拟生物固氮研究工作，提出了多核原子簇结构的固氮酶活性中心模型（厦门模型）和底物的多核配位活化模式，以及两条质子传递链和构效关系的新构思，丰富和发展了配位催化的理论体系。 他指导开展了反应条件下原位拉曼光谱和红外光谱互补表征固体催化剂表面化学吸附物种的实验研究；对"氮加氢合成氨""一氧化碳加氢合成乙醇或甲醇"和"甲烷氧化偶联制乙烯"等小分子重要多相催化反应机理的阐释提出新见解。上述"配位催化""固氮成氨"和"合成气制乙醇"三项研究均获国家自然科学奖。

90年代以来，他在继续指导碳一化学研究的同时，深入能源催化与化工领域，提出化石燃料资源（煤、石油、天然气）综合优化利用的重要学术见解，即"煤油气并举，燃化塑结合"，指导醇、醚、酯等清洁替代能源材料的催化合成和应用，为中国实现能源化工原料多样性和创建能源化工先进体系的战略决策做出重要贡献。这些足以显示：蔡启瑞先生不仅是化学家，也是能源化工发展战略家。

蔡启瑞提倡"锐意创新、细心求是"、跨学科大协作团队精神，教导学生要"大胆假设，小心求证"，让学生自由发挥创造力。同时，身教言教，特别重视对学生们的学术道德和人品的培养教育，培养和熏陶了大批催化人才。曾三次受原高教部、教育部和国家教委的委托，先后举办催化讨论班、进修班和现代催化研究方法研讨班，为全国有关高校和科研单位培养了大批催化科学领域的中、高级人才，为中国催化研究队伍建设做出了卓越贡献。

蔡先生一生平和朴实，学风严谨，为人正直，淡泊名利，是学术界公认的德高望重的催化科学泰斗。他只注重国家和集体的利益，从不考虑个人得失，也从不为自己家人和学生谋取私利。1983年，他获联合国教科文组织的资助，到国外学界考察交流，一路上"紧巴巴"地节约食宿费，在参加美国催化学会年会时与我相会，告诉我说："我们还剩下一点钱，等到你明年要回去时买一台计算机带回去。"他把省下的3 000元美金交托给我，次年我终于买了一台计算机回校。20世纪80年代初期计算机不像现在这么普及，国内少见。蔡先生很希望我们能跟得上世界的脚步，早点用上计算机。

蔡先生一贯以科研为生命。1979年初夏，忘我工作的蔡先生病倒了，初步诊断可能是胃癌，他在病榻上给学校写信，对许多重大问题提出建议。临手术前，将主要助手召集到福州，对研究工作做了周密细致的交代，他说："工作要紧，不要为我担心。"1982年6月，是手术两年后的一段时间，他经常发低烧，浑身乏力，但为了工作没太在意，以致在7月的一个凌晨起床时昏倒在地。经第一医院全力抢救，才转危为安。而他在昏倒的前一天，是加班工作到深夜2点；手术的前一天，他还惦记着科研工作，利用报纸的空白勾画固氮反应的机理图，要把原先已考虑好的几个图都画出来。

蔡先生的为人就是如此。我跟随蔡先生学习工作40多年，在学业、工作、做人，方方面面，受益良多。值得回忆的经历、事迹，数言难尽。

　　蔡先生的离去，是我们学校的巨大损失，也是我国教育界和科学界以及国际催化科学界的巨大损失。蔡先生的崇高科学精神和道德风范为我们后来人树立了人生的典范，永远值得我们学习和敬仰。蔡先生永远活在我们心中！

送别父亲

蔡俊修

我的父亲蔡启瑞教授安详辞世，走过了104年的不平凡历程。衷心感谢各位领导、各位来宾拨冗前来参加他的送别仪式。

我父亲从小学到大学都得到陈嘉庚先生奖学金、助学金的资助，让他这个来自贫困家庭的学生能够顺利完成小学直至大学的良好教育。他对陈嘉庚先生深怀感激和崇敬，钦佩他倾资办学的战略眼光，投资智力开发的雄劲魄力。

我父亲1929年进入厦门大学预科，此后一直工作和生活在厦大。下面大致回顾一下他的人生经历。

第一，1937年毕业后，抗日战争爆发，他立即随同学校迁往闽西长汀，并有幸得到远见卓识的教育家萨本栋校长、傅鹰教授的赏识和指导。长汀的磨炼，他辅导和教授了化学专业的不少课程。这是他化学人生的第一个十年。

第二，1947年他作为20名公派生之一赴美深造，1950年获博士学位，却错过了及时回国的时机。1956年中美谈判成功，他抓紧整理了相关资料带回。这个开阔眼界的十年让他坚定了回国服务的信心和决心。

第三，回国后受到祖国快速发展的鼓舞，他主动请缨组建了我国高校第一个催化教研室，招收了本科生和研究生；受教育部委托，为国家培育高端催化人才的研讨班也如期开班。厦大催化团队开始了以电石乙炔为原料制乙醛和苯等基础化工原料的研究，这就是当时的国重"29号任务"。新催化剂研制成功，相关过程进入工业中试，络合催化理论逐渐完善和率先问世。这是初战告捷的十年。

　　第四，在接下来的大学停办而加强科学研究呼声依然高涨的年代，由吉林大学唐敖庆校长牵头的模拟生物固氮研究上马了。该项目联合了中科院物构所卢嘉锡和厦大蔡启瑞，他们各有侧重，强强结合，相互补充，提出了生物常温常压下对N≡N活化的结构模型，受到国内外同行的重视。

　　第五，在高校恢复招生、科学春天回归、工作重心转移的年代，许多事情都要从头做起。如世界银行贷款购置科研仪器，聘请专家讲学，选送业务骨干出国学习，联合国教科文资助的考察，开始招收博士研究生，等等，使得比以往更加忙碌成为常态。

　　这段时间里，蔡启瑞先生经历了几次大手术，但都安然度过，实属幸运。那是各级领导、厦门驻军和医务人员共同努力的结果，蔡先生和家人对此一直牢记不忘。

　　这十年里，最令人振奋的是厦大的整体实力提高了一个层次。这期间，不论是国际友人到访，还是参加国际学术会议，以及国外考察，他们利用一切机会向同行陈述了厦大人对合成氨中N≡N活化等络合催化过程的新见解。他们以广交朋友、学术上的创新论述提高了厦大团队的话语权和知名度，也让国际同行对厦大化学学科的整体水平及研究生的质量留下了深刻印象。

　　这些是百废待兴、从头跨越十年里的里程表。

　　第六，20世纪80年代中叶，固体表面物理化学国家重点实验室获准组建，它综合了厦门大学物理化学中催化、电化、量化的精锐，成为有战斗力的群体，多次获评我国A级实验室。

　　厦大催化人和中科院山西煤化所还领衔承担国家自然科学基金重大项目碳一化学的研究。它的目标是优化利用我国丰富的煤炭资源，把宝贵的石油和天然气用到更恰当的场合，后来把它概括为"煤油气并举，燃化塑结合"的战略设想。学术上，它是讨论了电石-乙炔的C≡C活化，固氮成氨中N≡N活化之后，延展至碳一化学中的C≡O活化。它们的相似性及差异更把相关研究引向深入。

C & E News 报道对蔡先生的采访

　　蔡启瑞还在国际精细化工学术讨论会（1989，香港）做专题报告，再次申明了"煤油并举，燃（料）化（工）结合"的能源化工新战略设想。会后美国《化学与工程新闻》杂志刊登了与会记者对蔡的采访，以及对该报告观点的介绍和评述（见*Chemical & Engineering News*, 1990, 68 (6)：8-9）。该期的评述如下：

China to develop diversity of specialty chemicals

　　China, says Tsai Khi-Rui, is stressing the four I's as it seeks to build up its chemical industry: intelligence, information, investment, and interactions (both interregional and international). And, he says, special emphasis must be placed on the four C's: computerization, collaboration (with Taiwan and Hong Kong), coordination, and competition.

　　Tsai is professor of chemistry in the Department of Chemistry and the Institute of Physical Chemistry at Xiamen University. At PACIFICHEM'89, he outlined China's viewpoint on the place for specialty chemicals in its industrial development.

　　Tsai listed 10 categories of specialty chemicals to be developed. The first five are:

• Specialty chemicals for animal drugs and feed additives.

• High-potency agrochemicals with toxicity to mammals.

• Specialty chemicals for food additives, including synthetic flavors and aromas.

• Specialty chemicals for plastics and fiber additives.

• High-performance engineering plastics, adhesives, sealants, and coatings.

A strong emphasis is placed on chemicals for food, Tsai says, because of the large population that must be fed. Plastics usage in China is low, he says, but he notes that this is the plastics age, and so the plastics industry is important to the country. Automobiles and shipbuilding are the major areas of concern for engineering plastics.

The second group of specialty chemicals comprises:

• Specialty chemicals for microelectronics and computer industries (photoresists, interconnectors, baseplates, adhesives, sealants, liquid crystals, and others).

• Specialty chemicals for photographic materials and optical/magnetic recording materials.

• Synthetic drugs and diagnostic chemicals.

• Specialty chemicals for water treatment.

• Industrial catalysts for petroleum refining and chemical industries and for emissions abatement.

Concerning synthetic drugs, Tsai notes that in China there has been a long tradition of herbal medicines. Hence, he says, it might be possible for researchers there to isolate the constituents and modify them for synthetic drugs, enabling China to make its own contribution to human welfare.

The water resource economy, Tsai points out, requires the development of specialty chemicals and permselective membranes for water treatment. Catalysis R&D is oriented toward the country's mineral reserves. For example, China is rich in rare earths, niobium, tungsten, molybdenum, titanium, and vanadium; it is poor in platinum and rhodium.

Supporting the development of a specialty chemicals industry, Tsai says, is the country's thrust toward complementary utilization of petroleum, natural gas, and coal resources. Ethylene production, he notes, is below what is needed, but it is growing. Ethylene production in 1988 was 1.6 million metric tons, he says, and it is scheduled to grow to 4.1 million metric tons in 1995. Also expected in 1995 is propylene production of 4 million metric tons (including 2 million from refineries), 2.6 million metric tons of benzene/toluene/xylene, and 1.4 million metric tons of styrene. Beyond that, Tsai indicates the possibility of ethylene production exceeding 5.5 million metric tons by 2000.

So, Tsai concludes, with a fast-growing petrochemicals industry, judicious utilization of resources, and adequate solutions to environmental problems, the outlook is "promising" for development of a specialty chemicals industry in China.

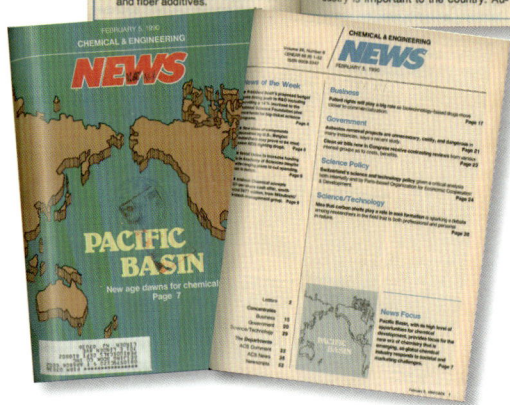

China to develop diversity of specialty chemicals

China, says Tsai Khi-Rui, is stressing the four I's as it seeks to build up its chemical industry: intelligence, information, investment, and interactions (both interregional and international). And, he says, special emphasis must be placed on the four C's: computerization, collaboration (with Taiwan and Hong Kong), coordination, and competition.

Tsai is professor of chemistry in the department of chemistry and the Institute of Physical Chemistry at Xiamen University. At PACIFICHEM '89, he outlined China's viewpoint on the place for specialty chemicals in its industrial development.

Tsai listed 10 categories of specialty chemicals to be developed. The first five are:

• Specialty chemicals for animal drugs and feed additives.
• High-potency agrochemicals with low toxicity to mammals.
• Specialty chemicals for food additives, including synthetic flavors and aromas.
• Specialty chemicals for plastics and fiber additives.

Tsai: outlook promising

• High-performance engineering plastics, adhesives, sealants, and coatings.

A strong emphasis is placed on chemicals for food, Tsai says, because of the large population that must be fed. Plastics usage in China is low, he says, but he notes that this is the plastics age, and so the plastics industry is important to the country. Automobiles and shipbuilding are the major areas of concern for engineering plastics.

The second group of specialty chemicals comprises:

• Specialty chemicals for microelectronics and computer industries (photoresists, interconnectors, baseplates, adhesives, sealants, liquid crystals, and others).
• Specialty chemicals for photographic materials and optical/magnetic recording materials.
• Synthetic drugs and diagnostic chemicals.
• Specialty chemicals for water treatment.
• Industrial catalysts for petroleum refining and chemical industries and for emissions abatement.

Concerning synthetic drugs, Tsai notes that in China there has been a long tradition of herbal medicines. Hence, he says, it might be possible for researchers there to isolate the constituents and modify them for synthetic drugs, enabling China to make its own contribution to human welfare.

The water resource economy, Tsai points out, requires the development of specialty chemicals and permselective membranes for water treatment.

Catalysis R&D is oriented toward the country's mineral reserves. For example, China is rich in rare earths, niobium, tungsten, molybdenum, titanium, and vanadium; it is poor in platinum and rhodium.

Supporting the development of a specialty chemicals industry, Tsai says, is the country's thrust toward complementary utilization of petroleum, natural gas, and coal resources. Ethylene production, he notes, is below what is needed, but it is growing. Ethylene production in 1988 was 1.6 million metric tons, he says, and it is scheduled to grow to 4.1 million metric tons in 1995. Also expected in 1995 is propylene production of 4 million metric tons (including 2 million from refineries), 2.6 million metric tons of benzene/toluene/xylene, and 1.4 million metric tons of styrene. Beyond that, Tsai indicates the possibility of ethylene production exceeding 5.5 million metric tons by 2000.

So, Tsai concludes, with a fast-growing petrochemicals industry, judicious utilization of resources, and adequate solutions to environmental problems, the outlook is "promising" for development of a specialty chemicals industry in China.

优化利用化石燃料资源，创建
能源化工先进体系

蔡启瑞　张鸿斌

厦门大学化学化工学院　厦门　361005

　　世界能源预测，世界初次能源消费以化石燃料为主的格局三四十年内不会改变；但由于资源储量与分布以及环保等原因，宝贵的石油作为燃料工业原料将受到一定限制，炼化工业正在向深加工、高选择性和低污染的绿色工艺发展，同时也向高附加价值的专用及精细石油化学品发展，而天然气和煤炭作为能源工业原料，乃至基本化工原料的份额将迅速增大。这三种化石燃料资源的综合优化利用是相辅相成的，对世界经济的持续发展关系极大。

　　但世界车用燃料至今汽、柴油还占90%以上，汽车尾气至今仍是城市大气主要污染源。在电力工业方面，多数国家却是以燃煤发电为主。煤炭含硫一般在2%以上，煤炭用足量空气高温燃烧后，燃气中含大量的硫氧化物（SO_x）及氮氧化物（NO_x），SO_x污染的消除难度大，费用高，不少煤电厂不除SO_x及NO_x污染而任其排放，成为世界酸雨污染的主要污染源。

　　在火力发电方面，近十多年来国外开发了能效高，SO_x污染少的天然气集成气化联合循环（IGCC）发电法和煤集成气化联合循环（CIGCC）发电法。前者用足量空气一步燃烧天然气，以燃气驱动燃气轮机，热交换所得的高压水蒸气驱动蒸汽轮机，联合循环发电，总能效可达65%左右。后者水煤浆分两步氧化燃烧，先与控制量的氧气造水煤气和合成气，在这高温还原气氛下，煤炭中硫杂质绝大部分转化为硫化氢（而不是难对付的SO_x），容易回收为硫黄；净化后的水煤气、合成气再用足量空气燃烧；燃气驱动燃气轮机，从两处热交换获得的高压水蒸气驱动蒸汽轮机，联合循环发电。此法因需空分制氧和燃气炉、燃气轮机等设备，建厂投资较大，但总能效可从老式煤电厂蒸汽轮机发电的35%左右，提高到45%以上，而且几乎无SO_x污染并可回收有价值的硫黄；对燃烧炉耐火材料的要求比较不苛刻，废气中NO_x也较少。尤其重要的是，可用一部分合成气生产甲醇（二甲醚）等燃料化工产品，充分提高发电机动性，简化甲醇生产工艺，降低其设备投资和甲醇生产成本。

CIGCC发电大量联产的甲醇可作车用优质燃料，同步发展甲醇汽车。20世纪80年代末，美国能源部和环保局通过数万英里试车大量结果，证实甲醇是高辛烷值、低污染的车用优质燃料，汽缸热时甲醇燃烧基本完全，尾气中芳烃、CO和臭氧含量都很低，NO_x本来就较少。1.7吨甲醇可与1吨优质汽油行驶相等里程，由此即可算出甲醇汽车的CO_2排放量比汽油汽车降低25%。当汽缸不够热时，尾气中少量的甲醇、甲醛、CO等含碳污染物，不难发展传感监控的高效催化燃烧转化器来消除。甲醇对汽缸有一定腐蚀性，这可以用镀膜方法来解决。工业化国家炼油工业和汽车工业已有百年历史，炼油和汽柴油输配设施固定资产很大；现有的汽油汽车要改造成甲醇汽车每辆得花300美元以上；正如国外报道，要卸掉这些包袱，大力发展甲醇汽车谈何容易！但发展中国家就无这些包袱。甲醇汽车造价与汽油汽车相当；行驶相同里程燃料价格现在也已相近。汽油纽约离岸价格约280美元/吨，而峰值前甲醇正常价格仅140～150美元/吨。从资源后劲和甲醇合成技术革新发展动态来看，将来烧一碳的甲醇车用燃料一定会比烧多碳、多用途的汽油烃便宜；甲醇汽车将来一定会有好市场。

我国煤炭资源丰富，原煤年产量居世界第一，而石油和天然气资源相对较少，汽车工业和炼油工业起步也较迟。按此国情，从世界能源化工产业结构正在进行的调整，以及从天然气和煤洁净利用的技术发展动态，可以看出我国燃化工业和汽车工业正面临千载难逢的发展机遇。工业化国家燃化工业数十年来过分依赖石油为原料，两次石油危机后才又重视碳一化工。我国完全可绕过这条老路，及时径走煤油（气）并举，燃化（塑）结合，优化和洁净利用化石燃料资源的道路；既要发展石油深加工、多产石油化工大吨位产品和专用及精细化工产品，又要及时发展煤基和天然气基的汽、柴油代用燃料，并配套发展煤化工和天然气化工。

煤是我国经济建设最大的矿物资源支柱。1996年我国GNP为7万亿元，作为经济发展原动力的电力，年总发电量为1万亿度，其中煤电约占75%（用煤3亿多吨，排放SO_x 1 000多万吨）。到21世纪初GNP要再翻一番，发电量至少需再增加80%，其中煤电约需增加6 000亿度（煤电年产值增3000亿元以上）。采用CIGCC法发电既可大大减少酸雨污染，又可大量联产燃料甲醇和甲醇化工产品，是能源化工可持续发展的上策。将来可在煤矿坑口建大型CIGCC煤电厂并联产甲醇（二甲醚）及其下游有优势的化工产品。甲醇便于用管道和船运输送到各地，贮运比液化天然气（LNG）省钱得多。我国鲁南水煤浆加压气化，净化回收硫黄，制合成氨等，已取得重大突破；山西煤化所在煤的气化和转化方面也取得重要进展，皆为我国发展CIGCC发电联产甲醇等打下了基础。

甲醇燃料电池是甲醇能源工业的另一个重要发展方向。将来很可能发展成为电动车辆的电源，能效更高，污染更少，而且可与甲醇汽车使用同一套燃料甲醇输供系统。据国外报道，甲醇燃料电池已成为汽车工业首选的燃料电池研究开发方向；5～6年后有可能形成年产值500亿美元的产业。甲醇燃料电池将来还可用于电厂发电，使电力工业更富机动性和分散性，将来用电大户可自建数兆瓦至10兆瓦的甲醇燃料电池发电站，自管电闸，无须高压变电站和远距离输电。

优化利用煤资源，创建洁净、先进的能源化工综合产业体系，并同步发展甲醇汽车，是深化改革开放、贯彻可持续发展的战略决策，有望实现跨行业、跨部门大联合，与大行业平行协调发展，以迎接21世纪的挑战。这需要认真的论证和宏伟的气魄，去做出超前的科学决策。

14.厦门大学田中群院士：创业治学，清风仙骨；倾心报国，精诚厚德。

15.厦门大学菲律宾校友会原理事长邵建寅：阅尽沧桑存古道，广栽桃李启群贤。

16.厦门市原政协主席蔡望怀：南强人杰知多少，高山仰止蔡启老。声名功业留青史，道德文章沁芳草。

17.福州大学、集美大学原校长黄金陵：一生中国梦，百岁赤子情。

18.福州大学原党委书记陈笃彬：百岁人瑞，高山仰止。

19.中共厦门市翔安区委员会、厦门市翔安区人民政府：煌煌百年多相均相催化人生百相显德馨，浩浩宇宙原子分子涵濡天地赤子惟业精。

20.中共厦门市翔安区马巷镇委员会、厦门市翔安区马巷镇人民政府：杏坛施教千秋伟业，化学攻关一代贤人。

21.集美校友总会：天降英才，有志终成化学泰斗，堪与母校同百岁；肩膺大任，无私造就杏坛寿星，超之南山此一人。

22.厦门大学北京校友会：催化泰斗，学界楷模。

23.厦门大学美洲校友会：寸心千载业，师表九州，启才国瑞，春风化雨催桃李；盛世百蛉松，长青四季，赋彩云祥，汉月延光庆寿星。

发来贺信的有：

1.中国科学院院长、中国科学院学部主席团执行主席白春礼。

2.中国工程院院士谢克昌。

3.中国科学技术协会。

4.中国科学院化学部主任朱道本。

5.国家自然科学基金委员会化学科学部梁文平。

6.中国化学会催化委员会主任包信和。

7.中国科学院化学研究所。

8.中国科学院上海有机化学研究所。

9.中国科学院大连化学物理研究所。

10.催化基础国家重点实验室。

11.中国科学院长春应用化学研究所。

12.中国科学院福建物质结构研究所。

13.结构化学国家重点实验室。

14.中国科学院山西煤炭化学研究所。

15.中国科学院兰州化学物理研究所、羰基合成与选择氧化国家重点实验室。

16.中国科学院上海高等研究院。

17.中国科学院低碳转化科学与工程重点实验室。

18.北京大学化学与分子工程学院。

19.清华大学化学系。

20.复旦大学化学系。

21.南京大学化学化工学院。

22.中国科学技术大学化学与材料科学学院。

23.吉林大学化学学院。

24.四川大学化学学院。

25.山东大学化学与化工学院。

26.兰州大学化学化工学院。

27.福州大学化学化工学院。

28.厦门大学附属科技中学。

29.厦门大学广东校友会化学化工分会。

30.厦门大学上海校友会化学化工分会。

31.中国侨联特聘专家委员会。

32.福建省公务员局。

33.福建省人民政府侨务办公室。

34.福建省归国华侨联合会。

35.福建省化学会。

36.厦门市科学技术协会。

三获"国家自然科学奖"

证书

300014

为表彰在自然科学方面取得突出成果、作出重要贡献者，特缩发此证书，以资鼓励。

项目名称：络合催化理论的研究
主要作者：蔡启瑞等（厦门大学）
奖励等级：三等
奖章号码：00788

中华人民共和国
国家科学技术委员会主任
一九八二年七月

1982年，国家自然科学奖三等奖

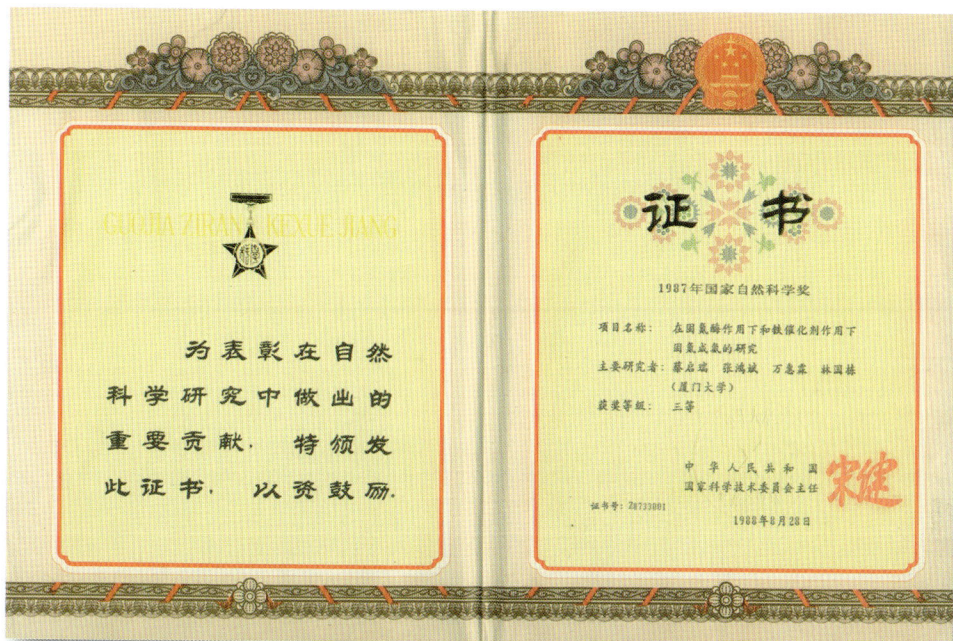

1987年，国家自然科学奖三等奖

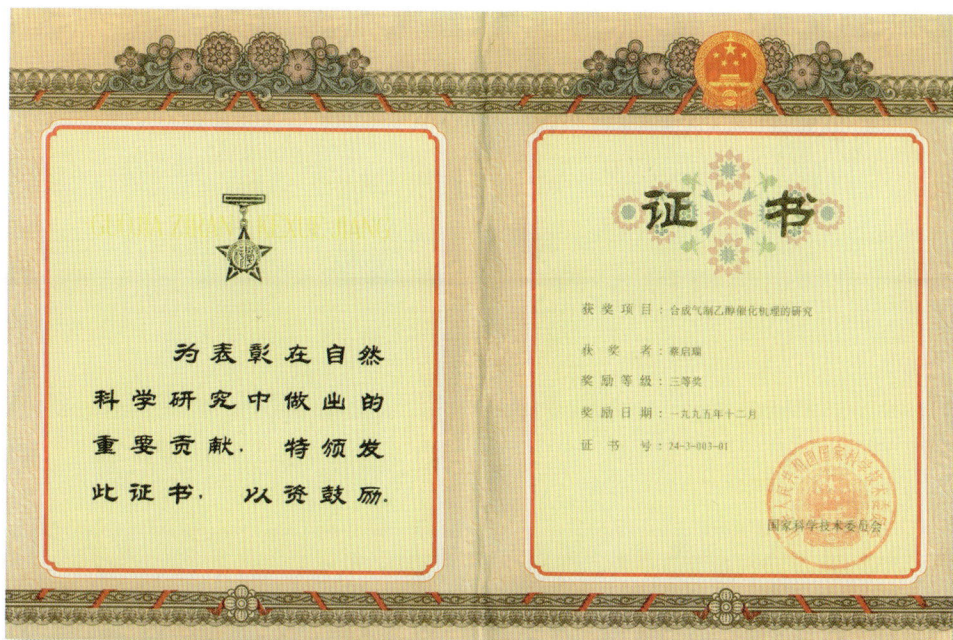

1995年，国家自然科学奖三等奖

荣获 "全国劳动模范称号"

国务院决定
授予蔡启瑞同志
全国劳动模范称
号

第 00351 号

中华人民共和国国务院

1979 年 12 月

1979年，荣获 "全国劳动模范称号"

后 记

　　从1929年进入厦门大学预科算起，扣除9年攻读学位和因为朝鲜战争而滞留美国，蔡启瑞教授在南强学府学习和工作达75年；同时因为他在物理化学，特别是催化科学领域的奋力开拓和颇多建树，以及他在为人做事诸多方面对于止于至善、诚毅自强，和探赜索隐、立志创新的身体力行，我们认为有必要把蔡启瑞先生生平的精彩片段记录下来，以激励后人。这是编撰此书的初衷。

　　本书参考了《20世纪中国知名科学家学术成就概览：化学卷》"蔡启瑞"篇（科学出版社，2011年）和国家科教领导小组于2010年启动、中国科协牵头的"老科学家学术成长资料采集工程"中的《蔡启瑞传》，却又不同于它们更侧重于学术业务的特点，而把笔触较多地聚焦于蔡启瑞先生的思想品德及处世为人上。为此，蔡启瑞教授的领导、同行、同事和学生从蔡先生多彩的学术活动、教书育人的辛勤耕耘中获取灵感，提炼出感人的篇章。蔡先生的亲属也从近距离感悟娓娓道来。我们把这些珍贵史料分别载入"鸿儒足迹""百年师表""亲情萦怀""期颐之庆""深切送别"和"附录"章节，希望能够对蔡启瑞教授作为一个有道德的人、有益于人民的人起到很好的诠释。

　　我们衷心感谢张存浩院士为本书作序和题写书名。张教授20世纪40年代在厦门大学化学系就读，是我国最高科学技术奖获得者，并曾经在国家诸多重要科学技术机构担任领导职务。张教授在学习和工作期间，与蔡启瑞先生多有交集。他称蔡启瑞教授是一位"仰之弥高，钻之弥坚"的老师。张院士欣然为本书作序和题写书名，认真程度与其做学问没有两样，他对蔡先生的真情洋溢其间。

这次征稿得到的响应之热烈、范围之广泛、精雕细刻之较真，给我们留下了深刻的印象。每位作者，包括八九旬的老先生，不仅亲自撰写，还反复增删润色，力求再现与蔡启瑞先生相处相知的峥嵘岁月和一幕幕经久不忘的情景，甚至提请编者精心剪裁，务必保留历史的风貌，务必让这位亲切的厦大学人长留人们心间。编委会衷心感谢诸位的不吝赐稿和指教，您的稿件和建议为本书增色，您描绘的一个个感人故事生动地述说了一代鸿儒蔡启瑞先生"探赜索隐老而弥笃，立志创新志且益坚""学如流水行云，德比松劲柏青"的精彩人生，留给后人无尽的思念和宝贵的精神财富。

厦门大学出版社及责任编辑在本书编撰过程中给予了长时间、认真和专业的指导与帮助，对此谨致衷心感谢！

限于编者的学识、境界和文字功力，书中的缺点和不足在所难免，热忱欢迎读者朋友批评指正，不胜感谢！